教育部科学技术研究重点项目(编号:104259)
合肥工业大学中青年科技创新群体项目(编号:037011)

Xu Ni Qi Ye
Li Lun Yu Shi Wu

虚拟企业
理论与实务

王 硕 著

合肥工业大学出版社

Xu Ni Qi Ye

内 容 提 要

"虚拟企业"（Virtual Enterprise）理念由美国里海（Lehigh）大学的亚柯卡（Iacocca）研究所在《21世纪制造业发展战略》报告中首次提出。由于虚拟企业可以对市场急剧变化适时调整战略，利用全球范围的资源和技术，整合多企业的优势，以达到"多赢"，所以其理念一经提出即备受推崇。虚拟企业已成为企业组织形态发展的方向，并被预言为21世纪的管理主流，是21世纪企业进行生产经营和市场竞争的主要模式。对虚拟企业哲理的研究，已成为国内外管理学界的热点问题。

全书内容分为14章，主要内容为：虚拟企业基本理论；虚拟企业合作伙伴选择；虚拟企业的运作平台；虚拟企业管理机制；虚拟研究开发中心；虚拟企业中期评价系统；虚拟企业跟踪系统；虚拟企业评价机制；虚拟企业成员间利益分配；虚拟企业管理系统；自组织理论在虚拟企业中的应用；虚拟企业结构化模型；虚拟企业模式在我国的运用；虚拟企业案例研究。

本书是作者近几年研究成果的总结，结构体系清晰，理论严谨，语言流畅，案例丰富，实用性强，可作为高等院校经济、管理、系统工程等学科高年级本科生和研究生教材，也可供行政干部、企业管理人员以及有关研究人员参考。

图书在版编目（CIP）数据

虚拟企业理论与实务/王硕著. —合肥：合肥工业大学出版社，2005. 1
ISBN 7-81093-191-1

Ⅰ. 虚… Ⅱ. 王… Ⅲ. 网络企业—企业管理—研究 Ⅳ. F276. 44

中国版本图书馆CIP数据核字（2004）第140920号

虚拟企业理论与实务

著 王 硕　　责任编辑 方立松

出 版	合肥工业大学出版社	开 本	787×960 1/16
地 址	合肥市屯溪路193号	印 张	13. 75
电 话	总编室：0551-2903038	字 数	254千字
	发行部：0551-2903198	印 刷	合肥学苑印务有限公司
版 次	2005年1月第1版	邮 编	230009
	2005年2月第1次印刷	网 址	www. hfutpress. com. cn
发 行	全国新华书店	E-mail	press@hfutpress. com. cn

ISBN 7-81093-191-1/F·25　　定价：20. 00元

如果有影响阅读的印装质量问题，请与出版社发行部联系调换

前　言

21世纪企业面临一个复杂多变、不可预测、竞争激烈的外部市场环境。企业要生存和发展,必须快速捕捉瞬息万变的市场机遇,创造出满足顾客个性化、多样化的产品。由于企业自身资源的局限性,有必要借助其他企业的优势资源来弥补。一种新的全局战略模式——虚拟企业应运而生,它包括了企业与顾客的关系、企业与供应商的关系、企业与制造伙伴的关系、企业与设计伙伴的关系、企业内部关系和工作过程等。产品和服务的质量与价格不再是影响竞争的唯一因素,同其他企业建立紧密的合作关系成为企业在当今相互影响、急剧变化的环境中取得成功的坚实基础。其合作既包含企业与其他企业的关系,又包含企业本身内部的运作。

"虚拟企业"(Virtual Enterprise)理念由美国里海(Lehigh)大学的亚柯卡(Iacocca)研究所在《21世纪制造业发展战略》报告中首次提出。由于虚拟企业可以对市场急剧变化适时调整战略,利用全球范围的资源和技术,整合多企业的优势,以达到"多赢",所以其理念一经提出即备受推崇。虚拟企业已成为企业组织形态发展的方向,并被预言为21世纪的管理主流,是21世纪企业进行生产经营和市场竞争的主要模式。对虚拟企业哲理的研究,已成为国内外管理学界的热点问题。

虚拟企业也称动态联盟,是一种由多家独立的企业为了抓住和利用迅速变化的市场机遇,在一定时间内,通过信息技术联系起来的网络结构性组织。联盟网络中的各参与企业基于共同的目的,充分信任与合作,利用各自的核心资源,分担风险与利润,一旦市场机遇消失,虚拟企业即重新组合或解体。通过虚拟企业的运作,可迅速有效地集成为满足特定市场机遇所需的核心资源,从而对市场变化作出积极的响应,以最小的投入、最好的质量与服务、最快的上市时间满足市场的需要。

动态联盟以敏捷制造为基本特征,是21世纪企业的主要组织形式。它使制造系统从工厂内集成进一步发展到企业间集成,并以企业间的合作与联盟伙伴关系网为主要形态。和传统的工作方式相比,动态联盟强调"动态"和"联盟"。"动态"反映了市场和竞争环境不断变化的特点,而"联盟"则代表了一种通过紧密合作去响应变化的新型企业组织模式。动态联盟的概念要求结盟企业能以一种更加主动、默契的方式进行合作,要求主生产厂家同它的供应商和销售商结成一个直接面向市场和用户的联盟企业，它们应能像一个企业内部的不同部门一样主动、默契地协调工作。以敏捷制造理念建立动态联盟的最终目的在于快速开发新产品，使企业在激烈的竞争中获得优势。动态联盟企业应具有可重构、可重用和规模可变(Reconfigurable，Reusable，Scalable，RRS)的特性。

研究表明，虚拟企业理论尚欠成熟，其理论本身也缺乏相应的理论支持，同时还需要从其他现代科学理论和方法中汲取营养。为此，本书紧紧围绕虚拟企业理论与实务这一主题展开系统研究。

全书内容分为 14 章，主要内容为：虚拟企业基本理论；虚拟企业合作伙伴选择；虚拟企业的运作平台；虚拟企业管理机制；虚拟研究开发中心；虚拟企业中期评价系统；虚拟企业跟踪系统；虚拟企业评价机制；虚拟企业成员间利益分配；虚拟企业管理系统；自组织理论在虚拟企业中的应用；虚拟企业结构化模型；虚拟企业模式在我国的运用；虚拟企业案例研究。

本书的研究成果，得到教育部科学技术研究重点项目(编号：104259)、合肥工业大学中青年科技创新群体项目(编号：037011)、国家杰出青年科学基金项目(编号：79725002)、国家自然科学基金项目(编号：799700059)、安徽省软科学研究计划项目(编号：03035005)、信息产业部软科学项目(编号：信产部信科[2001]8)等的支持。

书中参考和引用大量国内外学者的有关论著，吸收很多同行的研究成果，并在研究过程中，得到许多专家学者的热忱指导和帮助。他们是：杨善林教授、唐小我教授、魏一鸣研究员、蔡晨研究员、夏安邦教授、赵惠芳教授、费树岷教授、钟玉海教授、黄志斌教授、曾勇教授、严鸿和教授、金菊良教授、贺仲雄教授、马溪骏高工、何建民高工、傅继良高工、许保光博士、马永开教授、周星德博士后、李大勇博士后，作者在此表示衷心感谢，同时感谢作者所在单位领导的热情关怀和辛勤培养，感谢合肥工业大学出版社的帮助。

限于作者的能力和水平，错误和疏漏之处在所难免，其中的一些观点还有待进一步商榷和完善，真诚期待同行专家的批评和指教。

作　者

2004 年 11 月

目 录

第1章 虚拟企业基本理论

虚拟企业的组建是一项复杂的系统工程，有必要深入研究和分析虚拟企业的特点和本质，建立虚拟企业的体系结构，明确虚拟企业的建立过程。通过对虚拟企业范畴的系统和规范的描述，为进一步的探讨奠定基础。

1.1 虚拟企业的概念与结构

1.1.1 虚拟企业的基本概念

21世纪，企业将面临一个复杂多变、不可预测、竞争激烈的外部市场环境：①全球经济一体化的趋势日益明显，企业之间的竞争无国界限制，企业不仅要面对国内竞争者的挑战，而且要迎接国际竞争者的挑战，企业间竞争变得更加激烈；②由于高新技术的发展越来越快，产品的生命周期日益缩短；③消费趋向多样化、个性化，企业实施精益生产、柔性生产、并行工程、即时生产等；④市场环境的变化、人们生活质量的提高，对企业生产和服务提出更高的要求。

企业要生存和发展，必须快速捕捉瞬息万变的市场机遇，创造出满足顾客个性化、多样化的产品。由于企业自身资源的局限性，有必要借助其他企业的优势资源来弥补。美国里海(Lehigh)大学的亚柯卡(Iacocca)研究所在《21世纪制造业发展战略报告》[1]中首次提出“虚拟企业”(Virtual Enterprise)理念，认为虚拟企业是针对市场机遇，能迅速实现(企业内部或若干企业联合的)资源的有效集成而组建的动态联盟。这种动态联盟已经成为企业组织形态发展的方向，它能敏锐把握市场机遇，及时满足顾客需要，快速聚集经营资源，全力推动技术创新，有效缩减交易费用，降低经营风险。

虚拟企业也称动态联盟，是一种由多家独立的企业为了抓住和利用迅速变化的市场机遇，在一定时间内，通过信息技术联系起来的网络结构性组织。联盟网络中的各参与企业基于共同的目的，充分信任与合作，利用各自的核心资源，分担风险与利润，一旦市场机遇消失，虚拟企业即解体或重新组合。通过虚拟企业的运作，可迅速有效集成满足特定市场机遇所需的核心资源，从而对市场变化作出积极的响应，以最小的投入、最好的质量与服务、最快的上市时间满足市场的需要。

动态联盟以敏捷制造为基本特征,是 21 世纪企业的主要组织形式。它使制造系统从工厂内集成进一步发展到企业间集成,并以企业间的合作与联盟伙伴关系网为主要形态。和传统的工作方式相比,动态联盟强调“动态”和“联盟”。“动态”反映了市场和竞争环境不断变化的特点,而“联盟”则代表了一种通过紧密合作去响应变化的新型企业组织模式。动态联盟的概念要求结盟企业能以一种更加主动、默契的方式进行合作,要求主生产厂家同它的供应商和销售商结成一个直接面向市场和用户的联盟企业,它们应能像一个企业内部的不同部门一样主动、默契地协调工作。以敏捷制造理念建立动态联盟的最终目的在于快速开发新产品,使企业在激烈的竞争中获得优势。动态联盟企业应具有可重构、可重用和规模可变(Reconfigurable,Reusable,Scalable,RRS)的特性。

虚拟企业的形成一般先由某一企业响应市场机遇而发起,我们称之为发起企业、法人企业或盟主,盟主总是最先发现或最先抓住机遇且具有实现机遇的核心优势,其首要的任务是选择伙伴企业并对各联盟伙伴企业进行协调,表现为在联盟建立过程中的牵头组建作用及联盟运作过程中的协调、控制与决策。

响应联盟的要求而参与联盟的企业称为伙伴企业(Partner Enterprise,PE),伙伴企业是根据机遇的要求而相互结盟在一起的一个个具有较强敏捷性的独立企业,也称为敏捷型企业(Agile Enterprise,AE)。一般来说,只有拥有实现机遇所需的核心资源的企业才有可能成为动态联盟的伙伴企业。

1.1.2 虚拟企业的体系结构

虚拟企业的体系结构如图 1-1 所示,下层表示参与动态联盟的伙伴企业的内部结构,上层表示虚拟企业的组织实体,相对于单个企业,它是一种外部的组织结构。虚拟企业的外部结构跨越多个敏捷企业的范围,是一种由属于盟主和相关伙伴企业的参与一定虚拟企业系统项目组功能过程的企业元所组成的企业间相互交互的组织结构形式。

1. 动态联盟体(Virtual Organization,VO)　它是虚拟企业的最上层,由多个外部项目组(External Team,ET)联合构成的一种有时间性的组织,是虚拟企业的决策与协调中心。

2. 外部项目组(External Team,IT)　亦即虚拟项目组(Virtual Team,VT),是实现虚拟企业机遇产品过程的直接组织单位,是一种跨企业跨功能的虚拟工作团队。由盟主企业与联盟伙伴企业派出的多个内部项目组(Internal Team,ET)根据机遇的需求,通过多种合作形式构成,共同协作完成机遇产品。

3. 内部项目组(Internal Team,IT)　联盟伙伴企业根据机遇的要求建立的多功能项目小组,它与企业的原有组织结构并不割裂,是根据机遇的需求对原有

企业结构中的基本组织元(Basic Organization Unit,BOU)的一种优化重组。它们具有很强的自组织能力,能较好地适应环境变化。组成内部项目组的企业基本组织元相互之间进行频繁交流,以维护其核心优势,在动态过程中寻求最优组合。

4. 基本组织元(Basic Organization Unit,BOU)　企业内部实现工作的最基本的工作单元,由人、设备等资源构成,在企业中是相对稳定的部分。

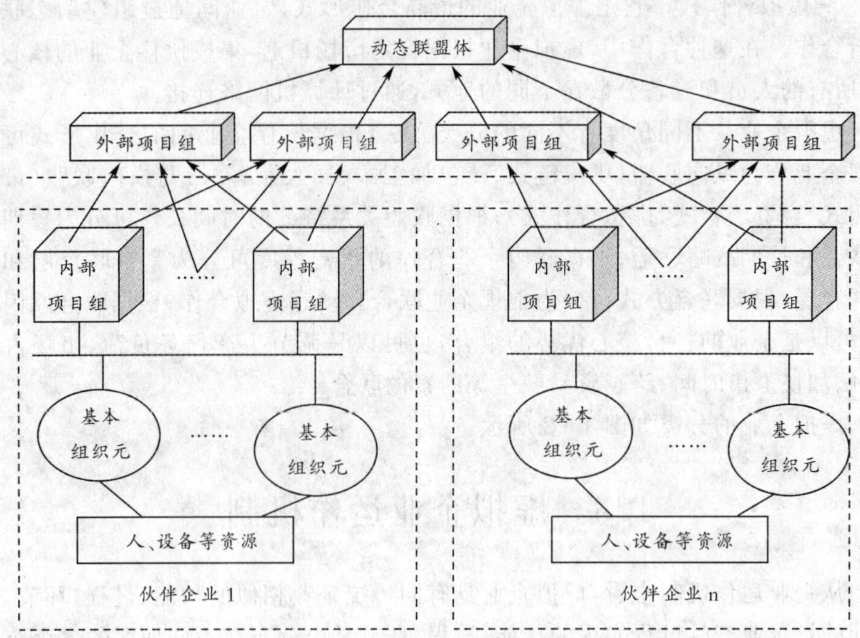

图1-1　虚拟企业体系结构

1.2　虚拟企业的分类

虚拟企业是各实体为实现共同目标形成的动态联盟,这些实体可以是独立的敏捷型企业,也可以是企业内部的某些部门。按合作形成分为以下几种类型[2~5]。

1. 供应链式　现今企业间最常用的一种合作形式,主要用于原材料、零配件的供应与产品的发送。它是建立在产品、价格、质量、交货及时性的基础上相对稳定的一种合作。

2. 策略联盟式　几家公司拥有不同的关键技术和资源,彼此的市场有一定程度的区别和间隔,为了彼此的利益相互交换资源,以创造竞争优势。

3. 合资经营式　多个企业共同对一种产品进行投资开发、生产、销售，利用各自优势，组成联合经营实体。

4. 转包加工式　企业将拟生产产品的部分工作转包给别的企业，本身只进行生产设计或只进行生产加工。

5. 插入兼容式　企业拥有一支相对稳定的核心雇员队伍，大量工作人员是根据经营需要临时雇佣的流动人员，他们来自多个企业。

6. 虚拟合作式　它是虚拟企业的最高合作形式，企业间通过组建动态联盟进行合作。在这种合作中，虚拟企业根据特定市场机遇，集成伙伴企业的核心资源，所有的人员和设备分散在不同的地方，通过计算机网络连接。

虚拟企业从不同角度有不同的分类方法：根据伙伴企业间的合作形式可将虚拟企业分为纵向联盟（供应链式、转包加工式、插入兼容式）与横向联盟（策略联盟式、合资经营式、虚拟合作式）；根据联盟关系持续的时间长短可分为短期动态联盟和长期战略联盟；根据联盟企业合作的紧密程度可分为紧密联合层和松散联合层；根据联合方式可分为常规企业联合和动态虚拟合作；根据联合原因划分，可以是企业的各自核心优势的组合，也可以是调节生产任务负荷、市场占有划分、加快上市时间、跨越贸易壁垒等因素的联合。

虚拟企业的分类如图 1－2 所示。

1.3　虚拟企业运作机制

从企业运作机制来看，虚拟企业具有同传统企业相似的功能、过程、环节，所不同的是企业产品过程实现的功能、过程、环节是由分布在不同地区的多个企业通过信息网络的连接共同实现。正是虚拟企业的这种跨企业的参与性，使得虚拟企业的管理运作与传统企业表现出较大差异；同时，虚拟企业构成方式和合作形式的多样化，也使得虚拟企业的运作机制更加复杂化。

按照机遇产品实现的需要，由盟主企业出面牵头，通过伙伴企业之间的相互协商，对伙伴企业的核心资源进行优化组合，组成实现产品过程的各外部项目组。由于虚拟企业构成的多样性，外部项目组的构成方式也不同。

在供应链式的合作形式中，外部项目组即是一个个独立的企业。作为虚拟企业的盟主，只需与联盟企业明确供货合同，如供货的性能、质量、价格、交货期、售后服务等有关事项，没有必要对伙伴企业的内部过程运作与组织结构作更深入细致的要求，这些工作由伙伴企业自主管理。

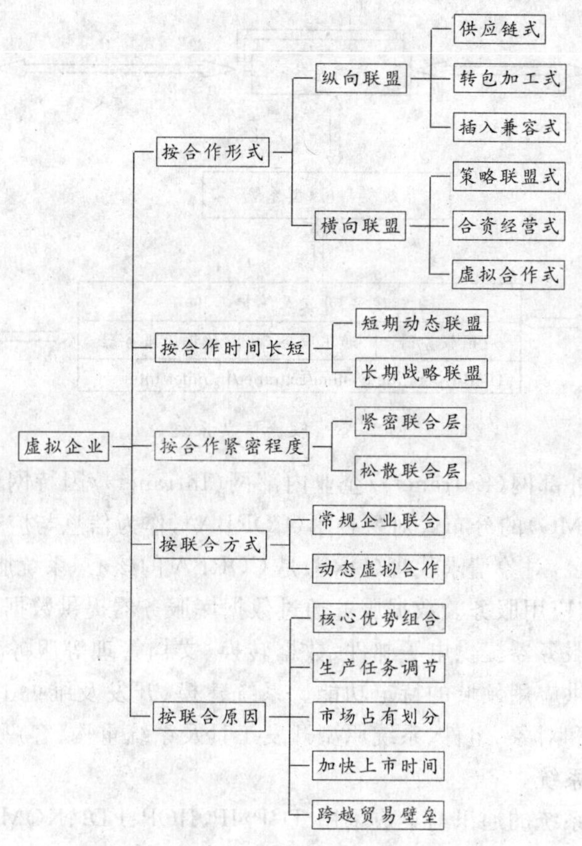

图1-2 虚拟企业分类

作为虚拟企业的最高形式——虚拟合作式，强调不同的企业通过信息网络进行协同工作，共同参与虚拟企业的经营活动，组成一个联盟的整体，共同响应市场机遇。外部项目组是一个或多个伙伴企业派出的内部多功能项目组或其代表组成的跨企业、跨地区、跨功能的具有自适应能力的工作团队。由于在这种形式下为实现机遇产品进行的工作是作为一个完整的企业系统来实现的，有必要对实现过程的各个环节及其实现的组织进行统一规划和管理。虚拟合作式最能体现虚拟企业的虚拟多方动态合作这一本质属性，我们讨论的虚拟企业指的就是这种最高层次的动态联盟形式，其他形式可以视为这一形式的简化，或称之为“准虚拟企业”、“半虚拟企业”。

虚拟企业的运作通过敏捷信息系统进行，通过举行定期网络会议、实时协商交互来实现，敏捷信息系统是网络化、分布化系统，如图1-3所示。

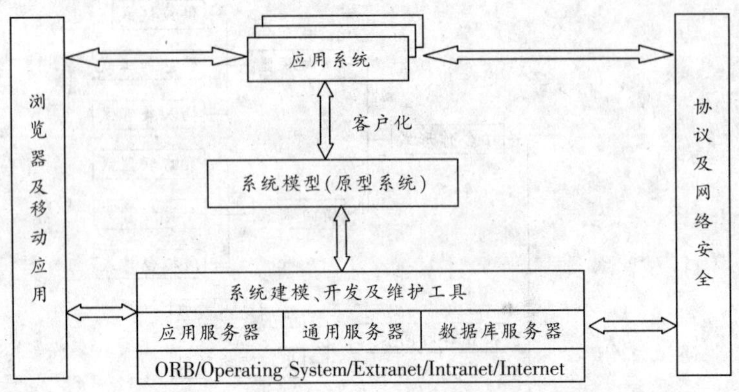

图 1-3 敏捷信息系统

选择企业外部网(Extranet)/企业内部网(Intranet)/因特网(Internet)及对象管理组织(OMG)的分布式对象技术(CORBA),作为信息与应用集成、建立分布式应用的平台,对象请求代理(ORB)是 CORBA 的核心,系统服务包括数据服务、通用服务和应用服务。数据服务通过数据库服务器提供数据管理功能;通用服务通过通用服务器提供电子邮件、数据转换、文档管理等服务;应用服务通过应用服务器提供应用领域的特定功能。系统建模、开发及维护工具包括信息系统的建模工具和对象、组件、系统原型开发工具及系统重构、客户化等维护工具,以建立与重构系统。

敏捷信息系统的通讯与集成采用 TCP/IP、IIOP、EDI、KQML 等标准协议,保证系统的开放性。采用因特网/企业内部网环境下的网络安全技术,保证不同层次的通讯安全。用户接口采用浏览器方式,便于统一人机界面,减少系统维护工作。

1.4 虚拟企业的本质

1.4.1 虚拟企业的特征

1. 虚拟企业的显著特征是生产的并行性 产品以并行而不是以线性顺序进行产品生产。不再像层次化组织图那样以空间的术语来定义企业,而是使用人类时间的原则作为组织的原则和责任的配置。传统的层次模型是把生产作业分解,分配人员严格执行各自的职能,虚拟企业则把成批的活动作为项目,由团队平行地反复工作形成团队组合。项目的分解不是以串行工程为基础的开放子系统,而是把项目分解成工作模块,看作"黑箱"式子系统,这种建立在平等基础上的合作对各方所承担的工作模块有充分的自主权,能调动其使用各种最佳资源(包括技术秘诀,know-how),又不怕专有技术泄密。以一体化系统思想设计的工作模块,能够不断沟通、协调,既缩短开发时间,又节约开发成本。

2. 企业界限模糊　在虚拟企业中,有形的组织结构被打破,形成制造商、供应商、竞争对手、顾客、顾客的顾客及其相对核心能力为结点的网络,由于网络和跨职能团队的存在,使得仅在同一地点、同一地区集中资源变得毫无意义。它允许每个参与者参加其他项目,不同组织之间没有界限,这种新型企业模式修改了传统组织的边界,无法确定一个企业从哪里开始到哪里结束。

3. 技术先进　主导企业将劣势功能外包出去,与其他多个不同领域具有优势能力的企业组成联盟,虚拟企业的各参与方均将自己的优势技术贡献出来,众多单项技术的联合,形成强大的竞争优势,使开发的产品处于世界级先进水平。

4. 经营灵活　虚拟企业是一种动态的联盟,一家企业可以同时参加数家“虚拟企业”,它的经营更灵活,可以克服企业技术、资金、人才等不足的困难,增强抗风险能力,易于抓住稍纵即逝的市场机会。

5. 经营风险和收益的共享　虚拟企业由众多企业组成,在技术开发过程中的费用共同分担,技术开发风险和技术应用风险也共同承担。风险与收益并存,收益也在各参与者之间共同分享。

6. 缩短产品开发费用和时间　在激烈的市场竞争中,产品的更新换代越来越快,技术含量越来越高,高新技术的开发费用大、周期长,任何独立的企业都难以完成。虚拟企业各参与方之间为了共同的目的,以技术为核心,利益共享,风险共担,可以快速开发高新技术产品,缩短时间,降低成本。

1.4.2　虚拟企业虚拟化内容与形式

随着虚拟企业的拓展,其虚拟的内容和形式呈现多样化[2、9、10]。

1. 功能虚拟化　在虚拟企业的组织形态下通过企业间的虚拟合作拥有制造企业所有必要的功能,包括产品设计、制造、装配、销售、财务等,这些功能分别由不同的企业执行,并非每个企业内部均完全拥有执行这些功能的机构。企业仅具有实现市场目标的最关键功能,其他功能无法达到竞争的要求,通过将这些功能虚拟化,以各种方式借用外部资源进行组合和集成,形成足够的竞争优势。

2. 地域虚拟化　运用信息高速公路和全国工厂网络,把综合性工业数据库和提供的服务结合起来,能够创建地域上相距万里的虚拟企业联盟。虚拟企业产品开发、市场营销、加工制造、装配调试等部门都可以分布在不同地点,通过计算机网络连接和控制。

3. 组织虚拟化　传统制造系统是按照递阶层次构造的,呈金字塔型,生产柔性低,市场响应慢。虚拟企业根据目标和环境的变化进行组合,组织结构从传统的递阶层次的“机械结构型”向更适应市场竞争的“化学分子型”和“生物细胞型”转变，成为扁平的多元化“神经网络”。

4. 产权虚拟化　企业管理者和技术人员群体对企业的控制能力提高，与企业的所有者一起参与企业剩余权利的分配，所有权已不再被所有者绝对占有，产权变得虚拟和模糊。

5. 管理职能虚拟化　企业内部的管理职能逐渐分离，由其他企业和社会承担，由它们为企业管理提供服务。

6. 技术人才虚拟化　在新产品开发中，技术人员已不再是来自一个企业和研究机构，而是来自多家企业和研究机构的技术人员，乃至顾客、顾客的顾客组成的开发小组，这是一种借脑和集智的策略。

1.5　虚拟企业的内涵

虚拟企业将敏捷制造哲理和虚拟化机制结合起来，实现联盟企业间合理、高效的动态合作，对资源进行合理有效的集成。其内涵反映在如下几个方面：

1. 虚拟企业的组建完全是为了适应机遇的需求而产生，它带有较强的时间性，随着机遇的消失，虚拟企业也将解体。

2. 虚拟企业强调对市场的“应变”，具有高度的组织柔性，综合运用敏捷型管理手段、敏捷型技术、敏捷型员工等使能技术，各参盟企业良好耦合，共同协作，提高企业的敏捷性，形成新的更强的整体功能。

3. 强调通信连通性和跨组织参与性。通信连通性指企业内部跨团队、企业间跨组织的通信和交流，跨组织参与性指跨企业参与经营和管理。

4. 虚拟企业的组织结构是一种可重构、可重用、可扩充（Reconfigurable，Reusable，Scalable，RRS）的扁平状知识型网络组织结构。RRS 意味着动态的结构柔性，扁平状网络则减少中间环节，知识型结构体现知识和技能的共享。

1.6　虚拟企业产生与发展的动力机制分析[74]

1.6.1　引言

虚拟企业旨在增强企业的长期竞争优势，从企业的基本任务和方向中衍生出目标，由多个企业形成的，对特定目标和风险达成协议，进而赢得未来相对优势而建立的动态联盟。这是在新的历史条件下，社会、经济、科技发展的客观结果，也是企业管理行为的新举措。其组织形态是多样的，可分为虚拟生产型、虚拟销售型、策略联盟型、虚拟部门型、虚拟办公室型等（如图 1－4）。我们从虚拟企业产生与发展的内在技术基础，以及社会、经济、市场发展的外在需求入手，探讨促进虚拟企业产生与发展的要素及动力机制。

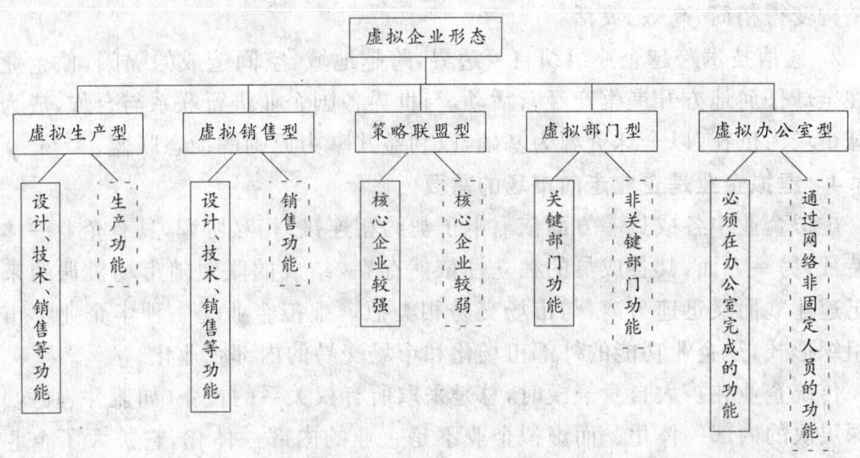

图1-4　虚拟企业组织形态

1.6.2　CIMS技术的推动是虚拟企业产生与发展的内在基础

CIMS理念在20世纪70年代提出，80年代中期大规模实施。经过十几年的发展，已从技术集成扩大到技术、经营/管理、人/组织的集成。我国研究人员提出更高层次的CIMS概念——现代集成制造系统，其创新性表现在[5]：细化现代市场竞争的内容(P、T、Q、C、S、E)；提出CIMS的现代化特征(数字化、信息化、智能化、绿色化、集成优化)；强调系统观点，拓展系统集成优化的内容(包括技术、管理、组织内部的集成优化以及三者之间的集成优化)；突出管理与技术的结合以及人在系统中的重要作用；指出CIMS技术是基于传统制造技术、管理技术、自动化技术、系统工程技术的一门发展中的综合性技术，信息技术具有指导意义，集成是关键；总结"现代集成制造系统"包括总体技术、支撑平台技术、设计、加工自动化技术经营管理与决策技术、生产过程控制技术；扩展CIMS的应用范围，从离散型制造业到流程及混合型制造业。从广度和深度上扩大原来CIMS的内涵，从信息集成→过程集成→企业间集成，进而形成"准虚拟企业"和"虚拟企业"，以此改变"小而全"、"大而全"的封建庄园式企业发展的道路，以面对全球经济的新格局。CIMS技术正推动企业进入智能化、柔性化、敏捷化和虚拟化。

1.6.3　网络技术是虚拟企业产生与发展的外在动力

网络技术使整个社会经济发生根本变化。传统的以工业为基础的社会经济迅速向基于知识和信息的社会经济转变。这一基于信息的企业革命正使得传统的企业组织模式分崩离析。

1. 由于现代信息、通信技术的快速传递能力，企业组织打破传统制造、管理和工厂、车间的边界,使企业组织内的生产、管理、服务等功能广泛融合,企业内部结构变得精简、高效、灵活。

2. 通信技术跨越企业组织自身边界,跨越地域、空间造成的隔阂,使企业可以在全球任何地方开展生产经营活动,与世界各国企业进行联系与合作,成为以全球市场为依托,以全球资源为基础,以利益共享为原则的动态联盟。

1.6.4 虚拟企业是企业走向市场的需要

虚拟企业中各成员一方面依靠电子契约相连接,相互协调,具有企业一体化的特征;另一方面,其各成员的独立性依然存在,结成的联盟随市场机遇的来去而迅速建立而又迅速分离,与市场交易相类似。虚拟企业是一种半企业半市场的组织形式,是企业功能的外部市场化和市场交易的内部企业化。

传统企业在扩大自身规模时,总是采取所有权关系的扩张(如兼并、收购)形成深层次的内部一体化。而虚拟企业不是企业的内部一体化,它扩大了企业的经营规模和范围,扩大了企业的边界,使企业更进一步走向市场[6]。

1.6.5 虚拟企业是实现低投入和高产出的有效途径

市场交易存在着交易费用,为了减少市场交易费用,可以利用企业进行组织交易。这虽然在一定程度上减少了交易费用,但增加了较多的组织费用。为了减少企业的组织费用,不是让交易从企业再回到市场,而是要精简企业的机构,让低效率的部门和功能从企业内部分离出来,转移到其他企业中,留下本企业最具优势的核心功能,即把企业的某些功能外部化。每一个企业都有自己的核心竞争优势,再与互补性的其他企业根据市场机遇的不同而形成不同的联盟,亦即形成不同的虚拟企业。而原来在自由市场中进行的交易限制在虚拟企业组织内部进行,组织内部的交易市场代替自由交易市场,以此减少自由市场的交易费用。它还能减少企业组织费用,克服随着纵向一体化扩张而产生的组织费用激增的难题。同时也减少了生产费用和机会费用(机会成本)。当新的市场机遇来临时,可以充分挖掘和利用各企业的现有资源,以最低的投入、最高的效率生产出市场最需要的产品。

综上所述,虚拟企业的产生与发展一方面是 CIMS 技术发展到一定阶段的产物,是 CIMS 技术内在规律推动的结果;另一方面也是高新技术形成的网络经济和全球一体化经济拉动的结果;同时虚拟企业也是企业走向市场和实现低成本、高效益的需要。上述四个因素既反映了科技推力这个内因,又体现了市场的客观选择与社会的主观选择这个外因。“准虚拟企业”和“虚拟企业”模式能有效实现“产业结构的优化”,以达到“强强联合,优势互补”。

1.7 虚拟企业模式——改善企业绩效的最佳模式[75]

1.7.1 引言

企业绩效改善的传统方法一般是通过削减费用、减少管理层次、重新设计流程、改善信息系统、实现例行事务自动化等。这些方法的共同点在于所有改变的重点都在企业的内部，这是传统企业绩效改善的唯一途径。在完成内部绩效的改善之后，许多企业仍感到力不从心。经过大刀阔斧的改革，内部效率是提高了，但其结果只是和那些也经过同样努力的竞争者不相上下，内部生产力经过多年的改善，大多数企业内部的潜力已开始枯竭。有关研究表明，今天企业的经常性开支不会超过公司平均制造成本的3%，劳动力成本不超过6%。即使是最有效的费用削减，包括将生产过程中劳动力密集部分进行全面自动化，对总成本的改善也是微乎其微。要向组织内部寻求提高绩效的途径已经愈来愈难，企业已没有太多的"赘肉"可减，其绩效改善的重点应放在外部关系上。

许多试图再造企业的公司，在底线利润、全面质量管理及其他方面所做的改进微乎其微。其原因在于战术性变化已不能适应全局战略变化，企业与顾客的关系、企业内部结构、企业与供应商的关系，都必须协调发展。

一种新的全局战略模式——虚拟企业应运而生，它包括了企业与顾客的关系、企业与供应商的关系、企业与制造伙伴的关系、企业与设计伙伴的关系、企业内部关系和工作过程等。产品和服务的质量与价格不再是影响竞争的唯一因素，同其他企业建立紧密的合作关系成为企业在当今相互影响、急剧变化的环境取得成功的坚实基础。其合作既包含企业与其他企业的关系，又包含企业本身内部的运作。

1.7.2 与顾客关系的改变

传统企业一般是通过产品或劳务的销售形成企业与顾客的关系，这种传统的企业和顾客的关系非常脆弱，没形成持久、牢固的顾客关系。企业面临如下问题：①竞争对手提供新服务或增加产品价值，将其挤出市场；②顾客被他人收买或重新形成，不再需要它的产品。企业通过削减销售量、降低价格等战术竞争方法，短期内可以行之有效，却不能与顾客建立起持久的纽带关系，以保证长期战略的成功。

企业必须成为顾客经营和生活中的一部分，这是通向虚拟企业的成功之路。虚拟企业由雇员、顾客、供应商甚至竞争对手组成，为完成共同的使命而形成战略联盟。它与传统企业的最大不同在于它是顾客、供应商、企业之间的合作联盟，以合作求竞争，与顾客和供应商之间的关系持久、稳固，这是与虚拟企业传统企业改善绩效方法的显著区别。

如果顾客是企业，则企业就要成为顾客经营过程的一部分；如果顾客是消费者，则要求价值增值链的终端进入顾客生活过程。过去，社会大生产的出现，企业感到自己只是产品的销售者，而不是顾客经营过程的便利者。如今，竞争让企业偏离了为顾客统一服务的轨道，转向为顾客单独服务的轨道，企业成为顾客经营过程或生活过程的一部分。

在以前孤立的小范围内，与顾客的时有时无的接触关系，不能让顾客与自己一道盈利。虚拟企业是非零和合作博弈机制，各方共同把利益之饼做得更大，同时受益，摒弃传统意义下的特定之饼的利益争夺。

在虚拟企业中，战略重点放在且必须放在顾客身上，要关注供应商能够促使顾客做些什么。企业为了拥有世界级的企业过程和产品，面临的挑战已超出丰富顾客价值这一范围。世界级水平的质量、成本、服务只是企业经营的敲门砖，不再是一种竞争优势。新的优势是看企业是否了解顾客，是否掌握顾客的需要，是否能把所了解和掌握的信息转化为一定的价值，并作为一定的关系保持下去。

企业要取得成功，必须超越只在产品生产上与顾客联系这一范畴，直至超越与全体顾客和顾客过程的联系。帮助顾客与顾客的顾客取得联系，跨越顾客与供应商之间的无人之地，扩展公司与公司之间的联系，淡化和模糊公司之间的界限，使供应商与顾客一道共同了解和掌握其产品和服务对于顾客的顾客的价值所在。

1.7.3 新的协调机制

企业为了适应新的竞争形势，必须对生产服务的实际成本进行重新核算评估，要明确增值链的各个过程，以便加以管理。工作过程分为增值过程和非增值过程。许多行业从顾客订货到取货，整个过程中非增值时间占了95%。要缩短时间，快速将产品推向市场，必须削减非增值过程，把精力转向增值过程。

虚拟关系模型[8]中的三维空间的三个坐标轴代表三个管理决策区域，它对管理虚拟企业以促进其协调发展具有关键作用（如图1-5）。

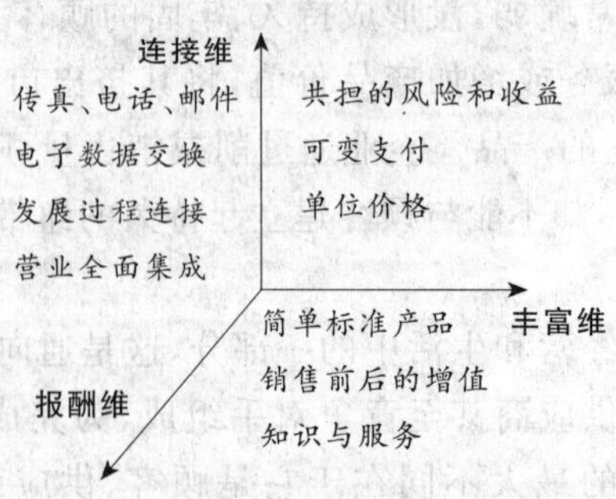

图1-5　虚拟关系模型

横轴是丰富维，表示供应商向顾客增加的价值。表现为某工程或产品的整个生命周期内硬件、服务、技术知识的组合。供应商帮助顾客丰富起来，顾客又帮助自己的顾客丰富起来，顾客的顾客再帮助自己的顾客丰富起来，如此下去，形成一条丰富链。丰富链使企业走出顾客关系圈，同顾客的顾客取得联系，并用这种方法扩展市场机遇。熟悉顾客的环境，熟悉顾客的顾客的环境，了解他们的需求，这就是"结果销售"，而非传统意义的产品和过程销售。"结果销售"把企业与顾客联系在一起，让企业和顾客共同丰富顾客的顾客的价值。

纵轴是报酬维，表示顾客向供应商的支付，从不变支付到可变支付，再到共担的风险与共享的收益。适当的报酬是虚拟企业合作伙伴关系长久的基础，报酬维表示供应商与顾客在新的环境下风险共担、利益共享。供应商与顾客共同工作，寻找双方有利的经营方式，向连接灵活的供应商网络方向发展。可以节约时间和资金，提高产品质量。

斜轴是连接维，表示公司之间业务连接程度，从传真、电话这些互不连接的孤立工作过程开始，到各种操作全面集成为止。连接维上的系统及工作过程的实现，要有丰富维和报酬维的运动相配合，三个维必须携手共进。连接维不是技术上的连接与集成，用电子通讯来联系，只是一种手段，其目的是在人们与其组织之间建立紧密的、有效的关系，为双方互利创造新机遇。

企业的选择是沿着虚拟关系模型的三条轴做协调配合运动，供应商向顾客增加价值，顾客和供应商风险共担、利益共享，顾客与供应商的工作过程相互连接。

传统企业的绩效改善主要集中在企业内部，很少将注意力集中在外部。虚拟企业则是对企业外部资源的整合，发挥综合效应，跨过虚拟关系模型的三条轴，合作包括顾客、供应商甚至竞争对手在内的各方，联合把利益之饼做大，各方利益共享。

1.7.4　新的运作模型

企业的绩效改善逐步转向外部，虚拟企业的运作模型——四圈模型[7]说明了绩效改善的集中点。在虚拟企业中，雇员被作为"合伙人"、"成员"，在建立的动态团体协作过程中，团队都有充足的资源支持在每个小核心的机会。其部门也发生变化，以虚拟任务团队的形式利用各人的能力，共同协作完成项目，不受传统企业中的框架约束和限制。传统企业的组织完全打破以后，绩效改善的集中点就在于四圈模型的重叠处(如图1-6)。

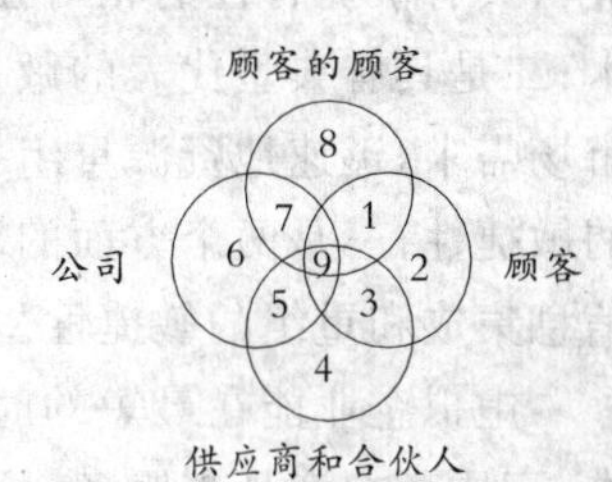

图1-6　虚拟企业四圈模型

需要辨明顾客和顾客的顾客的重叠处"1"的机会，识别并加强顾客的能力

“2”,从而容易对顾客作出反应,这包括把供应商和顾客“3”结合在一个虚拟企业中。同时需了解供应商和其他合伙人“4”的能力和渴望,故而选择过程“5”非常重要。在团队协作过程“6”中,需要有一种利用多种能力的方法。成功的关键在于具有抓住顾客的顾客愿望这一模式“7”的能力,应特别注意顾客的顾客“8”。四圈模型的重叠处“9”是所有要素的共同作用,是一种新型的供应商、顾客、顾客的顾客之间的紧密联系,它们共同贡献人力、物力、财力,创造出超常优势。

传统企业间竞争主要依靠自身的实力,组建虚拟企业后,各方以合作求竞争,追求内部和外部的协同效应,其绩效的改善来自各方的共同协作。

1.7.5 形成敏捷响应模式

虚拟企业敏捷性表现为:面对全球化激烈竞争的买方市场,采用快速重构的生产单元构成的扁平组织结构,以充分自治的、分布式的协同工作代替金字塔式的多层管理结构,变企业之间你死我活的竞争关系为既竞争又合作,共创“双赢”。它强调基于互联网的信息开放、共享和集成。

从企业内部来看,要发扬团队的合作精神,员工协同工作,共同解决问题,把合作看作一种义务。企业以一种类似医院急救室的工作方式运转,完成新订单带来的任务,获取新的市场机遇。强调权利分散,让中下层管理人员有更多的自治权。从员工个人到组织机构,整个企业都能最有效地适应市场的变化,做出“敏捷”的响应。

从外部来看,合作的概念已发展到以前竞争对手之间的合作。日立与 IBM 一直是计算机产业的两大竞争对手,现在已结成合作伙伴。日立买进 IBM 的主机 CMOS 处理芯片,并制造 IBM 结构的主机,打上日立牌子销售。解决利益分配问题后,供应商、合作伙伴、顾客都能互相受惠。

虚拟企业具有三个相互依存的敏捷性特性:一是企业资源的敏捷性。即企业由具有敏捷特性的相对独立的单元构成,这些单元包括企业中的人、组织和技术;二是具有典型代表的敏捷化组织方式,使得系统中的独立单元可以根据新的市场需求,迅速地资源重组,从而表现出整个社会资源重新配置以响应市场变化的敏捷性;三是两个方面的敏捷性都依赖于企业信息的可集成性、可重组性以及信息集成和重组的敏捷性。

虚拟企业能在最短的时间内以不同的批量提供满足市场多变需求的低成本、高质量的产品与服务,具有对市场需求的变化作出快速响应的能力,向传统的成本、质量和可靠性的管理模式发出挑战。其敏捷性涵盖了四大市场要素:成本、质量、可靠性和多样化(灵活性)。但敏捷性不是多样性,其根本区别在于是否能够预测市场需求的变化。虚拟企业不再停留在一个静态的位置上来生产它的产品以及运作它的业务,而是不断在竞争的环境下重新定位自己,调整自己的组织机构、管理方式、产品与服务、业务过程、人员、技术以及市场策略，以适应动态的市场变化。虚拟企业在市场特征方面是面对全球化的竞争激烈的买方市场；在生产方式特征方面是以多品种、变批量的大量生产代替了大批量的生产；在组织特征方面，由可以快速重组的单元构成扁平化的组织结构，以自治的、分布式的团队工作取代宝塔式的递阶层次管理结构；在管理思想特征方面，十分重视人的因素，十分重视营造协同环境，视高素质员工的协同、主动的工作为企业成功的关键因素；在企业之间的关系方面，形成既有竞争又有合作的新型关系；在信息特征方面，强调在互联网的基础上信息的开放、共享与集成。

从竞争走向合作，从相互保密走向信息交流，给企业带来更大利益。如果市场出现新的机遇，几家本来是竞争对手的公司会立即组成合作关系，各家发挥自己的优势共同运作，迅速占领市场。这种“敏捷模式”的基础是全国乃至全球的通讯网络的发展，在网上了解有专长的合作伙伴，在网络通讯中确定合作关系，用并行工程的方法实现快速和高质量的产品开发。

1.7.6　敏捷供应链技术的支撑

有鉴于“纵向集成”管理模式的种种弊端，从20世纪80年代后期开始，国际上越来越多的企业放弃了“纵向集成”的经营管理模式，随之是“横向集成”经营管理思想的兴起，即利用企业外部资源快速响应市场需求，本企业只注重并将最主要的精力用于自身具有核心竞争力的核心业务上，其附属的非核心的业务，或企业外包或委托其他企业加工，目的是利用其他企业的优势资源促使产品快速上马，赢得产品在低成本、高质量、早上市等诸多方面的竞争优势。“横向集成”形成了一条从供应商到制造商再到分销商的贯穿所有联盟企业的“链”。由于相邻的节点企业表现出一种需求与供应的关系，把所有相邻企业彼此连接起来，便形成了供应链(Supply Chain)。链上的节点企业必须达到同步、协调运行，才有可能使链上的所有企业都能受益，达到“双赢(Win-Win)”的目的。这便是产生供应链管理(Supply Chain Management，SCM)这一新的经营与运作模式的动机，是基于Internet/Intranet的技术支持和敏捷制造模式下形成的敏捷供应链管理模式和系统软件。

传统的制造资源计划(MRPII)局限于企业内部数据的集成而忽略了动态联盟中各企业间资源的共享和频繁重配置问题，而企业资源计划(ERP)的信息集成虽然扩大到了企业的外部，但多数实现系统仍依赖于各相关企业所配备的同类型ERP模块或为需要集成的部分做相关的专用接口。MRPII和ERP系统这种企业间高度耦合的特点使得不同的MRPII和ERP系统之间的互操作性很差，很难满足动态联盟的要求。在MRPII和ERP的基础上，提出的供应链管理模式主要是从拓宽核心生产厂家的管理功能来考虑的，对供应商和销售商的需求并没有给予足够的重视，对不同企业间的异构信息的集成也没有给予充分考虑。敏捷制造概念的提出赋予了供应链模式新的含义和要求，形成敏捷供应链管理模式，它具有以下特征：高度的动态特性；分布异构性；开放通用性；动态联盟的双赢和互利；支持供应链中各种活动的约束与冲突管理。

敏捷供应链管理系统的研究与实现是一个复杂的系统工程，它牵涉到很多思想和技术的应用，包括统一的动态联盟企业建模技术、分布对象计算技术、对遗产系统的封装技术、软件系统的可重构技术、Intranet/Extranet 环境下动态联盟企业信息的安全保证技术等。

为适应企业向分布式、网络化、全球化方向发展的趋势，以动态联盟为主要组织形式的敏捷供应链模式所支持其运作的管理系统是一种能够快速适应企业变化与发展的敏捷化的管理系统。敏捷供应链管理系统的实施有助于促进企业间的合作和企业生产模式的转变、有助于提高大型企业集团的综合管理水平和经济效益。敏捷供应链管理系统是解决市场响应时间、产品质量、生产成本和客户服务(TQCS)等问题，赢得市场竞争优势的重要手段。因此研究如何利用不断发展的信息技术来支持动态联盟的运作，实现结盟企业的信息集成、功能集成和过程集成，构建一个敏捷化的供应链管理模式和管理系统对现代制造业具有重大理论意义和重大的实际应用价值。

1.8 本书的体系结构

近年来，国外企业界的管理新策略层出不穷，从柔性制造到企业再造，从团队理论到扁平组织，各种新方法、新模式竞相出台，掀起一波又一波的世界性管理新热潮。特别是虚拟企业策略已经渗透到西方各类企业管理之中，不少企业自觉或不自觉地运用“虚拟企业”战略取得了巨大成功。但国外对虚拟企业的理论研究还处于不太成熟阶段，甚至还没有一个明确的框架。随着国外对虚拟企业的研究，我国学者也开始借鉴外来经验进行虚拟企业的理论探讨。从总体来看，国外学者大多对虚拟企业思想阐述较多，但理论性不强，零碎且没有进行系统归纳分析；国内学者大多只从不同角度阐述虚拟企业概念及特点，对虚拟企业的管理及在中国的具体实施战略没有很好地描述，尤其对跨国虚拟研究中心和虚拟企业跟踪评价缺乏系统研究。

由此可见，虽然在实际中有不少企业已经不自觉地对虚拟企业加以运用，但对虚拟企业理论的研究严重滞后。虚拟企业理论尚欠成熟，其理论本身也缺乏理论的支持，同时还需要从其他现代科学理论和方法中汲取营养。为此，本书紧紧围绕这些问题，对虚拟企业理论与实务进行研究和探讨。

第 1 章讨论虚拟企业基本理论。结合国内外研究现状，对虚拟企业哲理给出细致评介，为后续章节作理论铺垫。

第 2 章研究虚拟企业合作伙伴选择。研究伙伴企业选择系统和方法，构建虚拟企业伙伴遴选支持系统，为合作伙伴遴选提供理论和方法论依据。

第 3 章分析虚拟企业的运作平台。实现虚拟运作，必须构建五个网络——信息网络、知识网络、物流网络、契约网络、资金流网络，虚拟企业的竞争即是这五个网络的竞争。

第 4 章研究虚拟企业管理机制。探讨虚拟营销系统，虚拟企业多元化经营的风险与收益。基于虚拟企业联盟的管理涉及的一个重要因素就是企业文化的差异，本章最后研究虚拟企业的跨文化管理。

第 5 章探讨虚拟研究开发中心。虚拟研究开发中心是虚拟组织概念渗透于科研机构所形成的一种 R&D 新模式，为了推动我国技术产业更快地发展，探讨新的研发模式——虚拟研究开发中心已势在必行，重点提出跨国虚拟研究中心，即建立国际研究机构间的动态联盟的理念。

第 6 章构建虚拟企业中期评价系统。包括虚拟企业和谐机制和虚拟企业敏捷性度量系统，并结合案例给出虚拟企业和谐性评价和敏捷性度量研究。

第 7 章研究虚拟企业跟踪系统，包括虚拟企业跟踪评价和虚拟化程度测度。研究跟踪评价的主要目的是：通过跟踪评价，对虚拟企业的运作效果有比较全面、客观的认识，且这种认识不是停留在定性、感性的阶段，而是有一定的定量依据；通过跟踪评价，为新一轮动态联盟的组建提供系统的信息支持，使虚拟企业的运转步入良性循环的轨道；通过对虚拟企业效益的评价分析，为各盟员的投入和利益分配提供有效的信息和方法支持，从更广泛的角度促进国家资源与发展目标的优化和协调。而虚拟化是企业从实体企业向虚拟企业的演化，它标度着企业虚拟化进程的深度和广度，测度其虚拟化程度的高低，对虚拟企业的观测和把握具有重要的理论和实践意义。

第 8 章研究虚拟企业评价机制。目前对虚拟企业评价等管理方法的研究还没有系统化和深化，本章先对虚拟企业评价方法论进行细致研讨，提出包含专家权重的定性与定量相结合的方法和智能化方法，以弥补该项研究的不足，并为企业家和决策者提供理论和方法论依据；由于动态联盟的建立与运作涉及多企业的集成，会遇到很多半结构化和非结构化战略决策问题，本章接着探讨动态联盟组建与运作中的专家支持，以更有效地组建与运作动态联盟；最后构建虚拟企业评价支持系统，为用户建立完善的信息、资料管理系统，疏通信息渠道，丰富评价信息，提高信息利用率，提供评价支持（包括前期、中期、后期的态势分析、评价、模拟等），提供定量模型与定性分析相结合的信息支持。

第9章讨论虚拟企业成员间的利益分配。建立企业间合理的利润分配机制是保证虚拟企业高效运转的关键要素，本章对虚拟企业利益分配理论和方法进行系统归纳和分析。

第10章构建虚拟企业管理系统。利用不断发展的信息技术来支持动态联盟的运作，实现结盟企业的信息集成、功能集成和过程集成，以此构建一个敏捷化的虚拟企业管理系统。研究表明，这对现代制造业具有重大意义。

第11章研究自组织理论在虚拟企业中的应用。自组织理论丰富和发展现代系统理论，为进一步研究虚拟企业系统提供新的科学依据和研究启示。本章应用协同论、耗散结构理论和超循环理论研讨虚拟企业系统的演化与发展。

第12章系统探讨虚拟企业结构化模型。随着计算技术和信息技术的快速发展，运用结构化分析方法，建立虚拟企业模型成为学术界的热点。本章系统总结相关的研究成果，探讨虚拟企业模型的构建理论和方法论。

第13章探讨虚拟企业模式在我国的运用。提出建立具有中国特色的虚拟企业模式，指出对虚拟企业这一新的经营模式，我们不能简单地照搬照抄，应结合我国经济发展状况和企业的实际情况，创造具有中国特色的虚拟企业模式，充分发挥虚拟企业的巨大优势。最后讨论虚拟企业对我国企业管理理念的借鉴，分析表明虚拟企业经营理念对我国企业管理水平和企业竞争力的提高具有重要的借鉴作用。

第14章分析虚拟企业案例。虚拟企业模式可以全面整合其他企业管理模式，企业之间纷纷建立起的企业联盟已成为一道亮丽的风景线，然而虚拟企业失败的比例也较高。本章搜集和整理国内外一些成功和失败的案例，以期为企业家和研究人员提供总结成功经验、汲取失败教训的素材。

第 2 章　虚拟企业合作伙伴选择

虚拟企业合作方式的形成取决于合作多方经营机遇的认可和相互之间的信任，建立合作的过程是发起企业选择伙伴企业并结成动态联盟的过程。合作伙伴选择的正确与否，联盟的企业采用的合作形式与构成，直接关系到虚拟企业的成败。

2.1　成功伙伴关系的构成要素

在虚拟企业中，首先要有成功的伙伴关系，至于什么样的伙伴关系，不同的成功企业有不同的经验。有些公司是因为双方人员搭配得当；有些是因为双方产品间具有综效（synergy），天生就是要互相紧密地整合才能发挥作用；有些伙伴关系则归功于彼此间有高度的信任，甚至可以超越对自己公司内部同仁的信赖；有些伙伴团队树立积极且可达到的目标，并一致合力支持此目标，从而成就极为辉煌的业绩；有些公司则是因为能与伙伴共享价值理念，建立长久有益的关系。

尼尔·瑞克曼通过深入探究不同国家、产业、市场中成功企业的业绩后，将成功的伙伴关系的共同因素归结为以下三条[15]：贡献（impact），亲密（intimacy），愿景（vision）。

2.1.1　贡献

贡献用以描述伙伴间能够创造具体有效的成果。成功的伙伴关系可以提高生产力和附加值，重要的是改善获利力。贡献可以说是每个成功伙伴关系“存在的理由”。

贡献并不是伙伴关系所特有的，有许多方法同样可以产生贡献，即使传统的买卖关系也做得到。在传统的买卖关系下，仍可以借由单方面的变革来产生渐进式贡献，可以将产品重新设计和改善，为顾客提供更大的附加值，通常附加值的成本都转嫁到顾客身上。但现在顾客愈来愈不愿意为供应商提供的附加值支付费用，他们要求得到更多的价值，却希望花供应商的钱。合作伙伴常常为利益之饼如何分配，谁负担附加值部分而争论不休。在虚拟企业中，伙伴双方重新思考合作的模式,重新设计组织界限,双向的变动赋予合作伙伴更佳的生产力,产生可观的附加值。伙伴们常常以合力将利益之饼做得更大,而不是在同一块饼上为利益争论不休。在传统企业中,通过运用再造工程、核心流程的再设计等方法,已使内部综效之泉逐渐干枯,而新综效的来源位于组织的界限地带,虚拟企业中的伙伴关系正是攫取新生产力的机制。作为成功伙伴要素之一的贡献位于组织的边界地带,贡献有三个来源:

1. 重复与浪费的减少　当两个组织各自运转同样功能的部门时,也即把同样的事情各做一次时,重复与浪费就会产生。两个公司各自拥有自己的存货、仓储、物流与配送系统时,会出现不必要、重复的步骤及成本。伙伴关系可以减少这些重复,协助删减程序中的多余步骤,使公司之间的流程简单化,从而快速响应,成本低廉,效率更高。

至于其他形式的浪费,则大多来自信息交换的不足,伙伴一方不知另一方在做什么。在传统供应商形式下,欠缺正确和最新的顾客信息,供应商的生产日程无法根据顾客的需求来调整。生产量无法达到最合适的状态,生产不是过多就是短缺。合作伙伴可以通过合作,缝合这些裂缝,优势相长,减少浪费,创造显著的效益。

2. 借助彼此的核心能力　伙伴关系另一贡献之源来自伙伴间彼此可以运用对方的专业和核心能力。优比速公司拥有管理上千台汽车车队的经验,其车队管理作为一项核心能力,无可厚非地强过其他公司。车队管理对于其他公司则是旁枝末节且花费昂贵的负担。仅仅拥有400台车辆的希伦牌公司不值得自己投资建立世界级的车队管理,它正是借助优比速的专业和核心能力,从中受益。

3. 创造新机会　伙伴关系贡献中最令人兴奋的莫过于双方合力创造出无法独立达成的契机。当制造电脑芯片的应用材料与芯片设计大王同时也是制造商的Intel公司结为伙伴,共同开发新一代处理器时,双方都赢得了新机会。

不论是借由重复与浪费的减少、借助彼此核心能力、创造新机会,还是三者的结合,伙伴关系都凭借改善彼此的合作方式来创造贡献。其最终结果是,伙伴扩大利益的大饼,提供现实世界极为罕见的综合绩效,一加一得到的结果比二多了数倍。

2.1.2 亲密

成功的伙伴关系超越交易关系而达到相当程度的紧密度,这种紧密的结合在旧式买卖模式中是无法想像的。伙伴关系的亲密不仅仅是信赖,还需专注共同利益,这部分是亲密“软性”且难以量化的因素。还有“硬性”因素,例如:伙伴关系比传统买卖关系更需要组织的各层次和全方位信息共享,由伙伴双方定期

分享策略规划、机密的成本与定价资料、产品技术专利等，共享信息，超越单项交易内容，逐渐延伸至长期的事业焦点。伙伴组织间接触的广度成为合作的关键，它绝非以销售和交易为基础，而是以企业为基石，不仅仅针对今日，而在于创造持久性的价值。

伙伴关系关注的重点超越卖方与客户之间的互动，延伸至顾客的顾客。从微观的交易关系，转变成客户与市场的宏观导向。供应商与客户在企业目标和未来机会上的焦点共享，使伙伴关系的贡献变得明确，也形成伙伴间的长期承诺。

在牢固的伙伴关系中，伙伴之间所共享的观点非常明确，且通常反映在彼此日渐模糊的边界上，真正跳出“我们”与“他们”的隔离，愈来愈像一个共生的实体。

伙伴关系转向成功的心智模式，一般沿着三个基本层发展：互信、信息共享、伙伴团队本身。高度亲密关系意味着这三个层面频繁而丰富的交流、高度的信赖、重要策略信息的频繁交流，相互间强大而健全的团队永远是核心角色。

1. 建立互信　在虚拟企业的伙伴关系中，只有诚实坦白是不够的，互信的表现应该比诚实坦白更进一层。对客户像对自己的员工一样信任，不计较谁主导，谁从中获利，要不偏不倚，完全无私，必要时甚至将生意移转给合作方。

2. 共享信息　在虚拟企业的伙伴关系中，合作各方都贡献出自己领域的信息资源，与其他伙伴共享，信息共享有如下原则：

原则之一：互惠。伙伴之间建立亲密的关系，不能光靠片段地提供信息，必须互惠性地共享信息的交换，在开始时就与客户交换信息，贡献有价值的信息。

伙伴关系是否成功的最佳衡量标准之一，在于供应商共享信息的深浅与多寡，是否远远超过旧式交易关系之上。

原则之二：事业层面的焦点。为了增加彼此的价值，信息交换的重点应超越传统交易信息之上，将伙伴间整体的事业议题涵盖在内，满足更大需求，同时挖掘更多价值。如果只限于交货期、折旧和销售领域的议题，就无法达到把利益之饼做得更大的目的。

原则之三：着眼于未来而非现在。合作伙伴以未来为焦点，知道双方动向，便于为各自合作方创造最大贡献。信息共享的焦点必须从现在的需求转移到更宽广、更久远的视野上，放眼于未来的需求与机会。

3. 建立有力的伙伴团队　当信息在组织间自由流通时，伙伴双方从信息共享与合作的前景中获利，在虚拟企业的伙伴之间、企业内部之间，都存在虚拟跨职能任务团队。虚拟企业为了抓住真正的经营机会，把人才围绕任务组合起来，代替相互排斥的任务（工作）和部门作业（特权），虚拟团队中个人的才能、知识、经验、抱负都成为重要的资源。

2.1.3 愿景

仅提高综效和达到亲密还未形成真正的伙伴关系，成功的伙伴关系必须有愿景，即对伙伴关系要达到的目的与达到的方法，必须有生动的想象。

在成功的伙伴关系中，愿景比增加价值和发展强烈关系更能不断激励伙伴关系，创造最大贡献。一种对于伙伴所能成就的共享理念，是所有成功伙伴关系的基石。

为伙伴关系勾勒愿景，有时会因缘际水到渠成，但大多数情况下很难幸运地遇上孕育愿景地环境，创造愿景往往需要依循一定的模式（如图 2－1）。

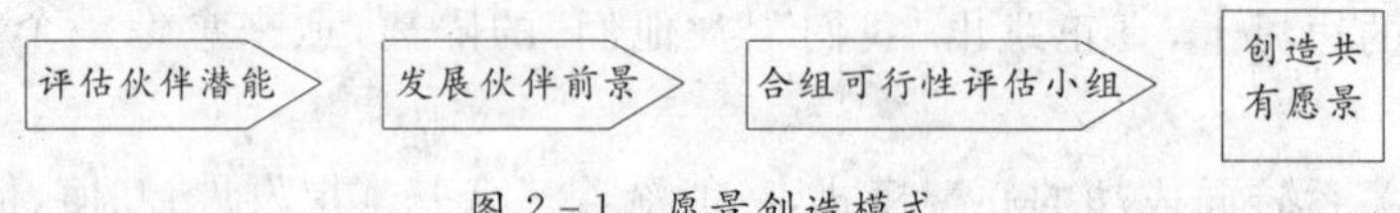

图 2－1 愿景创造模式

1. 评估伙伴潜能（access partnering potential） 在提出一个愿景，甚至是远在提出伙伴关系的提议之前，企业都必须深思该伙伴关系是否具有足够的潜能。

2. 发展伙伴前景（develop the partnering proposition） 绝大多数伙伴都很清楚，将单一方面的愿景一厢情愿地摆进伙伴关系中，会有极大的危机。单方面所编织的愿景无法为对方所分享，也缺乏推动成功的承诺。成功的伙伴组织会避免在一开始就描述璀璨的愿景，只是描述一些简单明了、具有吸引力的事业主题，即“伙伴前景”，双方在这个主题上合作，渐渐开发出共有愿景。

3. 合组可行性评估小组（establish a joint feasibility team） 当环绕伙伴前提的初步讨论渐渐引导出对潜在价值的共识后，伙伴双方会共同组成工作小组，对伙伴关系的可行与否进行评估，这是共同愿景形成之前的必要工作，小组成员同时也在他们公司中跃居支配伙伴关系的主要角色。

4. 创造共有愿景（create the shared vision） 一旦双方认为伙伴关系确实必要且可行后，必须创造一个共享的愿景，作为伙伴关系的目标，也为双方的合作提供指引，共同朝着目标前进。

2.2 选择合作伙伴

虚拟企业成功与否在很大程度上取决于合作伙伴的选择正确与否，绝大多数企业在选择合作伙伴时都是理智和现实的，选择的合作伙伴要具有一定条件。

2.2.1 具备竞争优势和互补资产

出于建立虚拟企业的目的，合作各方必须具有某种优势和专长，伙伴的长处和优势要经得起时间的考验，仅仅具有相对的长处和优势都不能算好伙伴，建立虚拟企业的目的是通过优势互补与整合达到 2+2=5 的作用，如果合作各方不具备优势或优势不明显，都只想借助对方发展自己，这样建立的虚拟企业注定要失败。

如果资产具有互补性，建立虚拟企业可以享受自己原先不具备的资产。种类不同的资产组合在一起可以产生互补效应，性质相同的资产也能为各方提供规模上和范围上的经济效益。

2.2.2 产生协同效应

虚拟企业中双方的合作是多方面的，各方提供诸如信任、技术专长、市场需求、政府影响等。企业要进入市场，不仅要选择能帮助它进入该市场的伙伴，还要考虑双方的努力能否形成合力，最终实现预期目标。

2.2.3 各方规模和实力的相当

如果合作伙伴之间实力严重失衡，会带来许多麻烦，可能做不到利益共享、风险共担。但如果大伙伴起领导作用，小伙伴甘愿听从大伙伴指挥，大伙伴照顾小伙伴，小伙伴依赖大伙伴，其结果也能很成功。

2.2.4 具备共有价值

强力的伙伴关系往往隐含两者在价值观上的一致性，福克纳提出包括战略和文化因素的二维模式[16]，在图 2-2 中，横轴表示文化一致性的高低程度，纵轴表示战略一致性的高低程度，整个矩阵分为四个方格，表示选择伙伴的不同结果，这个战略矩阵为伙伴选择提供了方向。

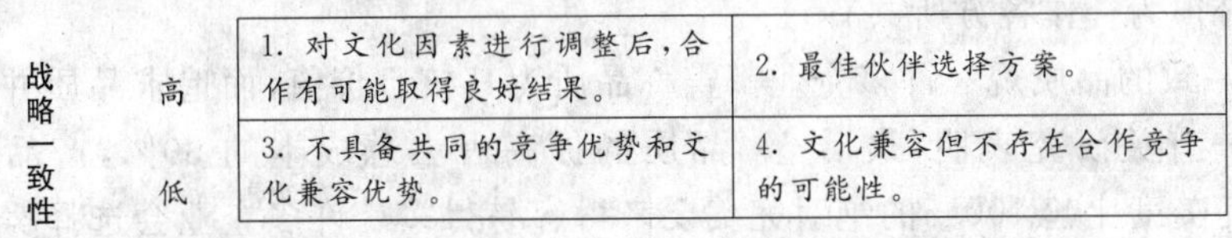

战略一致性	文化一致性：低	文化一致性：高
高	1. 对文化因素进行调整后，合作有可能取得良好结果。	2. 最佳伙伴选择方案。
低	3. 不具备共同的竞争优势和文化兼容优势。	4. 文化兼容但不存在合作竞争的可能性。

图 2-2　战略一致性与文化一致性的组合

福克纳认为，方格 2 是最佳伙伴选择方式，合作双方同时具有战略和文化的一致性；方格 3 成功的机会很小，它明显无法在经营环境中获取竞争优势，公司之间文化价值观存在严重冲突；方格 4 不很好，尽管文化方面兼容，但战略上不一致，经营活动不可能是有效的；方格 1 含有很大希望，它存在战略上的一致性，也存在共同努力和减少冲突的动力。

2.3 伙伴关系的有效准则

尽管不同企业选择伙伴条件迥异，但成功伙伴企业在选择准则的选用上，仍有共性。

2.3.1 创造贡献的潜能

选择伙伴关系的重要原则是伙伴关系能否为伙伴各方创造在传统买卖关系下所无法创造的价值，当评估客户是否具有伙伴潜力时，要看伙伴关系是否可以创造贡献，然后考虑：①伙伴是否具备变革的能力。在许多情况下伙伴有潜在的贡献，却因为合作方无法配合进行改变使得这些贡献无法实现。是否具备变革能力是评估伙伴关系贡献能否实现的关键。②伙伴是否愿意进行转变。有些合作伙伴完全根据自己的意愿进行改变，不愿因为要与对方共创潜在贡献而改变，如果一方不愿意为创造贡献做必要的改变，再完美的计划也是枉然。

2.3.2 共有的价值

伙伴关系要能成功，在价值观上必须有极强的共同点，应包括如下三个方面：

1. 对双赢模式有共识　只有奉行双赢模式，虚拟企业才可能获得成功，才能从传统关系的非输即赢、你死我活的竞争方式转变为具有合作性、共同为谋求更大利益而努力的关系，这是虚拟企业的核心所在。目前，非输即赢的价值观仍然普遍存在于许多企业中，它们只想贪图价格上的小惠。伙伴关系应真正做到伙伴的意义——将交易的利益放在一边，把注意力放在更大的合作目标上，双赢的观点必须为合作各方所共有。

2. 一致的品质观　许多企业都宣称品质为其核心价值，而追求品质并非不需代价。有关研究表明，最后5%品质的提高占去总成本的30%，产品达到95%的完美度比起100%的绝对完美要来得容易得多。许多企业会选择努力使产品达到市场的要求，而不是达到最高标准。虚拟企业合作各方可能对品质有不同看法，追求低成本商品策略的客户无法与保持“每一件事情都必须做到最好”的供应商成功合作。伙伴关系能顺利展开，各方必须有相同的价值观，应避免与看法截然不同的企业组建虚拟企业。

3. 特殊的价值观　许多价值观是共通的，也有些价值观对特定组织而言是独特专属的。比起一些共通的价值观(如服务、顾客满意度等)，独特的价值观必须更谨慎地考虑，它足以给伙伴关系带来真正相容上的问题。对于在价值观上少有共通之处或完全大异其趣的伙伴，不可能在基本的交易关系上再前进一步。

2.3.3 有利伙伴关系的环境

成功的伙伴关系需要在一开始就具备合适的环境，在此情景下，伙伴关系比其他关系更能茁壮成长。客户没有好坏之分，只在于它是否易于接受对方对伙伴关系的努力。选择一个能够有益于传导伙伴关系理念的环境，是选择伙伴关系过程的重点。环境包括三个方面内容：客户对伙伴关系的态度，客户的时间观，交易的频率。

1. 客户对伙伴关系的态度　有些客户是以双赢模式真诚看待虚拟企业中的伙伴关系，而有些客户则利用伙伴关系的名义，用可能获得的条件做诱导，从供应商身上尽可能地剥削，根本没有真心合作的诚意。这种客户成为“流氓伙伴”(bully partnership)，流氓伙伴不在意长期和相互的利益，只在乎从供应商那里获得比传统供应商客户关系下的更多利益。

伙伴关系中的双赢局面是很重要的，如果客户对于伙伴关系自始至终都视为一种压榨供应商的技巧，则永远无法达到双赢的局面。如果客户有成为流氓伙伴的倾向，不要与之谈论伙伴关系。这些客户不能提供适合发展伙伴关系的环境，最好与之保持传统交易关系。

2. 客户的时间观　虚拟企业虽然是一种动态的暂时联盟，但这种暂时性是相对传统企业的永久性而言的。如果今天想合作，明天想分散，没有长远的时间观，是不能建立起成功的虚拟企业的。时间观不仅显示在伙伴关系下，也显示在策略方向上。如果合作方连自己都不知道未来何在，就不可能共同达到目标。有利于虚拟企业成功的客户环境是需要做长远的思考，需要清楚描绘出目标，对如何达到目的有真正的计划。对短视的客户最好是远离。

3. 交易的频率　与伙伴的交易频繁程度也是评估是否具备伙伴关系环境的一个重要内容，交易的频率并非交易量的大小，交易量是与客户往来生意的多寡，交易频率是生意往来接触的次数。如果只是单次高交易量，往来不甚频繁，客户很难跳出传统交易关系，无法从不同的效果中寻求联结，也就无法从单独的交易中发现伙伴关系的价值所在。

2.3.4　与供应商目标一致

在虚拟企业中，伙伴之间所建立的关系不能与目标方向相左，否则投入的大量精力、资源、承诺等巨额投资将偏离真正的目标。如果与伙伴的总体策略方向不一致，会将人力、时间、精力带入到与原方向相反的途径。选择与企业方向和策略相配合的伙伴是相当重要的，一般有三个重要参数作为衡量：

1. 产业焦点　追求的伙伴关系能反映公司所在的产业趋势。

2. 产品方向　伙伴是企业未来的潜在客户来源，有必要选择需求能与产品方向相一致的客户。必须发现与未来产品发展相配合的伙伴，同时避免与任何不获利和已渐淘汰的产品扯上关系。虚拟企业经常要运营数年之久，选择的伙伴不仅是现在可以提供产品，还必须满足企业未来所希望的产品方向的要求。

3. 客户的市场地位　组建虚拟企业应视其目标选择伙伴，如果企业寻求的是在尖端科技产品上能快速成长并获得竞争优势，则与产业领导厂商共建虚拟企业将是不错的选择；如果企业寻求的是稳定的事业发展，最稳妥的伙伴是现有情况下较为固定的主流伙伴。选择伙伴应视其相应的市场地位，并非一定要与保持领先的企业建立伙伴关系。

2.4　合作伙伴综合评价[77]

合作伙伴的评价选择是虚拟企业合作关系运行的基础，合作伙伴的业绩对核心企业的影响越来越大，在交货、产品质量、提前期、库存水平、产品设计等方面影响着企业的运作。在虚拟企业的组建过程中，合作伙伴的遴选是一项重要而复杂的系统工程。能否选择敏捷、有竞争力、相容的合作伙伴，关系到虚拟企业运作的成败。为了实现低成本、高质量、柔性生产、快速反应，企业的业务重构必须包括对合作伙伴的评价、遴选。在广泛调研的基础上，我们提出包含评价专家自身权重的广义熵综合评价模型，并结合实例开发出计算机遴选支持系统，以辅助盟主企业进行决策。

2.4.1　确定专家自身权重

参与虚拟企业评价的专家不一定对备选企业评审中的每一个问题都熟悉，但熟悉与否对评价的可靠性有相当大的影响。在对评价结果进行处理时，常常要求考虑专家对评审内容的权威程度[17]。在此我们设置专家权重分析表，从知名度、职称、判断依据、问题熟悉程度、评审自信度对专家进行综合评价。

表 2-1　评审专家自我评价表

知名度	院士、国内著名学者、国内知名学者(分值 10,9,8)
职称	正高级、副高级、中级(分值 10,9,8)
判断依据	理论分析、生产经验、参考学术著作、对同类活动的了解、直观判断(分值 10,9,8,7,6)
问题熟悉程度	符合专业(熟悉)、相关专业(较熟悉)、专业不符(一般)(分值 10,9,8)
评审自信程度	自信、较自信、一般(分值 10,9,8)

设专家组有 p 位评价专家，专家 i 自我评价值为 F_i，则 $F_i=a_i\cdot b_i\cdot c_i\cdot d_i\cdot e_i$。其中，$a_i,b_i,c_i,d_i,e_i$ 分别是专家 i 的知名度、职称、判断依据、熟悉度、自信度得分，则专家 i 的自身权重 R_i 为

$$R_i=F_i/\sum_{i=1}^{p}F_i \qquad (i=1,2,\cdots,p)$$

2.4.2　获得决策矩阵

设待评价企业集合 $S=\{S_1,S_2,\cdots,S_m\}$，评价指标集 $T=\{T_1,T_2,\cdots,T_n\}$，

专家 k 对企业 S_i 在指标 T_j 下的评价值为 g_{ijk}，则专家组对企业 S_i 在指标 T_i 下的评价值为 $a_{ij}=\sum_{k=1}^{p}R_k g_{ijk}$，于是可以得决策矩阵

$$A=(a_{ij})_{m\times n}$$

2.4.3　指标值的归一化处理

通常，评价指标有“效益型指标”、“成本型指标”、“固定型指标”和“区间型指标”的区别，不同的指标具有不同的量刚和量刚单位，为了消除量刚和量刚单位的不同所带来的不可公度性，应将评价指标无量刚化处理，处理方法如下：

对于效益型指标，令

$$b_{ij}=\frac{a_{ij}-a_j^{\min}}{a_j^{\max}-a_j^{\min}}$$

其中，$a_j^{\max}=\max\limits_i a_{ij}$，$a_j^{\min}=\min\limits_i a_{ij}$

对成本型指标，令

$$b_{ij}=\frac{a_j^{\max}-a_{ij}}{a_j^{\max}-a_j^{\min}}$$

其中，$a_j^{\max}=\max\limits_i a_{ij}$，$a_j^{\min}=\min\limits_i a_{ij}$

对固定型指标，令

$$b_{ij}=1-\frac{|a_{ij}-a_j^*|}{\max|a_{ij}-a_j^*|}$$

其中，a_j^* 为 j 指标的最佳稳定值

对区间型指标，令

$$b_{ij}=\begin{cases}1-\dfrac{q_{1j}-a_{ij}}{\max\{q_{1j}-a_j^{\min},a_j^{\max}-q_{2j}\}}(a_{ij}<q_{1j})\\ 1(a_{ij}\in[q_{1j},q_{2j}])\\ 1-\dfrac{a_{ij}-q_{2j}}{\max\{q_{1j}-a_j^{\min},a_j^{\max}-q_{2j}\}}(a_{ij}>q_{2j})\end{cases}$$

其中，$[q_{1j},q_{2j}]$为 j 指标最佳稳定区间，$a_j^{\max}=\max\limits_i a_{ij}$、$a_j^{\min}=\min\limits_i a_{ij}$。

记无量刚化处理后的决策矩阵为 $B=(b_{ij})_{m\times n}$，显然 b_{ij} 总是越大越好。

2.4.4　确定指标权重

对于某项指标，指标值的差距越大，则该指标在综合评价中所起的作用越大；如果某项指标的指标值全部相等，则该指标在综合评价中不起作用。在信息论中，信息熵[18]是系统无序程度的度量，信息是系统有序程度的度量，二者绝对值相等，符号相反。某项指标的指标值变异程度越大，信息熵越小，该指标提供的信息量越大，该指标的权重也越大；反之，某项指标的指标值变异程度越小，信息熵越大，该指标提供的信息量越小，该指标的权重也越小。可以根据各项指标

的指标值的变异程度，利用信息熵这个工具，计算出各指标的权重。

指标 T_j 的熵为

$$e_j=-\frac{1}{\ln m}\sum_{i=1}^{m}p_{ij}\ln p_{ij}\,(j=1,2,\cdots,n)$$

其中，$p_{ij}=b_{ij}/\sum_{i=1}^{m}b_{ij}$ 为企业 S_j 在指标 T_j 下指标值的比重。

指标 T_j 的差异性系数为 $1-e_j$。于是，指标 T_j 的权重为

$$w_j=\frac{1-e_j}{\sum_{j=1}^{n}(1-e_j)}(j=1,2,\cdots,n)$$

2.4.5 评价备选企业

记 $B=(b_{ij})_{m\times n}$ 中第 j 列的最大值为 b_j^*，它是指标 $\max\limits_{1\leqslant i\leqslant m}\{b_{ij}\}$ 的理想值，企业 S_j 在 T_j 的评价目标 $d_{ij}^*=b_j^*-b_{ij}$。记 $d_{ij}=d_{ij}^*w_j$，为企业 S_j 在 T_j 的理想评价目标，则企业 S_j 的广义熵[19]为 $H_i=\sum_{j=1}^{n}h_{ij}$

其中 $$h_{ij}=\begin{cases}-d_{ij}\ln d_{ij} & (1/e\leqslant d_{ij}\leqslant 1)\\ 2/e+d_{ij}\ln d_{ij} & (0\leqslant d_{ij}\leqslant 1/e)\end{cases}$$

H_i 越小，企业的评价值越优。按 H_i 从小到大的顺序，即可把备选企业按优劣次序进行排序。根据盟主企业的需求，选择排名最靠前的若干企业为合作伙伴。

2.4.6 实例研究

在辅助某集团有限责任公司进行合作伙伴遴选时，我们在评价专家的参与下，归纳出遴选合作伙伴综合评价指标体系，如图 2-3 所示。

根据虚拟企业合作伙伴选择条件和评价模型，我们应用 Visual C6.0 和 Visual Foxpro6.0 开发了虚拟企业合作伙伴遴选计算机支持系统，系统的整体结构如图 2-4 所示。该系统界面友好，易于操作，可以为企业决策者提供对备选联盟企业的评价支持。

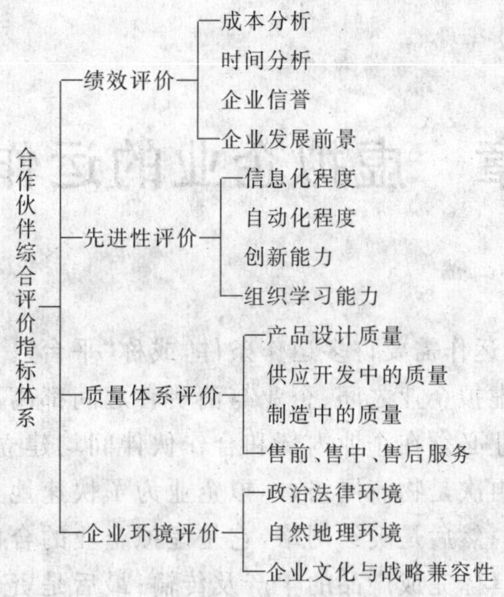

图 2-3 合作伙伴综合评价指标体系

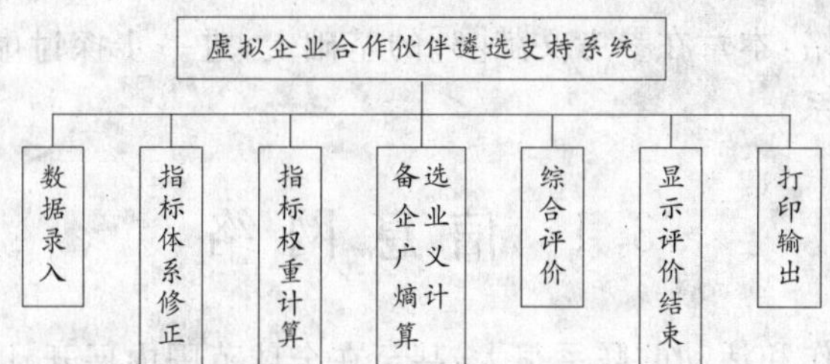

图 2-4 虚拟企业合作伙伴遴选支持系统整体结构

在协助该集团有限责任公司进行伙伴选择时，我们选择 10 名由经济、管理、营销、科技等领域组成的专家组，运用开发出的计算机系统，求出指标权重，应用广义熵模型得出评价结果，辅助公司做出理想的合作伙伴选择。

第3章　虚拟企业的运作平台

虚拟企业的成功运作需要许多运作条件，或称“平台”。信息网络是虚拟企业基础的运作平台，虚拟企业之间、企业与消费者之间都离不开它的支撑；其次是知识网络，虚拟企业必须在企业内部和合作伙伴间均建立以知识为基础的增强性及互补性网络；再次是物流网络，虚拟企业为了快速地生产和供应，必须有快速的物流网络策应；然后是契约网络，它是虚拟企业的合作网络，是知识网络中的实际应用部分，具体完成产品的生产及传输；最后是资金网络，它是虚拟企业运作的物质保证。虚拟企业的竞争即是这五个网络的竞争，实现虚拟运作，必须构建这五个网络，本章在参考文献[6]的基础上，进一步探讨虚拟企业的运作平台及其相互关系。

3.1　信息网络

虚拟企业工作和活动的联系很大，甚至在全球范围内展开，以整合所有能形成互补关系的最优秀的核心企业。工作协调离不开大量活动，协调信息需要高效快速传递，分散化的工作关系无法有效协调，因此，彼此之间形成信息网络是必要的。可以从不同的角度对计算机网络进行分类。

1. 按照网络跨度分类

(1)广域网(WAN)　距离大于50公里，范围覆盖整个城市、国家，甚至整个世界。使用的传输装置和传输媒体通常由国家或者专营的企业投资兴建。

(2)局域网(LAN)　距离一般小于5公里，覆盖范围限于单位内部或建筑物内部。通常由一个单位自行组网并且专用。局域网可以与其他的局域网或者广域网相连接。

(3)城域网　距离和覆盖范围介于局域网和广域网之间。

2. 按照拓扑结构分类

(1)星形网　以一台中心处理机为主构成的网络。其他入网的机器仅与该中心处理机之间有直接的物理链路，中心处理机采用分时的方法为入网的机器服务。

(2)总线形网　所有入网机器共用一条传输线路，机器通过专用的分接头接入线路。由于线路对信号有衰减作用，总线形网仅用于有限的区域，如组建局域网。

(3)环型网　入网机器通过转发器接入网络，每个转发器仅与两个相邻的转发器有直接的物理连结，所有的转发器及其物理线路构成一个环状的网络系统。环形网也是局域网的主要组织形式。

(4)网状网　络利用专门负责数据通信和传输的结点机构成的网状网络，入网机器直接接入结点机进行通信。网状网络主要用于构造广域网。

3. 按照管理性质分类

(1)公用网　由专营的企业如电信部门组建、管理和控制，网络内的传输和转接装置可供任何单位和个人使用。

(2)专用网　由单位组建经营的网络，不对其他单位和用户开放。由于投资的原因，专用网常常是利用局域网或者租用公用网的线路而组建的广域网。

4. 按照交换方式分类

(1)电路交换网　类同电话方式，具有建立链路、数据传输和释放链路三个阶段。通信过程中，始终占用该条链路，不容许其他用户分享其信道容量。

(2)报文交换网　交换机采用具有“存储－转发”能力的计算机，用户数据可以暂时保存于交换机内，等待线路空闲时，再进行用户数据的一次性传输。

(3)分组交换网　类同报文交换技术，但规定了交换机处理和传输的数据长度(称之为分组)，不同用户的数据分组可以交织在网络中的物理链路上传输。目前，大多数计算机网络都采用了分组交换技术。

5. 按照功能分类

(1)通信子网　网络中面向数据通信的资源集合，主要支持用户数据的传输。该子网包括传输线路、交换机和网络控制中心等软硬件设施。

(2)资源子网　网络中面向数据处理的资源集合，主要支持用户的应用。该子网由用户的主机资源组成，包括接入网络的用户主机，以及面向应用的外设(例如终端)、软件和可共享的数据(例如公共数据库)等。

通信子网和资源子网的划分是一种逻辑划分，它们可能使用相同或者不同的设备。在广域网环境下，由电信部门组建的网络常被理解为通信子网，仅用于支持用户之间的数据传输；而用户单位的入网设备则被认为属于资源子网的范畴。

Internet是世界范围的计算机网络，它连接着从最简单的个人计算机到最复杂的超级计算机。它与卫星直接联系，其范围之大超过地球本身。Internet对用户实行单一费率，不管通信传送远近，费额都是相等的。从信息成本角度看，虚拟企业在全球范围内整合资源和虚拟运作，不比在一个局部范围内的同类活动多负担成本。这有利于按能力在全球范围进行企业层次的分工，并在此基础上形成虚拟企业。

3.2 知识网络

在知识经济时代,知识是重要的生产要素。企业的成功是通过对知识的有效搜集和使用来决定的,企业的创新能力取决于建立与知识密集的资源的联系能力。通过信息网络把各具核心能力的企业连接起来,组成"核心能力"网络,这就是知识网络。

知识网络中的知识含量比信息网络的知识含量大,可信息化的知识通过信息网络成为共享资源,此时知识网络和信息网络是重叠的。知识网络中不可信息化的知识(如虚拟企业的核心能力),不能通过信息网络加以传递。这类知识对虚拟企业来说特别重要,对它的利用不能仅靠信息网络,还需依靠契约网络。

在知识网络中,企业能力互补,在每项经济活动中,通过企业合作(知识结合)都可形成"全明星"的能力组合。知识网络的出现,使线性创新模式被交互创新模式所取代,通过知识的互补、交互作用产生创新,表现为通过科学、工程、产品开发、生产、营销之间的反馈环路和连续的交互作用,使创新得以实现。创建知识网络通过三个步骤:

1. 建立"知识"资料库　在该库中,收集有各种能和本企业形成能力互补关系的优秀企业,对这些企业的历史、核心能力、信誉状况、合作过的对象等均有详细的记录。

2. 和这些企业建立长期伙伴关系,形成默契　互向对方提供各自核心能力使用的"期权",由此形成"契约网络"。

3. 通过信息网络将契约网络内的企业连接起来,形成知识网络。

3.3 物流网络

虚拟企业的合作化运转,需要大量的信息协调工作,同时会产生大量的物流。虚拟企业将公共的要素市场内化为可控制的部分,企业间通过契约关系,用制度安排协调物流的流向及流量。在企业间,除信息网络之外,还存在由物流及机构、制度安排等共同构成的物流网络。

物流网络承担要素市场的功能,还承担产品市场的功能,由它把产品快速、有针对性地送到客户手中。

物流网络的建立与运转,同样需要信息网络和契约网络的支撑。其建立程序是:①根据经济项目选择合作对象,形成暂时起作用的知识网络;②根据经济项目的客户对象及分布情况，选择专职物流的核心企业（物流运输公司、快递公司等），将它们纳入准备运转的知识网络；③在暂时拟运转的知识网络内建立契约网络，从而形成物流网络。

当前，信息技术的发展突飞猛进，相比之下，物流系统的改进却很缓慢。不在信息技术基础上建立崭新的物流网络，物流和信息流之间的效率不能匹配，新的经济形态（知识经济）、新的组织模式就不可能真正实现。

建立适合虚拟企业运作的物流网络，是要在信息技术的基础上，通过间续式的双边规制形成的契约关系，使物流网络成为不确定性较少、结构扁平、具有一定可控性的"准企业性市场"。

3.4 契约网络

知识网络和物流网络的形成都离不开契约网络，没有契约网络，知识就会处于分散、独立状态，物流系统就会作为公共产品，成为所有产品的载体或通道，对每种产品（物料）而言，系统的效率都不高，此即所有"通用性"之于"专用性"的缺陷。

虚拟企业既不是单纯企业（统一规制），又不是单纯市场（古典契约），而是具有"半企业半市场"的特性。它的运作不是在纯市场的平台上，而是对市场的公共性、独立性向相反方向的改造，使之成为具有一定私有性、专用性、可控性的不完全市场。虚拟企业是通过大量的间续式双边规制形成的"准市场性企业"，大量的间续式双边规制的实际形态就是由它形成的"契约网络"。

契约网络的建立，首先在于对合作对象或潜在对象的确认，即对具有互补关系的核心能力企业的确认。在双边谈判（或者默契）的基础上形成契约关系。在大量如此工作的基础上，形成骨架性的契约网络（一级契约网络），然后在此骨架下，由其中任一企业向下继续发展本级契约网络，如图 3-1 所示。

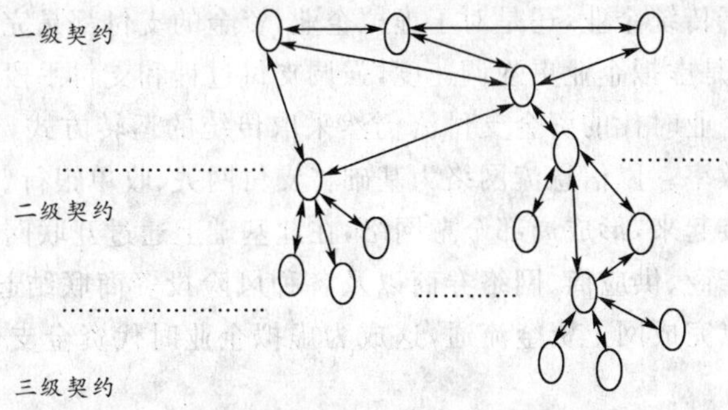

图 3-1 虚拟企业的契约网络

资料来源：参考文献[6]。

虚拟企业的契约网络实际上就是合作网络，相互关系建立在双边规制(间续式)基础上。契约网络的维护主要不是靠制度规范和通过再谈判对契约进行适应性调整，而是靠彼此的诚信，靠每次合作给对方的满意度。不维持好长期伙伴关系，每次虚拟企业运作都要重新进行双边谈判，会使运作的交换成本提高，对虚拟运作造成阻碍，因此良好的企业形象和法人人格在虚拟企业时代尤为重要。

3.5 资金流网络

物料是有价值的，物流的流动引发资金的流动。消耗资源导致资金的流出，而当消耗资源生产出来的产品出售给客户以后，资金又重新流回企业，并产生利润。资金流网络是在对虚拟企业业务活动特点、经营管理、业务流程、资金流向等分析的基础上建立起来的，它是虚拟企业经营活动系统、全面、动态、连续的反映。利用资金流网络可以对虚拟企业的经营状况进行实时监控和评价。

资金流网络是记录虚拟企业资金流动过程中每个环节上的量、本、利及风险的动态变化过程，它是一个多维网络，由成员节点、业务节点、其他资金流动节点、时间参数组成。

资金流网络把虚拟企业复杂的经营过程统一纳入到一个网络平台上进行分析，从系统角度研究虚拟企业经营状况的总体表现；通过资金流动的平衡关系和资金价值的不同表现，描述不同成员企业经营业务的经营差异；利用时间序列和资金流动的动态性，分析影响虚拟企业经营状况的主要原因。

可以通过企业的财务成本控制系统来控制虚拟企业上各项生产经营活动，通过控制资金的流动来控制物料的流动。信息流的构建和运转必须有资金流的充分保证。资金流贯彻于虚拟企业整个运作过程的始终，它是企业合作、利益分配的重要前提和指标，是信息流、物流的基础支撑。

无论是对于传统企业，还是对于虚拟企业，资金的支付都是完成交易的重要环节，所不同的是虚拟企业更强调速度，强调支付过程和支付手段的电子化和网络化。若虚拟企业时代的资金支付流仍然采取传统的运转方式，势必会严重影响虚拟企业的效率。以信息流网络为基础将支付网关、收单银行、发卡银行等金融专用网络连接起来，形成局部金融网络，在此基础上通过互联网将CA认证中心、消费者、生产商、供应商、网络券商以及各种风险投资商联结起来，构建完善的资金流网络以完成网上资金流通，这成为虚拟企业时代资金支付流的必然运转方式。

3.6　五大平台之间的关系

信息平台、知识平台、物流平台、契约平台、资金流平台共同构成虚拟企业的运作环境。对虚拟企业而言，它的运行环境是一个整体，五个平台之间存在密切的关系。

1. 知识网络和物流网络的建立以信息网络、契约网络为基础　信息网络为知识网络、物流网络提供网中的"节点"对象及"节点"之间的协调、沟通；契约网络为知识网络、物流网络的具体形成提供制度保证。没有信息网络支撑，即使形成了知识网络、物流网络，它们也不可能有效运转，会变成静态网络，知识无法互补利用，物料无法快速、有序流动，虚拟企业也将失去运作的知识和物流基础；没有契约网络作制度支撑，知识和物流载体的对象只能按市场方式运作，成为分散的、独立的状态，无法形成整体化、系统化的网络，必将导致虚拟企业失去知识及物流基础。

2. 物流网络、知识网络使信息网络、契约网络本身具有实际运用价值　契约网络本身是没有意义的，但通过它使物流、知识得以网络化。因为虚拟企业的运作需要物流网络、知识网络，才不得不需要契约网络；信息网络除了本身就具有价值的信息外，更大的价值在于使物流网络、知识网络得以运转。在四个网络中，契约网络、信息网络具有更基础性的平台作用，知识网络、物流网络则更具有应用性的操作平台作用。

3. 契约网络的形成也需要借助信息网络　信息网络能给契约网络提供"节点"对象，提供契约过程的沟通与协调。

4. 资金流平台为其他平台的建立和运作提供物质基础　为避免运营资金不足，必须确保资金回收，否则无法建立完善的经营体系。资金流是物流、信息流、契约流、知识流的结果，只有正确把握它们后，才能正确把握资金流。同时，通过降低库存，可以改善资金流通，创造一个良性循环的环境。

5. 五个网络在形态上并非是独立的，而是具有一定的重叠关系　知识网与信息网有重叠性，契约网则内含于物流网、知识网和资金流之中。

图 3－2 描述了各平台之间的关系。在图 3－2 中，箭头表示支撑关系，五个平台及其相互关系共同构成虚拟企业运作的完整平台。

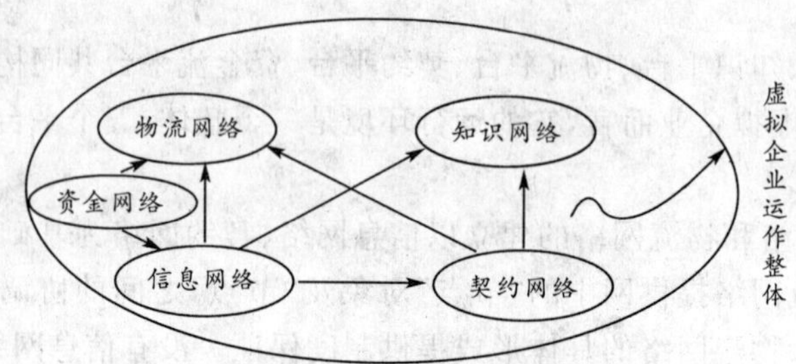

图 3－2 各平台之间的关系

资料来源：根据参考文献[6]扩充而成。

第 4 章　虚拟企业管理机制

虚拟营销是虚拟企业的重要运作模式，它可使企业在 Internet 网上进行无国界经营。虚拟企业多元化经营可以整合多企业的资源，分散经营风险，降低投入成本。虚拟企业的组织形式决定它无法实施单一文化管理，如何对其进行跨文化管理，便成为学术界和企业家亟待解决的问题。

4.1　虚拟营销系统[76]

随着 Internet 技术的飞速发展，其用途越来越广，易用性越来越高，虚拟化商机运作将成为普遍现象，世界上的著名企业都依托 Internet 建立起市场推广、信息反馈、售后服务体系。

网络虚拟企业以信息的形式出现在 Internet 上，所有终端能够通过网上的企业专栏、广告服务、产品服务、订货服务等项目来了解该企业，进行交流并接受服务，而不必与真实的企业接触。企业以图、文、声等方式向网上所有用户终端提供有关企业的详细资料。企业专栏以图文形式介绍企业的全部情况，广告服务以图文方式形象地展现企业的产品，起着电子广告的作用，产品服务将企业有关产品的照片、特点、性能等及时通过 Internet 网向全世界发表，订货服务则通过 Internet 向客户提供方便的订购及售后服务，并实时地进行咨询、市场调研活动，了解市场最新动态。

由 Internet 技术衍生出的虚拟营销，彻底改变了传统营销模式。运用现代虚拟技术，在 Internet 上建立“网络虚拟企业”，设立“虚拟商店”，利用“虚拟市场”进行“虚拟营销”将是未来企业的重要选择，并将对营销模式带来革命性的变革。

4.1.1　虚拟营销的特征

进行“虚拟营销”不需实际经营交易场所，顾客只要通过电脑屏幕上的商品介绍来选购，用电子货币来完成交易。虚拟营销具有如下特征：

1. 成本低廉　成本主要涉及自设 Web 服务站成本、软硬件费用、网络使用费、维护费。

2. 零库存　可以在接到顾客订单后再订货，无须将商品陈列出来让顾客选择。

3. 全球性经营　Internet 无远近之分，打破国家和区域的界限，商品一上网即可能成为国际品牌。

4. 全天性经营　不需雇佣经营服务人员，不受劳动法限制，可一天 24 小时、一年 365 天持续不断经营。

5. 互动性　企业与顾客互动式地进行交易，其交互是双向的。

6. 虚拟性　表现为企业规模变得无关紧要，可以使“小企业变大”，“大企业变小”。

7. 软营销性　打破广告、公关、促销、销售的界限，提供大量信息以代替灌输和说教。

8. 整合性营销　整合传统营销，并把 4P′s 理念推广到 4C′s 理念。

9. 柔性营销　及时掌握市场动态和顾客需求，灵活调整销售策略，决策具有敏捷性。

10. 营销绩效的可测性　由企业与顾客交互的互动性，可获得顾客的数据及建议进行营销测试，这在营销管理中极为重要。

4.1.2　虚拟营销模型

企业要进行虚拟营销，必须知道通过何种机制达到何种目的，根据自身特点和顾客需求特征选择合理的虚拟营销模型（运作机制＋可达到的目的），并由此模型确定营销的总体目标。虚拟营销有如下几种有效模型：

1. 顾客服务→增强与顾客的关系→留住顾客→增加销售量　研究表明，保留一个老顾客相当于争取五个新顾客。虚拟营销可以更好地服务于顾客，增进与顾客的关系，提高顾客忠诚度，以永远留住顾客，增加销售量。

2. 有用信息→刺激消费→增加购买　本模型尤其适用于通过零售渠道销售的企业，通过 Internet 向顾客提供有用的信息（包括新产品信息、产品的新用途等），并根据市场和环境及时变化，保持网上站点的新鲜感和吸引力，以刺激顾客的消费欲望，增加购买。

3. 购买方便＋折扣＋直接销售＋减少管理费用　虚拟营销对企业最直接的效益来源于它的直复营销功能——简化销售渠道、降低销售成本、减少管理费用。本模型适用于从事直复营销的企业。

4. 提高品牌知名度→获取顾客忠诚＋更高利润　将品牌作为管理重点的企业可通过网页的设计来突出整个企业的品牌形象。

5. 数据库营销　Internet 是建立强大、精确营销数据库的理想工具，可以对营销数据库进行动态修改与添加。拥有即时追踪市场状况的营销数据库是企业战略层作出科学决策的基础，传统营销学停留在理论上的梦想（如目标市场精确细分、价格的即时调整等）通过 Internet 建立的营销数据库得以实现。

6. 新的娱乐→促进顾客参与→重复购买　电影、电视片的制造商可用此模型提高产品的流行度，通过建立网页向观众提供剧情构思、角色背景、演员资料等信息，吸引广大影迷，驱使他们反复观看某流行片，并劝说朋友们看一看。

4.1.3　虚拟营销体系中营销员角色的多元化

虚拟营销体系中营销人员摆脱过去单一"推销员"的职能，市场竞争要求他们有策划者的头脑、技术员的双手、运动员的双脚及诚实的心灵和高度的责任感。他们的服务对象不仅仅是消费者，且包括企业的其他机构。他们必须认识到自己从事工作的重要性和全面性，为了立足于市场竞争之中，必须扮演"多元化"角色。

1. 教导者　向顾客讲解所推销的新产品或服务的使用方法和操作程序。

2. 变革促进者　使顾客放弃老产品或旧服务而采用所推销的新产品或新服务。

3. 顾客解难人　明确潜在顾客的需求和困难，协助他们找出解决问题的最佳办法。

4. 创新者　不断寻找新思路，改革旧的工作模式。

5. 经理　善于管理自己的时间和营销范围。

6. 调研员　对顾客需求进行确定，判断他们是否会成为自己的潜在顾客。

7. 情报员　将从营销活动中获取的信息迅速反馈给企业。

8. 预测员　对自己营销区域的销售情况进行预测。

9. 改良者　向企业提出基于用户反馈的改进建议。

10. 心理学家　对各种人的思想、感觉、行为保持敏锐的观察力。

4.1.4　建立 Internet 站点，开展全方位营销

建立 Internet 站点能通过 Internet 更好地向广大的客户宣传自己、推销自己，包括企业形象宣传、产品宣传、技术宣传、服务宣传，并为实现在线交易打下基础。

1. 申请互联网络域名注册　企业可以向互联网络域名注册管理机构及其代理机构申请办理互联网络域名注册，根据自身的需要，申请二级域名（即顶级域名：COM、NET 等下的域名）或三级域名（一般为顶级域名：CN 下二级域名 COM、NET 等下的域名）。接下来根据自身需要的上网访问量，选择上网速率（一般采用 64KPBS 速率 DDN 专线网，访问量增加后可升级）和接入网络。中国公用计算机互联网 ChinaNET 是最方便的接入网络，是国内以提供公共服务为主要目的的计算机广域网，是一个跨行业、跨地域的面向社会经济建设、服务

社会各界的公用服务网络。它通过遍布全国各地的网点所带来的先进、便捷的网络服务来吸引越来越多的网络服务，满足越来越高的资源要求。

2. 因特网络站点模型 Internet 网络站点按照服务级别可以分为四种模型：①纯粹的 Internet。这种方式是 Web 技术当今最流行的一种应用。在这种情况下，企业将建立一个 Web 站点，向外界公开一个主页，以便所有感兴趣的 Internet 用户进行访问，同时从 Internet 上获取自己需要的信息。这种方式，没有任何连接可以进入企业内部，其建立和维护较简单。②纯粹的内网。严格意义上的企业内部信息服务系统，也称为 Internet 。在 Internet 中，企业内部的所有联网站点之间都是透明的，可以互访对方的信息。纯粹的内网是一种封闭的结构，Web 技术只应用于内部用户，不与 Internet 建立任何形式的连接。从服务级别上讲，这种方式的限制最大。③混合型服务。在这种情况下，企业决定启动一个 Web 商业服务，以便客户、供货商及所有感兴趣的 Internet 用户进行访问。企业内部的用户也有相应的网络站点，可以通过自己的桌面浏览器同时访问内部主页和从 Internet 上获取自己需要的信息。通过代理服务器和防火墙等安全措施，防止非法用户进入企业内网。④开放系统。一种安全开放系统，也是限制最少的一个 Web 服务级别，在这种情况下，Web 服务器的作用类似于一个开放的走廊，内部用户和外部用户可以随意敲开一个办公室的门，可以访问 Internet 提供的任何服务，外部用户也可以进入任何一个内部网络。为开展多方位的虚拟营销而建立的 Internet 站点，不应是纯粹的内网，开放系统尚有一些安全问题还未很好解决，因此混合型服务或者纯粹的 Internet 是较好的选择。

3. 网页设计 主页是企业的形象页面，应包括企业名称、标志、对站点内容进行有效导航的图标、重要新闻、顾客与企业联系地址。Web 主页设计应注意以下几点：

(1)主页明确、主题突出；

(2)使用渐进式图像；

(3)醒目的企业图标；

(4)界面拟人化；

(5)对关键页面简洁导航；

(6)对企业产品信息快速链接。

主页上的导航图标链接其他关键页面，这些关键页面包括：

(1)新闻稿档案 发布新产品和新项目，同时也是活的企业年表。

(2)参考页面 提供企业和产品信息，增加页面访问率。

(3)产品(服务)页面 产品/价格清单，单个产品页面，产品名称与产品页面的链接。

(4)员工页面　吸引潜在顾客,使虚拟企业人格化。

(5)客户支持页面　为客户提供支持和有用信息,使他们对企业产品产生亲切感。

(6)市场调研页面　收集顾客对产品和服务的评价和建议,建立市场信息数据库。

(7)企业信息页面　包括企业数据库、财务表格、与投资者关系等页面。

(8)广告　通过 Web 页面广告为顾客提供独特内容,增加站点的吸引力。

(9)其他内容　包括赞助商页面、货物追踪系统、电子货币、安全保密系统等。

4.1.5　虚拟营销流程模型

在 Internet 网络环境下,传统的商业体系有了深刻的变化,传统销售流程中的制造商、批发商、零售商和消费者等要素分别由商品提供者、购物服务提供者、购物分销提供者和消费者等概念替代。传统的销售和分销渠道由 Internet 网络本身所替代,它们在销售流程中的职能也有了新的内容。虚拟营销流程的过程模型如图 4-1 所示。

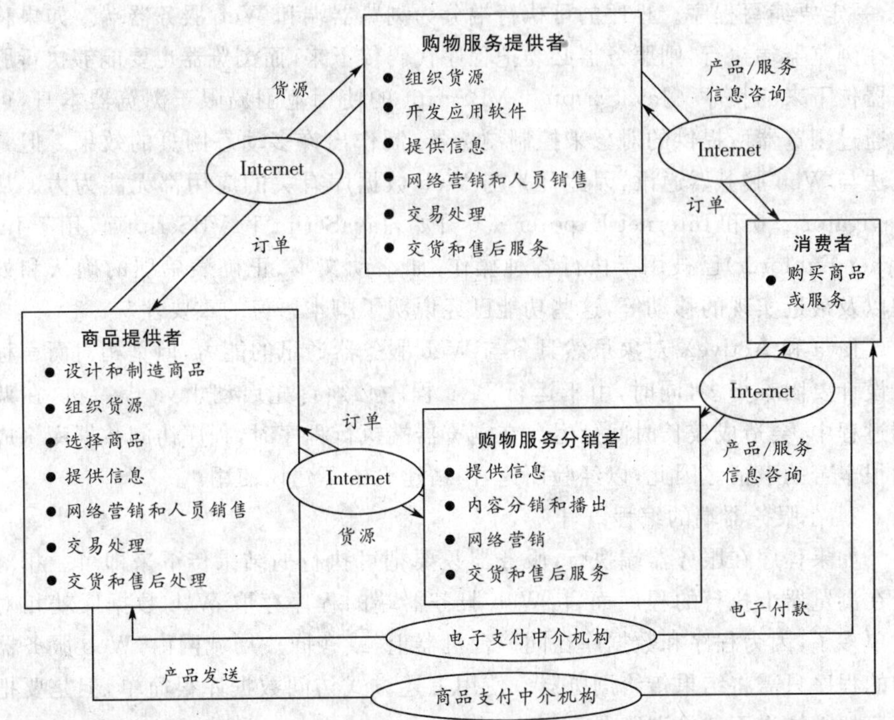

图 4-1　虚拟营销流程

4.1.6 建设网站的工具

1. 超文本标志语言(HTML)

HTML 是构成网页的最基本元素,已经成为一种为人们广泛接受的格式,通过使用标记在 Internet 上创建和查看信息。标记可以使 Navigator、Internet Explorer 等浏览器显示文本、图形和其他的任何内容。

HTML 在近年来得到迅速的发展,增加了许多扩展功能,当前的技术标准要始终不断地更新,才能跟得上它的变化。每一种新的浏览器,无论是测评版还是定性版,总在给 HTML 增加新的功能。同时,新技术的产生,例如,Dynamic HTML、JavaScript、VBScript、ASP 等,都仍然建立在 HTML 之上,并没有舍弃现有的 HTML。

HTML 是一种标志性语言,并不是一种程序语言。HTML 所定义的范围仅局限于如何表现文字、图片,以及如何建立文件之间的链接。因此由 HTML 构成的语言不会因时因地产生变化,所以纯粹由 HTML 构成的网页,成为静态网页。由静态网页构成的网站,成为静态网站。

客户端浏览器向服务器提出 http 需求,服务器下传静态网页, 产生动态网页,一定要编写程序。程序的可执行端分为浏览器端和 Web 服务器端。如果程序在浏览器端执行,则服务器必须把程序代码传下来,而浏览器也要能够执行服务器传下来的程序。JavaScript 和 VBScript 的使用范围局限于浏览器本身,可以通过浏览器所提供的对象来控制浏览器,制作出许多动态网页的效果。但是无法与 Web 服务器通讯,因此凡是与 Web 数据库有关的应用都无能为力。从 Navigator 2.0 和 Internet Exporer 3.0 开始,JavaScript 和 VBScript(仅用于 Internet Explorer)已被用于执行各种操作,如滚动文本、正确表单项的确认和处理以及最近实现的移动等,这些功能已经说明了脚本语言的重要性。

Java 和 ActiveX 对象虽然具备与 Web 服务器通讯的能力,但是相对而言程序设计要困难得多,同时,由于运行 Java 程序必须首先启动 Java 虚拟机,在调用过程中,会造成较长时间延迟。在浏览器端执行程序时,程序访问数据库将成为很辛苦的事情。因此,以经验而论,网站建设中不建议使用。

2. 在服务器端的编程语言

如果程序在服务器端执行,服务器只要把可执行的结果传下来即可。相对于在浏览器上执行的程序而言,Web 服务器端的程序存取 Web 数据库就相对简单多了,因为程序和数据库在同一台机器上,或在同一局域网内,Web 服务器端的程序只需将结果传给浏览器。使用上述方式访问数据库很简单,但是要把程序执行结果下载给浏览器。

过去,在 Web 服务器端执行的程序统称为公共网关接口 CGI(Common

Gateway Interface)。CGI 的指令来自于浏览器,以 CGI 接口传送到服务器,再由服务器解释后启动服务器中对应的程序。对服务器端的程序而言,可以通过 CGI 提供的接口读取指令的参数。最后,由被 CGI 启动的程序把结果传输给网络。但是,CGI 的缺憾在于:

(1)同样的操作系统,如果 Web 服务器不同,则 CGI 的接口程序就不同。

(2)对提供虚拟主机的 ISP 来说,通常不允许用户选择自己熟悉的语言来编写 CGI 程序。

(3)访问数据库的程序不容易编写。

ASP(Active Server Pages)程序是 CGI 的改进版,它与 CGI 程序一样是在服务器端执行的。ASP 是微软公司新推出 IIS 3.0 的一个组件,也是微软在 IIS 2.0推出 IDC 后的新一代动态网页开发方案。ASP 实际上是一种在服务器端开发脚本语言的环境。利用它可以开发动态、交互、高性能 Web 服务器端的应用,并且能够实现复杂的 Web 应用。

CGI 接口对象化。在 CGI 程序中收集网页数据时,最麻烦的是解析浏览器传来的数据。若使用 ASP 收集网页数据,则 ASP 可以代为解析。

可以使用 ActiveX 对象。除了 ASP 本身提供的对象外,凡是在 Windows 下的 ActiveX 对象也都是 ASP 网页制作中可以引用的资源。因此,能够使用 ADO(ActiveX Data Objects)存取数据库。

ASP 程序具体执行过程如下:

(1)浏览器向 Web 服务器发出请求。

(2)Web 服务器判断浏览器所下载的是否为 .ASP 文件,如果不是,则直接下载文件;如果是 .ASP 文件,Web 服务器会判断是否含有 Script(VBScript 或 JavaScript),如果有,则加以解释执行,至于不是 Script 程序部分,则直接下载给浏览器。

(3) 若执行中的 Script 程序使用了 ADO 对象,则 Web 服务器会根据 ADO 对象所设置的参数来启动对应的 ODBC 驱动程序,而启动 ODBC 驱动程序后,程序可以直接利用 ADO 对象来访问数据库,或通过 ADO 对象来发送 SQL 指令,进而达到存取数据库的目的。

(4) 如果有数据必须显示在浏览器上,则 Script 程序会利用 ASP 输出对象输出数据,然后由 Web 服务器传送给浏览器。

ColdFusion 作为另一种连接 Web 数据库应用的中间件技术,曾以开发快速、学习简单的特点得到了开发人员的喜爱。ColdFusion 4.0 版本的推出表明:它为开发人员提供了一个强大、复杂、高度扩展性的开发环境。开发人员使用它可以从建立网站轻松地过渡到开发 Web 应用中去,并且还能够快速地进行

Web 开发。

美国 Allaire 公司对 ColdFusion 的设计目标是将它开发成为一个 Web 应用平台。

ColdFusion 4.0 包含了可视化编程、数据库工具以及程序校验工具等功能，并能与数据库、电子邮件、目录服务集成在一起。它的工作原理和 ASP(Active Server Page)相似：当 Web 服务器接到一个对 CFML 页面(通常带有 CFX 扩展程序)的请求时，立刻把这个请求传递给 ColdFusion 服务器，ColdFusion 服务器再对 CFML 进行语法解释并负责与数据库建立连接，最终以 HTML 格式将数据库查询结果输出，并将它传递到浏览器端。

ColdFusion 基于标志的编程语言——CFML，用户只需要在原有的 HTML 语句基础之上再添加一些特定的标志，就能够实现和数据库的交互功能，将数据库数据转变为网页中的动态内容，或者和 Mail 服务器(如 Microsoft Exchange)建立通信，向外部发送信息。由于 CFML 和 HTML 同属标志语言，因此很容易被网页编辑们所接受。CFML 集成了标准的 SQL 语言，它在 ColdFusion 环境下的数据库挂接非常简单，使用通知 ColdFusion 引擎提交一个数据库查询请求并返回符合条件的记录集，运行标识符还可以指定以 HTML 格式输出查询结果以及数据库中各个数据项目的名称。ColdFusion 会将实际查询结果自动转换为 HTML 格式并传递到浏览器端。

3. 数据库设计

对于具有大量信息的网站来说，数据库是存储信息的仓库。数据库通常选用 Oracle、DB2、SQL Server 等大型数据库。数据库的组织结构直接关系到数据操作的速度，它的设计也是网站建设中非常重要的工作。

4.2 虚拟企业多元化经营的风险与收益研究[73]

虚拟企业是一种注重企业间合作的网络型结构，它可以克服单一企业在人力、财力、技术上的不足，使企业通过优势资源的整合赢得市场，许多企业利用虚拟企业模式进行多元化经营取得了成功。虚拟企业的多元化经营，使某些业务的风险由于其他业务的成功而分散，多家企业共同合作的过程使风险得到降低。本节探讨虚拟企业多元化经营风险与收益优化问题，建立优化的数学模型，对风险与收益关系进行量化，为虚拟企业进行多元化经营提供理论和方法论依据。

4.2.1 虚拟企业多元化经营的风险问题

设虚拟企业同时经营几种相对对立的行业，各行业的投资额(或有效资产值)占虚拟企业总资产的比例系数为 ω_i ($i=1,2,\cdots,n$)，则

$$\sum_{i=1}^{n}\omega_i=1 \tag{4-1}$$

各行业的投资经营回报率为 $\gamma_i(i=1,2,\cdots,n)$。它受市场波动影响，是一个随机变量，用 R_i 和 σ_i^2 表示其数学期望和方差。σ_i^2 是行业 i 投资经营的风险指标，σ_i^2 越小，表示获得期望收益率 R_i 的风险越小。

设虚拟企业总投资经营回报率为 γ，则 γ 也是随机变量，记其数学期望和方差分别为 R 和 σ^2，σ^2 可用来描述虚拟企业的风险指标，则

$$\sum_{i=1}^{n}\omega_i R_i=R \tag{4-2}$$

设 γ_i 和 γ_j 的协方差为 $\sigma_{ij}(i,j=1,2,\cdots,n)$，协方差阵记为：

$$D=\begin{bmatrix}\sigma_{11} & \sigma_{12} & \cdots & \sigma_{1n}\\ \sigma_{21} & \sigma_{22} & \cdots & \sigma_{2n}\\ \cdots & \cdots & \cdots & \cdots\\ \sigma_{n1} & \sigma_{n2} & \cdots & \sigma_{nn}\end{bmatrix}$$

其中，$\sigma_{ij}=\sigma_i^2$ 表示第 i 种行业的经营风险指标，它与该行业的竞争能力、发展潜力、管理经营策略等因素有关。σ_{ij} 表示行业 i 与行业 j 之间的经营收益协方差，反映行业 i 与行业 j 之间的经营相关关系，它与虚拟企业管理模式、行业本身抗风险能力、行业种类、国家产业结构政策有关。当 $\sigma_{ij}=0$，表示行业 i 与行业 j 各自相互独立经营，互不干涉；当 $\sigma_{ij}<0$，表示行业 i 与行业 j 建立相互协作关系；当 $\sigma_{ij}>0$，表示行业 i 与行业 j 处于相互排斥的竞争对手关系。于是有：

定理 4.1　设虚拟企业 $G=\{S_1,S_2,\cdots,S_n\}$，所经营的各行业 $S_i(i=1,2,\cdots,n)$ 的投资额比 $W=[\omega_1,\omega_2,\cdots,\omega_n]^T$，用 G 的收益方差 σ^2 表示它的经营风险指标，则

$$\sigma^2=W^TDW$$

式中，D 为经营行业收益率方差阵，W 受式(4-1)约束。

虚拟企业多元化经营风险极小化的数学模型为：

模型(Ⅰ)

$$\min \sigma^2=W^TDW$$
$$s.t.\begin{cases}F^TW=1\\ \omega_1\geqslant 0,\omega_2\geqslant 0,\cdots,\omega_n\geqslant 0\end{cases}$$

其中，$F=[1,1,\cdots,1]^T$。

模型(Ⅰ)的求解可参看文献[20～22,67]。在对各行业的经营风险及其收益率协方差作出评估的基础上，虚拟企业对各行业投资额作适当调整，使虚拟企业经营风险降到最低。

以上模型仅考虑使风险最小，但对收益率未予以特别考虑。虚拟企业的经营当然希望收益率越高越好，但高收益率往往意味着高风险。这时虚拟企业决

策者可以预先确定 n 种收益水平，并计算出相应的风险水平，从中选择适当投资方案。设预期收益率为 R_0，则必有 $PW^T=R_0$，其中 $P=[R_1,R_2,\cdots,R_n]$。这一问题的数学模型为：

$$\min \sigma^2=W^TDW$$

模型(Ⅱ)
$$s.t.\begin{cases}F^TW=1\\W^TP=R_0\\\omega_1\geqslant 0,\omega_2\geqslant 0,\cdots,\omega_n\geqslant 0\end{cases}$$

模型(Ⅱ)的求解可参看参考文献[23,68]。

4.2.2 虚拟企业多元化经营的收益率

为了讨论方便，我们引入

定义 4.1 虚拟企业第 i 行业的经营成本(C_i^e)与其单独经营产生相同效益所需成本(C_i^s)的比值，称为虚拟企业第 i 行业的多元化经营系数 J_i。

$$J_j=\left\{\frac{C_i^s}{C_i^e}\middle| F_i^e=F_i^s(i=1,2,\cdots,n)\right.$$

其中，F_i^e 和 F_i^s 为虚拟企业加盟行业 i 产生的经济效益和其单独经营的经济效益。

多元化经营系数 J_i 具有如下性质：

1. J_i 是一个相对量，一般取虚拟企业主营行业的多元化经营系数 J_i 为 1。

2. 多元化经营系数的取值范围是 0 到 1，即 $0<J_i\leqslant 1$。

3. 多元化经营系数 J_i 取值越小，虚拟企业的总体效益越高。

4. 与主营业相关联的产业联营，其相关联产业的经营系数较小。这也说明了虚拟企业必须“发展核心优势，带动相关业务”。

由式(4-2)及定义 4.1 有

定理 4.2 设虚拟企业 $G=\{S_1,S_2,\cdots,S_n\}$，所经营的各行业 $S_i(i=1,2,\cdots,n)$ 的投资额比 $W=[\omega_1,\omega_2,\cdots,\omega_n]^T$，则虚拟企业的总投资回报期望为

$$\hat{R}=W^TJP$$

其中，
$$J=\begin{bmatrix}1/J_1 & 0 & 0 & \cdots & 0\\0 & 1/J_2 & 0 & \cdots & 0\\\cdots & \cdots & \cdots & \cdots & \cdots\\0 & 0 & 0 & \cdots & 1/J_n\end{bmatrix} \tag{4-3}$$

定义 4.2 称 $\hat{W}=W^TJ=[\omega_1/J_1,\cdots,\omega_n/J_n]$ 为虚拟企业各经营行业的有效投资比例系数向量。

推论 4.1 由 $\hat{\omega}_i=\omega_i/J_i$，$J_i<1$，可得 $\sum\limits_{i=1}^{n}\hat{\omega}_i>1$，即虚拟企业增加了有效投资

比例系数，其收益也相应增加。

用 $\hat{W}$ 代替 W，用 $\hat{W}$ 代替 W，由模型（Ⅰ）和模型（Ⅱ）可得：

模型（Ⅲ）

$$\min \sigma^2 = \hat{W}^T D \hat{W}$$
$$s.t. \begin{cases} F^T \hat{W} = 1 \\ \omega_1 \geqslant 0, \omega_2 \geqslant 0, \cdots, \omega_n \geqslant 0 \end{cases}$$

模型（Ⅳ）

$$\min \sigma^2 = \hat{W}^T D \hat{W}$$
$$s.t. \begin{cases} F^T \hat{W} = 1 \\ \hat{W}^T P = R_0 \\ \omega_1 \geqslant 0, \omega_2 \geqslant 0, \cdots, \omega_n \geqslant 0 \end{cases}$$

可以看出模型（Ⅰ）和模型（Ⅱ）是模型（Ⅲ）和模型（Ⅳ）当 $J_i = 1$ 时的特例。模型（Ⅲ）的求解可参看参考文献[20～23]，模型（Ⅳ）的求解可参看文献[23,68,69]。

4.2.3　虚拟企业多元化经营的有效边界

由前面分析，虚拟企业多元化经营的收益率 $\hat{R}$ 与风险指标 $\hat{\sigma}^2$ 为：

$$\hat{R} = \hat{W}^T P, \quad \hat{\sigma}^2 = \hat{W}^T D \hat{W}$$

对虚拟企业多元化经营的某一预期收益率 $\hat{R}$，显然有无穷多种组合投资方案可以实现该预期收益率，但各方案所承担的经营风险是不同的。人们总希望在已知期望收益条件下，使风险最小，或在已知风险条件下，获得最大收益。具有上述性质的多元化组合称为有效组合，所有有效组合在 $\hat{R} - \hat{\sigma}^2$ 平面上确定的曲线称为有效边界。

下面讨论在式(4－1)和(4－3)约束下 $\hat{\sigma}^2$ 的极小值。记

$$\hat{A} = \begin{bmatrix} R_1 & R_2 & \cdots & R_n \\ J_1 & J_2 & \cdots & J_n \end{bmatrix}, \quad \hat{B} = \begin{bmatrix} R \\ 1 \end{bmatrix}$$

则优化问题为：

$$\min \hat{\sigma}^2 = \hat{W}^T D \hat{W}$$
$$s.t. \hat{A} \hat{W} = \hat{B}$$

关于有效边界的形态，有

定理 4.3　记

$$(\hat{A} D^{-1} A^T)^{-1} = \begin{bmatrix} m_{11} & m_{12} \\ m_{21} & m_{22} \end{bmatrix}$$

虚拟企业多元化经营组合有效边界上的点$(\hat{\sigma}^2, \hat{R})$满足：

$$\hat{\sigma}^2 = m_{11} \hat{R}^2 + 2 m_{12} \hat{R} + m_{22}$$

仿照文献[23]证明，易得定理 4.3 的结论。

可以看出，有效边界曲线是 $\hat{R} - \hat{\sigma}^2$ 平面上的一条抛物线。因 D 为协方差

阵，在可逆时为正定阵。在 Â 秩为 2 时，$(\hat{A}D^{-1}A^T)$ 为正定阵，于是 $m_{11}>0$。易知有效边界曲线是抛物线的右半支。$\hat{\sigma}^2$ 的极小值发生在：

$$\hat{R}^*=-\frac{m_{12}}{m_{11}}$$

相应极小值为：

$$(\hat{\sigma}^*)^2=\frac{m_{11}m_{22}-m_{12}^2}{m_{11}}$$

预期收益率 $\hat{R}$ 的变动范围为：

$$\frac{\hat{R}^TD^{-1}P}{P^TD^{-1}P}\leqslant\hat{R}_0\leqslant\max\{\hat{R}_i\}$$

它对于我们预先设定预期收益率具有重要指导意义。

定理 4.4　设虚拟企业多元化经营预期投资风险为 σ^2，则最优投资收益率为：

$$R_0=\frac{-m_{12}+\sqrt{m_{12}^2-m_{11}(m_{22}-\sigma^2)}}{m_{11}}\quad\left(\sigma^2\geqslant\frac{m_{11}m_{22}-m_{12}^2}{m_{11}}\right)$$

证明：由定理 4.3 知：

$$m_{11}R_0^2+2m_{12}R_0+m_{22}-\sigma^2=0\tag{4-4}$$

对于给定的风险 σ^2，上式是关于 R_0 的二次方程。为使方程有实数解，其判别式应非负：

$$(2m_{12})^2-4m_{11}(m_{22}-\sigma^2)\geqslant0$$

即

$$\sigma^2\geqslant\frac{m_{11}m_{22}-m_{12}^2}{m_{12}}=\sigma_{\min}^2\tag{4-5}$$

式(4－5)表明，在设定预期风险 σ^2 的值时，σ^2 应大于或等于 $\sigma_{\min}^2$，在以下的讨论中，我们假定(4－5)式得到满足。

由(4－4)式可以解出 R_0 为：

$$R_0=\frac{-m_{12}\pm\sqrt{m_{12}^2-m_{11}(m_{22}-\sigma^2)}}{m_{11}}$$

因为要求 R_0 达到最大，故我们取上式中较大的一个根，

$$R_0=\frac{-m_{12}+\sqrt{m_{12}^2-m_{11}(m_{22}-\sigma^2)}}{m_{11}}$$

4.3　虚拟企业多元化经营的单位收益最大化方法

虚拟企业多元化经营时，决策者总是希望收益最大化或风险最小化。这里有两个目标，即收益最大化和风险最小化。虚拟企业多元化经营本质上是一个多目标决策问题。前面已经证明，最优投资点必是有效边界上的点，而有效边界上的点，其风险是收益的单调递增函数。因而，不可能做到既使收益最大又使风险最小。实践中的做法是，决策者设定预期投资收益率使投资风险最小，或设定预期风险水平，使投资收益最大化。这两种方法都是把多目标决策问题转化为单目标决策问题。本节给出一种新的单目标决策方法，折中考虑风险最小化和收益最大化问题。构造目标函数如下：

$$P=\frac{R_0}{\sigma} \tag{4-6}$$

式中，R_0 表示收益率，σ 表示风险。

我们希望风险越小越好，收益率越大越好。P 合理兼顾了风险和收益这两项指标。P 代表单位风险所对应的收益，显然 P 越大越好。

对于任意给定的风险水平 σ，只有有效边界上对应投资点的风险最小；对于任意给定的预期收益率 R_0，只有有效边界上对应投资点的风险最小。故式(4-6)中的投资点必是有效边界上的点。由定理 4.4 得：

当 $\sigma^2 \geqslant \frac{m_{11}m_{22}-m_{12}^2}{m_{11}}$ 时，

$$R_0=\frac{-m_{12}+\sqrt{m_{12}^2-m_{11}(m_{22}-\sigma^2)}}{m_{11}}$$

即

$$R_0=-\frac{m_{12}}{m_{11}}+\sqrt{\frac{m_{11}\sigma^2-(m_{11}m_{12}-m_{12}^2)}{m_{11}^2}}=R^*+\frac{\sqrt{\sigma^2-\sigma_A^2}}{m_{11}} \tag{4-7}$$

式中，$R_0^*=-\frac{m_{12}}{m_{11}}$，$\sigma_A^2=\frac{m_{11}m_{22}-m_{12}^2}{m_{11}}$

将式(4-7)代入式(4-6)可得：

$$P=\frac{R_0}{\sigma}=\frac{R_0^*+\sqrt{\frac{\sigma^2-\sigma_A^2}{m_{11}}}}{\sigma}$$

当 $\sigma>\sigma_A$ 时，P 对 σ 的一阶导数为：

$$\frac{dP}{d\sigma}=-R_0^*\ \frac{\sqrt{\sigma^2-\sigma_A^2}-\frac{\sigma_A^2}{\sqrt{m_{11}}R_0^*}}{\sigma^2\sqrt{\sigma^2-\sigma_A^2}}$$

令$\frac{dP}{d\sigma}=0$,可得:

$$\sqrt{\sigma^2-\sigma_A^2}=\frac{\sigma_A^2}{\sqrt{m_{11}R_0^*}} \tag{4-8}$$

由式(4-8)可知,$R_0^*>0$,

将式(4-8)代入式(4-7)可得:

$$R_0=R_0^*+\frac{\sigma_A^2}{m_{11}R_0^*}=R_0^*(1+\frac{\sigma_A^2}{m_{11}R_0^*})$$

由式(4-8)可得:

$$\sigma=\sqrt{\sigma_A^2+\frac{\sigma_A^4}{m_{11}R_0^*}}$$

易知,当$\sigma<\sqrt{\sigma_A^2+\frac{\sigma_A^4}{m_{11}R_0^*}}$时,$\frac{dP}{d\sigma}>0$;当$\sigma>\sqrt{\sigma_A^2+\frac{\sigma_A^4}{m_{11}R_0^*}}$时,$\frac{dP}{d\sigma}<0$。因而,$\sigma=\sqrt{\sigma_A^2+\frac{\sigma_A^4}{m_{11}R_0^*}}$为$P$的极大点,$P$的极大值为:

$$P_{\max}=\frac{R_0^*}{\sigma_A}\sqrt{1+\frac{\sigma_A^2}{m_{11}R_0^{*2}}}$$

归纳起来,有

定理 4.5 使单位风险$P=\frac{R_0}{\sigma}$最大化的投资点为:

$$R_0=R_0^*+\frac{\sigma_A^2}{m_{11}R_0^*}$$

$$\sigma=\sqrt{\sigma_A^2+\frac{\sigma_A^4}{m_{11}R_0^*}}$$

此时,单位风险收益最大值为:

$$P_{\max}=\frac{R_0^*}{\sigma_A}\sqrt{1+\frac{\sigma_A^2}{m_{11}R_0^{*2}}}$$

4.4 虚拟企业的跨文化管理[81]

4.4.1 引言

由于虚拟企业可以对市场急剧变化适时调整战略,利用全球范围的资源和技术,整合多企业的优势,以达到“多赢”,所以其理念一经提出即备受推崇。虚拟企业联盟的管理是一项复杂的系统工程,其中涉及的一个重要因素就是企业文化的差异。虚拟企业的组织形式决定它无法实施单一文化管理,它经常面临由于文化差异带来的障碍甚至冲突，与通常企业管理所依据的组织文化存在巨大差异。通常的企业管理是基于统一文化的管理，而且存在于一个固定形式的组织内部。虚拟企业联盟伙伴之间不同的经营理念、管理模式乃至员工行为习惯常常会使联盟成员之间的合作难以进行，甚至导致联盟的解体。基于此，虚拟企业的跨文化管理便成为一个不可回避的现实，对虚拟企业跨文化管理的研究具有重要理论价值和实际意义，并将成为国内外学术界的一个热点问题。

虚拟企业的跨文化管理(Transculture Management)，又称交叉文化管理(Crossculture Management)，是指对虚拟企业中涉及的不同文化的合作各方及其人、物、事的管理。所谓的文化差异性包括三个层次，居深层的是具有民族特色的民族精神、思维方式、所有制、法制等社会文化背景的差异，居中间层的是具有企业特色的企业价值观、经营理念、企业精神、行为方式的差异，居表层的是具有个性特色的个体交际、认知、理解、合作的差异。本节构建虚拟企业在伙伴遴选、管理运作、领导决策等方面的跨文化管理体系及其融合和调节机制，为我国企业建立新的企业文化提供参考和借鉴。

4.4.2　选择文化一致性的伙伴

企业文化是管理活动与不同民族、不同区域的文化相结合所形成的管理哲学和管理风格。不同的国家在对人的理解上有很大的差异，有的主要是指单个的人，有的主要是指集体的人。在管理工作中，有的管理者把激励的理论和方法重点分散运用到单个对象上；有的管理者强调“人和”效应、团队精神、追求整体优势。在管理方法上，有的注重制度和纪律的强制；有的重视共同意识的形成和在其感受下的自觉行动。在管理的目的性上，有的是利用人，追求功利；有的是为了人，实现人的价值，体现了不同的企业文化内涵。随着经济全球化的发展，在企业管理文化上相互借鉴、取长补短、相互融合，形成更具综合性的管理内容和艺术技巧是必然的趋势。

管理思想与文化传统的结合形成了具备各自民族特色的企业文化和经营观念。美国企业文化强调个人创造，追求卓越，号召每个员工都是自由的，都是管理人，主张对成绩卓越的员工给予奖励；美国企业家认为企业主管和员工之间有一条看不见的线，只有形成了亲切感，才有信任和忠诚。日本的企业文化有一股很强的民族凝聚力，家庭式的集团意识强烈，具有“企业即人”的团队精神。在虚拟企业经营中，会出现多种经营观念并存的现象，应客观分析，取其精华，融合吸收，形成一种新的虚拟企业经营观念。不同文化下的经营观念并非格格不入，只要经过适当有效的融合，完全可以形成虚拟企业的共同管理文化。

选择伙伴关系时，必须深入了解各公司的文化背景。一个虚拟企业如果单纯从能否实现既定目标的角度上来看可能没有问题，但如果伙伴之间存在文化上的不一致，就会被失败的阴影所笼罩，文化价值观对于虚拟企业的顺利运转起着重要作用。文化的一致性不是绝对的，公司在选择合作伙伴时，不能苛求对方一定具有相同或相似的文化。实际上，公司之间的文化相同或相似的情况是非常罕见的，尤其是来自不同国家和不同民族的合作伙伴。同时，由于组织学习是保证虚拟企业能力的关键因素，伙伴之间文化完全相同或过于相似也不利于相互学习和取长补短。在选择合作伙伴时，应充分利用网络上足够的信息，从中选择信誉好、技术过硬、具有良好合作意愿的伙伴。

考察伙伴是否具备“双赢”的合作观念：互利互惠的信念是联盟伙伴真诚合作的基础，只有通过合作双赢才能保证企业联盟关系的持续发展。在通常的竞争关系中，总是零和博弈，一方所得正是另一方所失去的，反之亦然。企业之间通过组建战略联盟，只要合作成功，双方都是赢家，联盟成员间是一种正和博弈关系。只有转变惯常的思维方式，树立双赢的合作观念，才能建立双方真诚的合作，相辅相成，相得益彰，最终提高联盟的绩效。

测评合作各方伦理道德：①合作各方要能时刻站在对方的角度为对方着想，甚至在自身利益可能受损失时，也能如此。②合作各方要充分共享信息（自身技术诀窍等核心能力除外），避免不必要的误会。追求的境界应该是“求大同、存小异”，各方都是“和而不同”的“谦谦君子”，而不是“同而不和”的“势利小人”。

4.4.3 盟员间不同文化的融合

企业文化是企业全体员工在长期的生产经营活动中培养形成并共同遵循的最高目标、价值标准、基本信念和行为规范。企业在联盟过程中，始终无法摆脱传统的、习惯的思维模式。由于联盟创新过程各个环节的主体都是人，而人与人的行为又是创新过程的核心，企业文化正是通过影响员工价值观、思维方式和行为方式等对联盟的创新动力机制起到内在的、无形的决定作用。联盟各方企业文化的差异，所追求的最高目标及价值取向的不同，不可避免地成为联盟发展的重要障碍，甚至使各种管理措施无法实施，难以形成联盟的协同效应，以致影响联盟的创新战略。虚拟企业联盟首先是观念联盟和“文化融合”。创新的关键就在于思维方法的创新，联盟成员之间文化的沟通，有利于改善“心智模式”，可以让员工在自由、开放的氛围里，从不同角度多进行换位思考，使个人的心智模式整合为联盟共同的心智模式，从而调动员工创新的积极性，进而在创新过程中产生巨大的向心力和凝聚力。同时，“文化融合”有利于创造有效的“团队学习”氛围，让个人的知识通过创新、交流与共享，使其融入联盟的创新系统中，以促进全局性系统思考模式的形成。加强文化沟通，克服文化障碍，减少联盟内部的冲突，使多样的文化融洽共存，增进成员之间彼此信任，相互合作，无私交流，保证动态联盟的持久性。

从联盟建立和发展的全过程来看，选定合作伙伴并确立适当的联盟治理结构以后，要使合作过程顺利进行，必须在联盟伙伴之间建立亲密和谐的关系。促进联盟伙伴之间企业文化的融合，在合作过程中创造和谐的文化氛围，对推动联盟关系的发展具有至关重要的意义。

1. 塑造共同的价值观和管理模式　联盟成员之间只有设定共同的价值观、经营作风和文化观念才能顺利推进合作进程。造成联盟产生分歧的重要原因常常是文化的差异，企业文化差异主要是指企业在长期经营过程中，形成的不同的价值观和行为方式。一旦结成联盟，由于合作伙伴分属于不同的企业文化，在合作中难免发生管理方式甚至价值观的碰撞，导致联盟效率低下。联盟伙伴在合作过程中，应努力塑造共同的价值观和经营理念，逐步统一双方不同的管理模式和行为方式。

2. 进行经常性的沟通和交流　联盟内的人员来自不同企业，有着不同的文化和习惯，能否使其保持良好的协作关系，并充分发挥其创造力，是提高联盟效率的关键。联盟既要保持原先组织的创造性，同时又要强调协调一致的组织性。为了顺利实现联盟的目标，必须创造条件使联盟各方克服语言、习惯、价值观、思维方式等方面的障碍。应重视语言文化和行为习惯的沟通，鼓励联盟内的成员进行广泛、频繁的交流和沟通，花更多时间去了解其他联盟成员的组织结构、文化传统和员工的行为方式。

3. 建立和谐的人际关系　和谐的人际关系有助于形成良好的合作氛围。在企业联盟的管理过程中，来自不同企业的管理人员通过建立良好的人际关系，可增强彼此在合作过程中的信任感。管理人员之间的个人情谊和相互信任能使他们在工作中协调一致，减少矛盾和摩擦。这种私人关系网可以在公司之间形成一种非正式的管理网络，能有效解决联盟双方在合作过程中产生的种种问题。合作各方不可能制定一个完备的合作协议，在协议执行过程中，总会面临许多不确定性和利益冲突，而和谐的人际关系常常可以在相互沟通中“化干戈为玉帛”。

4. 发展信息化和知识化　虚拟企业是为发挥成员企业各自优势而组成的战略联盟，信息技术架起各企业相互沟通的桥梁。通过信息网络，企业可以了解企业联盟及其他企业的需求，可以提高企业联盟的运转效能。虚拟企业的知识化则使合作伙伴实现知识分工，并通过双向式学习进行知识交流。虚拟企业合作伙伴相对独立的知识分工使它们可以在各自的领域内充分发挥知识结构优势，进行创造性的活动。知识化使人们在更高层次上达到统一，不会因知识层次的差异太大产生交流障碍进而导致不必要的纷争。促进信息化和知识化，是实现跨文化管理的必要前提。

4.4.4 建立"知识型联盟"模式

通过缔结知识联盟,能获取合作企业的隐性知识,还能与伙伴企业共同创造新的交叉知识,有助于更新和创造核心能力。知识联盟的目标是新知识、新技术的共同研究和开发(经常也伴随着新产品的生产),同时也有助于降低风险、削减成本、提高新知识的开发速度,它有助于参与者相互学习并由此创造新的知识。企业的灵捷竞争力主要取决于持续创新、迅速开发新产品的能力,发挥不同企业人员的知识与智能的知识联盟在灵捷网络化生产模式中具有非常重要的作用。知识联盟特征表现在:①学习和创造知识是联盟的中心目标。在知识联盟内相互学习是很重要的,知识联盟企业之间进行相互学习,使彼此的核心能力相结合从而创造新的交叉知识。②知识联盟中,信息交流较产品联盟频繁,信息和知识的共享程度高。③由于知识的难以分解性,使知识联盟更紧密。联盟中的企业人员在工作时必须紧密配合,不断创造新知识。④知识联盟的参与者的范围更为广泛,容易吸收任何组织和个人,只要拥有实现目标所需要的知识和独特能力就具有联盟的价值。⑤知识联盟具有更强的战略潜能,容易发展成长期性的战略联盟。

知识型虚拟企业对他组织的知识学习需要跨两种组织文化,必须有足够的"跨文化能力"(包括交际技能、语言能力、对合作伙伴文化的透视能力等)。它的学习可以借鉴人类学习的两种方式——"复制式"学习和"反思式"学习,前者是重吸收轻消化,后者是既能吸收对方的知识,又能消化对方的知识。组织相互间越信任,组织间核心知识互开的窗口就会越大,虚拟企业中知识共享的程度就越高。虚拟企业的学习事实上也是组织间基于知识的贸易行为,需要合作伙伴间的知识具有较强的互补性,需要合作伙伴之间广泛的合作和交流,只有这样,才能顺利完成学习的全过程,组织才能获得持续的竞争优势。

虚拟企业的学习更强调组织通过愿景调节来引导组织学习,通过企业不同子系统以及不同职能部门的合作达成双向式学习和反思式学习。通过双向式学习,联盟中成员的价值观、行为规范被另一个成员成功接纳;通过反思式学习,虚拟企业反思以往的学习及其不足,进一步寻求更好的学习方法,努力提高双向式学习的效率。虚拟企业的学习包括出现新的洞见、创造新的选择、产生新的行动、观察行动四个环节。通过四个环节的循环,组织的新知识逐渐积累,员工能很快接受和适应组织的新愿景、新规范、新要求。

4.4.5 建立完善的调节机制

社会结构乃至企业结构的发展,关键在于其本身有一个协调机制起作用。建立完善的虚拟企业调节机制,可以对合作企业的行为产生有效的协调、约束与激励,从而使企业处于良好的运行状态;反之,企业行为就会发生紊乱,形不成有效的决策,虚拟组织的经济活动也会扭曲变形。

1. 信任机制 伙伴之间的相互信任是处理文化差异的重要手段,是虚拟企业合作赖以存在的基石。合作成员之间的信任程度将会大大影响合作的绩效。合作伙伴之间既会有良好的合作愿望,也会有外部资源陷阱、文化侵蚀、知识产权保护、核心资源维持等方面的顾虑,这些顾虑会产生习惯性的防卫心理与行为,损耗企业的精力,阻碍合作的深入。进行充分的沟通与协作,消除合作的梗阻,建立必要的信任机制是虚拟企业运作的基本要求。

(1)建立联盟内部信任评审体系,即建立合作伙伴的信誉、风险偏好、联盟的性质及行为机制评审体系。

(2)建立相互信任的产生机制,其主要内容为跨文化管理。

(3)建立一套约束机制,用于防止相互欺骗和防止机会主义行为产生。

(4)当出现某些败德现象,约束机制无法制裁时,应降低联盟退出成本。

2. 协调机制 虚拟企业的协调不同于传统企业内部利用行政机构与管理人员形成的等级制形式来进行的协调,它是在企业法人之间进行调节与匹配,主要通过计算机协同工作环境提供技术支持,利用计算机和通信技术、分布式技术、人机接口工程、管理科学、社会学等理论成果,提供基本的协调功能,从而架起相互沟通与交流的桥梁,维系虚拟企业的正常运转。

3. 决策机制 虚拟企业的决策是基于并行工程环境的群体决策模式,由合作企业的相关人员按某种方式共同组成决策群体,充分利用互联网、内部网、会议软件等现代综合信息技术,建立群体决策支持系统,模拟人类专家的协商与交流活动,共同解决单一专家所无法解决的决策问题,从而提高信息的及时性与准确性,保证决策的科学性。

4. 约束机制 虚拟企业中的成员企业行为要受彼此之间的关系制约,主要由企业之间的具体合作方式与任务分工来决定,实际上是企业法人主体之间的经济责任约束。因此,虚拟企业的约束机制,是对法人主体组织行为的约束,而且这种约束不是对成员企业全部经济行为的约束,而是对与虚拟企业有关的经济行为的约束,即约束范围是有限的。

5. 激励机制 虚拟企业为合作各方创造了一个相对宽松的工作环境,这个环境没有等级的压制,对人们经济的、社会的和自我实现的需要不再以职位的高低为标准,而是以工作绩效为标准。各个企业从自身的利益出发,关心虚拟企业的整个经济活动,分享经营成功所带来的利益。虚拟企业具有天然的激励作用,激励效果也十分显著。

6. 分配机制 不同的企业在合作过程中扮演着不同的角色,它们所投入的资本有多寡之别,所承担的风险有高低之分。按照责任与利益对等的原则,利益分配也必然要有明确的区分。利益分配是否公平合理，直接关系到虚拟企业的经营成效与发展前景。分配机制对虚拟企业来说十分关键，一般在合作协议中都需要做出明确的规定。

4.4.6 建立合作新文化

1. 建立网络合作文化 动态联盟的合作企业跨越较远的空间，通过 Internet 开展合作，彼此间的差异会很大。不同的文化背景会导致企业之间的交流产生障碍，甚至影响相互的信任，因此有必要建立一种社会共同的企业网络合作文化，其核心是团队意识、信任和自我尽责。这个文化的建立，需要合作企业共同努力，也需要社会法制、制度的完善和文明程度的提高。

2. 形成团队文化 虚拟企业实质上是一个合作团队，合作是参与方的义务，因而要求形成目标一致的团队文化，这种文化不是以牺牲合作伙伴利益来服从整体目标，而是应用并行工程技术系统地考虑局部目标与整体目标的关系，并在项目实施中通过随时协调、沟通，达到局部目标与整体目标的一致。在项目实施过程中充分沟通信息，加强协调，促进团队文化的形成。

3. 创建道德文化 不同文化间存在道德上的差异，虚拟企业应对道德价值的重要性给予充分重视，创建高尚的道德文化。制定促进道德行为的规范和政策，使自我利益、公司利益、效率、友谊、团队利益、社会责任、个人道义、法律以及专业规范保持高度的协调一致。

4.4.7 高素质的虚拟企业管理者

虚拟企业的管理者要努力提高对文化的敏感性。管理活动是人类在改造自然界过程中求生存图发展而进行自我协调、自我改造的社会行为。它所面对的人，是形形色色带有不同文化烙印的个体，因而在不同国度、不同民族，在不同的时间和空间，管理实践不能采用单一的呆板模式。企业家要想实现有效的管理，必须具备对文化高度的敏感性，对文化丰富的感受力和认知能力。企业家不仅要对本土文化尽量熟悉，同时也要对与生产管理活动相关的国家与民族的文化有所了解。一方面广泛了解企业市场营销的宏观文化环境；另一方面仔细观察企业内部所有员工的文化行为。通过感受和认知文化，提高对各种文化观念和文化行为的鉴别能力，为分析文化和理解文化奠定感性基础。

企业家必须树立文化适应的观念，能在全球和多元文化中从事经营和管理，善于与各种文化背景的人交往与共事。企业家不但应具备广博的文化知识，还应掌握语言性和非语言性跨文化沟通的技巧，在管理中把文化冲突减小到最低限度，与员工建立一种相互尊重的、平等的合作关系，营造出一种和谐融洽、共同进取的人际关系氛围，在相互冲突的需要之间取得一种动态平稳，使整个企业变成一个有凝聚力和竞争力的团队，能在任何文化环境中都保持蓬勃向上的发展势头。

虚拟企业管理者能善于在逆境中寻找有利因素，在工作中力求尽善尽美，不断进取，永不满足。培养雇员对企业的高度忠诚，使之具有与公司同舟共济的集体主义精神。对外来文化兼收并蓄，通过移植、创新和改造新文化进行自我更新，吸收、融合新文化，使自身跨入先进文化的行列。应充分认识到，如果企业内只有一种文化，虽然沟通起来会更容易，但组织会丧失丰富性和创造性。不同的文化代表着不同的观察角度，能够相互完善。

过去，我国企业曾构建过一些行之有效的企业文化，如石油系统的“大庆精神”、冶金行业的“鞍钢精神”等。这些企业文化在当时都充分调动了职工队伍的积极性和创造性。随着社会进步、经济发展、人们价值观的转变，需要构建新的企业文化。虚拟企业这一新的管理模式为我国企业文化的发展注入新活力，我们可以借鉴跨文化机制，建立围绕人、工作环境、产品、企业目标、组织结构等多方面因素营造的企业文化，同时注重培养个人活力和组织的凝聚力，建立具有中国特色的虚拟企业跨文化体系。

第5章　虚拟研究开发中心

研究开发中心是按照由市场需求确定的研究目标建立起来的集体，是为了使研发人员最大限度地发挥个人创造性和集体智慧所营造的环境。我国现存的R&D组织存在着许多弊病，不能充分利用现有资源来有效地进行高新技术产品的研究和开发，不能适应日益激烈的新经济竞争需求。为了推动我国技术产业更快地发展，探讨新的研发模式，建立虚拟研究开发中心势在必行。

5.1　虚拟研究开发中心概念[84]

虚拟研究开发中心（简称“中心”）是一种完善的网络组织结构，它是组织、人力、技术、信息等资源的有效集成，是虚拟组织概念渗透于科研机构所形成的一种R&D新模式，是由若干独立的研究机构、高校和企业联合组成的一个网络结构，在一定时限内，为一定目的（研究开发某个新产品）结成的一种动态联盟。它能克服时间和空间的局限性，保持集中与分散之间稳定、合理的平衡，具有系统优化组合和有效协调的优越性。当前，我国大多数工业企业的研究开发力量薄弱，新产品开发周期很长，适合市场需求的新产品很少。为此，建立虚拟研究开发中心，有利于信息共享、风险共担、赢利和成本分摊，而且有利于跨地域、跨行业地引入外部资源，有利于把握机会，用最短的时间把新产品推向市场。由于消费者需求多样化和个性化，市场趋于多变、快变，因此快速地研究与开发成为企业生存的重要条件之一，也是企业增强竞争力的重要手段。随着高科技的迅猛发展，使得单独的企业和科研机构难以有效地完成研究与开发任务。在激烈的市场竞争中，一批优秀的科研机构正在形成各自的核心竞争优势，竞争与合作的意识正在增强，原有的研究开发体制已不能适应新的变化，探索新的组织形式成为当务之急。

虚拟研究开发中心应注意如下管理问题：

1.“中心”是先进的工业信息网络　成员之间通过信息网络在广阔的地域范围内寻求合作伙伴，利用“电子合同”建立合作关系，并借助信息网络进行信息交换，开展异地设计与开发。

2."中心"是一种动态联盟 它随市场机遇而产生,通过并行工程和共用数据库开展异地开发,迅速将共同开发的新产品推向市场,当市场机遇不复存在时,随即解体。

3. 妥善处理知识产权和无形资产的评估、保护、转移和归属 每个成员都拥有各自的技术优势,共享技术与收益,分担费用与风险。为此不仅要对成员初始投入、知识产权和无形资产进行评估,而且要对运行过程中产生的新知识产权和无形资产进行合理的评估,妥善处理其归属。

4. 成员间相互信任与合作是成功的关键 信任是虚拟组织赖以存在的基石,在信任下竞争与合作并存,形成良性循环的机制。竞争可强化合作动机,抑制合作中的机会主义行为,增加合作绩效,而合作又能增强竞争实力。

5. 利益驱动是各成员加入中心的推动力 各成员在追求自身利益最大化的情况下,转而力求自身利益、伙伴利益与顾客利益的和谐发展,更加注重利益的实现,力求把"蛋糕"做得更大,同时也注重非经济利益和社会效益。

6. 创造良好的外部环境和改善内部管理 "中心"运行需要有完善的法律、公平竞争的规则、规范的企业行为等良好的外部环境。同时"中心"需要有公正而干练的经营者,负责协调和组织"中心"内部事务的管理,善于利用通讯网络,将不同地域、不同企业的资源联系起来,促进资源的快速、有效集成,充分提高管理效率。"中心"要合理分配基本设施资源和研究开发的人力资源,善于将自身的核心优势和引进的各种优势有机结合,提高新产品的开发能力,缩短开发时间。"中心"要能通过建立新的伙伴关系,获得新的市场机会,并能赢得新客户的信任。为了迅速抓住市场机遇,要能迅速组成战略联盟,当目标实现后要同样迅速地解体,以保持高度的灵活性,随时准备迎接新的市场机遇。

5.2 虚拟研发组织:高新技术 R&D 的新模式[85]

虚拟研发组织(Virtual R&D Organization)是虚拟组织概念渗透于科研机构所形成的一种 R&D 新模式,它围绕特定的研究目标和内容,利用计算机网络和通讯工具,将有能力有愿望参与产品开发的企业和研究所连接起来,从而打破地域的限制,加强这些机构之间的协作,实现系统软硬件、试验检测设备、加工设备、人才等资源的互利共享。比传统的研发机构拥有更丰富的资源的虚拟研发组织能在更大范围内进行优化组合,以低成本达到组织柔性的目的,满足瞬息万变的市场需求,值得尝试和推广。

5.2.1 虚拟研发组织与传统研发组织的区别

虚拟研发组织彻底改变研发组织的概念、界限和形式,带来研发组织的一场大变革。与传统研发组织相比，虚拟研发组织有以下特点：虚拟研发组织突破地域、空间的限制，可跨行业跨地域引入外部资源。在虚拟研发组织中，通过研究开发组与市场任务组的交互作业，一方面不断改进产品的工艺及性能，扩大产品的市场生存空间；另一方面，由于市场的牵引力作用，将进一步缩短研究与开发周期，加快产品的商品化步伐。虚拟研发组织与传统的合作课题组相比，工作方式有些相似，但比传统的课题组更紧密，并具备类似研究的功能。虚拟研发组织不是临时性集体，完成一个课题就解散，而是根据共同的信任和对研究目标的共识，通过共享知识和研究条件，真正达到有限资源的优化组合，以产生高水平研究成果和以推广成果为目标的长远的联盟。

5.2.2 虚拟研发组织的运作原则

虚拟研发组织是由信息、技术、人才等资源有效集成的网络组织结构，它既是一个精密组织，又是一个服务能力可迅速扩大的动态联盟。它的产生需要具备两个背景：第一，信息技术的高速发展使虚拟开发具备硬件上的客观条件；第二，企业自身对技术创新高度重视使虚拟研发具备了存在的主观条件。事实上，虚拟研发组织的产生由诸多因素决定，它的运作必须遵循一定的原则才能发挥出良好的效益。①虚拟研发组织的运作必须建立在市场机遇的基础上，围绕顾客需求，最大限度地为顾客服务。因此，虚拟研发组织必须定义一个清晰明确的目标集合，并以此为工作中心。②虚拟研发组织的各成员要有各自的核心竞争力，有在其所在行业和其他互补性领域中的特色优势，能提供组织内其他成员所缺乏的资源。这是成员间合作的前提和基础，是虚拟研发组织成功的必要条件。③虚拟研发组织应采取能和谐共处的管理模式，内部成员之间既竞争又协作。虚拟研发组织应努力减少各种企业文化摩擦，促进其融合，创造新的组织文化，提倡团队精神，在紧密结合型联盟和宽松的环境之间寻求平衡，完成单个成员所不能承担的任务。④虚拟研发组织的建立要在成员企业最高层次上进行协商，并制定协议书。协议书要简单明了，并清楚地说明各自有什么以及在技术方面将要共享什么。

5.2.3 高新技术产品的虚拟研发组织的优势

电子、通讯、计算机、生物、医药等高新技术产品研究开发具有高投入、高风险、周期长等显著特点，其技术难度、投资规模等方面的要求使得许多研发项目不是任何企业都能独自进行的，也难以承担相应的开发风险。而且，集成已成为当今高新技术发展的主要特征。任何一项重要的发明或创造都离不开不同的知识、技术的集成，离不开多门学科的通力合作。与单个的企业、研究所相比，虚拟研发组织成员就某一共同感兴趣的项目进行合作，彼此各尽所能，取长补短，体现出明显的优势，可以克服这些困难。

1. 资本优势 我国高新技术产品研究与开发资金主要来自于政府科技拨款、银行科技贷款及少量的风险投资基金。我国的科技投入占GNP的比重呈下降趋势，由1990年的0.67%逐渐降为1996年的0.5%，而且我国有限的R&D投入资金分布相当分散。因此，企业难以独自承担巨额的高新技术研发费用及其风险。组建虚拟研发组织进行产品的联合研究与开发，能很好地解决融资与投资风险方面的问题，体现出资本优势。一方面由于虚拟研发组织的投资主体是多元化的，既保证研究与开发所需的巨额资金，又共同分担风险，从整体上增强抗风险能力；另一方面，由于虚拟研发组织是在各成员的优势领域里进行联合，有开发的技术和人才保证，提高R&D的效率和产出率，成功的几率更大；同时，资金和技术的保证又能缩短开发周期。这些都降低了企业R&D的风险，从而使虚拟研发组织相对易于进入融资与抗风险能力的良性循环。

2. 规模效益优势 通过企业与科研院校等组建虚拟研发组织，能将企业的市场化优势、科技成果转化优势、资金优势和科研院所人才优势、技术优势结合起来，集中R&D项目资源，实现组织间的资源共享，相互弥补资源的不足，从而产生R&D项目的“企业规模经济”效益，达到利用外部经济规模的目的，同时，经过不同成员间的技术交流与合作，扩大各成员的研究领域，取得规模经济的效益。

3. 组织创新优势 虚拟研发组织是组织创新的一种途径。从管理学角度来看，组织的核心是人，传统组织的组织调整和人事变动成本是巨大的，表现出的弊端就是难以对不断变化的市场环境和机会作出迅速反应，而且组织越大，其应变能力越差。虚拟研发组织不管从内部还是外部都不属于等级组织，组织重组不再牵涉到个人的社会地位和福利待遇，那种来自“人”方面的障碍就少得多。因此可以以最低的柔性成本对外部需求作出敏捷的组织变化，实现资源的最佳配置。

4. 管理创新优势 虚拟研发组织中实行以过程为主线的项目管理，组织形式由M型渐变为X型，在“结点”中央平台的控制下“并联”各子任务块。通过过程的根本性考虑和激励性再设计，使得研究组织在研究成本、质量、速度等关键的多元化业绩指标上获得显著的改进。虚拟研发组织是网络式平行组织，有利于减少管理层次，缩短信息通路，加快决策速度，能很好地解决管理上的难点激励问题，防止官僚失灵。这种管理上的创新提高了R&D的效率。

5.2.4 组建虚拟研发组织对高新技术产业的促进作用

组建虚拟研发组织，联合研发，不仅有利于单个的企业、研究所取长补短，优势互补，使双方处在一种双赢环境中，而且能促进该组织所在行业的整体R&D水平的提升，加快科技成果产业化，最终推进我国高新技术产业的整体进步。

1. 组建虚拟研发组织优化了产业内的竞争结构　虚拟研发组织联合研发，并不是取消竞争，而是组织内各成员间由合作前的纯粹竞争关系变成一种既合作又竞争的关系。一方面，合作大大降低了研究的重复投资和重复研究，加快了研发的速度，提高了企业的 R&D 能力，从而改善企业的市场竞争和技术竞争地位；另一方面，合作项目之外的企业还是处于竞争的关系。同时，在合作项目层面上，合作之前的单个企业的竞争变成不同的虚拟研发组织之间的竞争，从而使技术竞争和市场竞争结构更加复杂化。

2. 组建虚拟研发组织有利于高新技术产业人才的培养　发展高新技术，开发高科技产品的关键在于人才。虚拟研发组织以其文化共享和开放性，为各类、各级别的人员提供了不断学习的基础设施和广泛交流的机会。其新型的组织结构和管理模式，形成了组织内良好的用人机制，在开发人力资源方面可以发挥独特的作用。其内部的宽松环境，有利于有才华的科研人员脱颖而出，也有利于培养既懂科研管理，又擅长市场开发的高级管理人员。

3. 组建虚拟研发组织能加快产业技术进步　虚拟研发组织的研究与开发能力大大高于单个企业，从而更可能进行对产业技术进步产生直接影响的重大技术创新。根据不同的实力和不同的研发项目组建的虚拟研究组织，能拓宽合作研究开发成果的技术范围，既可能实现产业主导技术的技术进步或创新，也可能实现附属技术的进步或创新，从而加快进步技术或创新技术产业化的速度，并给产业带来新的市场机遇。

4. 组建虚拟研发组织能促进技术扩散　组织内成员的合作过程，也是技术、经验和知识的交流过程，而且比起一般的技术转让，虚拟研发组织成员间的交流范围更加广泛，既有研究开发成果、研究开发过程的交流，又有技术知识和经验的交流，也有技术决策的交流，交流范围的扩大和研发组织成员的流动性，促进了技术扩散速度和效率的提高。

虚拟研发组织这种 R&D 新模式是一种组织创新，是高新技术产业发展的必然要求。它在资金来源、人才技术和市场保证以及管理效率上都具有比较明显的优势，在产品研究与开发中能降低研发风险，缩短开发周期，降低研发费用，提高研发效率。组建虚拟研发组织进行联合研发，是高新技术企业谋求发展的现实可行的策略之一，也可从整体上促进我国高新技术研究和开发能力的不断提高。

5.3　跨国虚拟研究中心：建立国际研究机构间的动态联盟[72]

5.3.1　引言

跨国虚拟研究中心是虚拟组织（或动态联盟）概念渗透于科研机构所形成的一种新的科学研究模式，它围绕特定的研究目标，利用计算机网络和通讯工具，将有能力有愿望参与科学研究的机构连接起来，打破国界的限制，走向国际化。它能在最大范围内进行优化组合，实现系统软硬件、试验检测设备、人才等资源的互利和共享，以降低成本达到组织柔性的目的。

从我国社会经济持续发展的外部需求以及科学技术发展的自身能力来看，大力推进服务于国家目标的战略性领域的跨国虚拟研究中心时机已经成熟。若仍停留在分散化、小型化和被动受援的阶段，将会丧失众多进入国际科学技术前沿的机会，无法以平等合作伙伴的身份参与发达国家间的合作，无法在国际合作中有效地利用外部的资源和先进技术，提高我国的科研水平和参与国际竞争的能力，无法分享到国际科学前沿的先进成果和核心高技术，无法适应跨世纪国家发展目标的战略需求。这样，在很大程度上还会导致国际科技合作中的人才、资源和数据的流失，不合理的产权分享，以及国内大量模仿型、低水平的跟踪研究，最终将影响到知识经济和经济全球化环境下我国国际竞争力的有效提高。从总体效果来看，在以往的国际合作中，是发达国家利用了我国的智力资源和自然资源的优势，而我国却未能分享到应有的成果和知识产权，在一些重大的国际科学活动中经常处于配角的地位。本文探讨跨国虚拟研究中心合作伙伴选择、合作伙伴选择的神经网络方法、合作伙伴的国别区域政策分析、政府对跨国虚拟研究中心的支持、跨国虚拟研究中心的运作模式与工作方式，为组建和运作跨国虚拟研究中心提供依据和参考。

5.3.2　跨国虚拟研究中心合作伙伴选择

通过广泛的调研，并咨询高层专家，我们提出选择国外合作伙伴的准则如下：

1. 国别选择合理性　该国属于我国在研究领域重点加强合作的国家。

2. 对方实施单位的水平　对方单位学术水平在世界地位领先。

3. 联合发表论文　能在国内外核心期刊联合发表论文。

4. 了解研究动态（获取信息）　深入了解国际的最新进展、发展前沿和发展趋势并明确我方的优劣势等。

5. 合作专家的学术水平　有诺贝尔奖获得者和国际著名学者等。

6. 获取专利　包括国外发明专利、国外实用新型专利、国内发明专利、国内实用新型专利。

7. 权益保护协议　知识产权的保护、专利和发明权的保护、成果共享等方面要落实好。

8. 开拓合作渠道　能对我方进行合作开辟新渠道。

9. 对方财物投入与落实　承诺的经费、设备、设施水平高，落实度高。

10. 能获得经济效益　转让技术收入和外赠仪器、试剂价值高。

11. 对方机构的对华政治态度　对华态度友善，坚持一个中国。

5.3.3 合作伙伴选择的神经网络方法

将神经网络用于合作伙伴的综合评价选择，旨在建立更加接近人类思维模式的定性与定量相结合的模型。该方法可再现评价专家的经验、知识和直接思维，能较好地保证合作伙伴综合评价结果的客观性。

在神经网络进行综合评价前，应将输入的评价值通过隶属函数转化为[0,1]之间的值，即对评价值进行标准无量刚化，并作为输入，以使神经网络可以处理定量和定性指标。

评价值输入模块处理结构如图 5－1 所示。

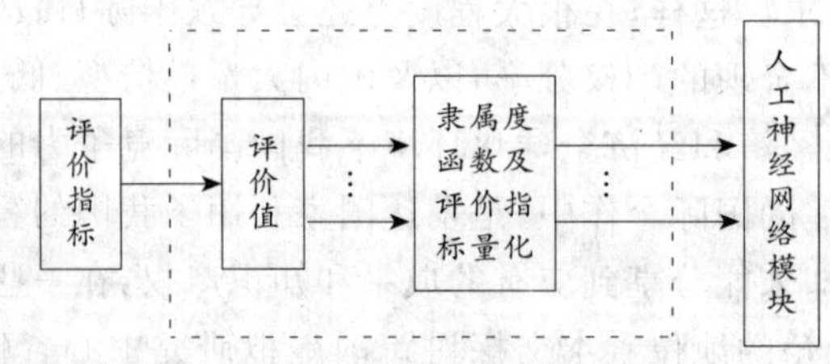

图 5－1　评价输入模块

人工神经网络模块是评价系统的重要部分，由 B－P 网络组成，用来完成网络结构的结构、样本的学习和通过 B－P 算法进行伙伴的综合评价计算。

用于合作伙伴评价选择的 B－P 网络采用具有一个输入层、一个隐层、一个输出层的网络结构，各层具有多个节点，每相邻两层间单方向连结。

B－P 网络结构参数选择是十分重要的，输入层和隐层个数增加虽然能增强网络的表达能力，但也会影响收敛速度。B－P 网络结构参数可在网络进行前设置，并存储于网络结构文件中。

在通过计算得到网络的权值和阈值后，将经过初始化的国外研究机构评价值作为网络输入进行计算，得到评价输出。

5.3.4 合作伙伴的国别区域政策分析

跨国合作伙伴的"国别区域政策"应综合考虑以下原则：

1. 坚持平等互利、优势互补、成果共享的原则。

2. 在中长期重大研究领域，注重“以我为主”的方针。

3. 坚持多渠道、多形式、多层次发展合作关系。

4. 坚持“科学性”、“系统性”原则。

以下针对我国一些主要合作伙伴的具体情况进行分析：

1. 与美国开展科学合作的政策建议　在中美科技合作发展的推动下，两国半官方及民间科技合作取得较大发展，两国高校之间、研究所之间、实验室之间、公司和企业之间已建立起多层次、多形式的科技合作。建立一批具有重大科技和经济意义的合作项目，其成果在国际上具有相当水平。我国应当继续把美国作为科技合作的重点对象。

根据独立自主、平等互利的原则及国际形式的变化和国内发展的需要，对美的合作仍应坚持“官民并举”、“以民促官”的方针，积极鼓励我方研究人员与美国科学家建立合作关系，注重发挥在美留学生、访问学者、华裔科学家的作用，把中美合作从广度和深度上推向更高层次。

对已建立的渠道要进一步把合作引向深入，力求实效，大力加强合作研究、联合调查、共同开发，建立联合实验室，应积极开拓在高新技术研究领域的合作新途径。

密切注视和跟踪美国政府的对华政策的变化，通过各种渠道掌握新情况，及时分析和研究，为制定对美科技合作政策提供依据。注意观察美国与其他国家，特别是与独联体、东欧科技合作的新动向，以便进行对比分析，采取相应对策。

2. 与英国开展科学合作的政策建议　自1978年中英政府间科技合作协议签署以来，双边科技合作在数量和规模上均有很大发展，已建立多层次、多渠道的合作关系。合作方式包括考察访问、技术咨询、培训、双边学术会议、合作研究及合作生产等。鉴于中英科技合作的基本情况，我们提出如下建议：

根据我国科技发展的重点，拓展与英国优势领域的合作（物理天文、生物、医学、信息科学、材料科学），尤其应加强与英国在生物技术、信息技术、自动化、能源、新材料等高技术领域的合作，以增强我国的科技实力。

在继续巩固和发展与英国贸工部、海外开发署的科技合作关系的同时，重点加强与英国皇家学会科技合作，以增进两国大学、研究机构、科学家之间的沟通和了解，建立稳定而有效的学术联系网络。

在加强中英双边合作的基础上，选择我国科技优势领域，根据我国基础研究和高技术战略目标的需要，利用中英科技合作的桥梁，积极参与欧共体及国际科学组织的多边科学合作计划，以有效汲取发达国家优秀科研成果，增强我国科技的国际竞争力。

3. 与加拿大开展科学合作的政策建议　中加两国建交以来，双方在农业、林业、材料加工、矿产地质、医学、水电、能源、交通、通讯以及基础科学领域的科技合作取得很大进展。双方互派专家学者和科技人员进行技术考察、技术咨询、学术讨论会、合作研究等多种形式的合作,也取得较好成效。

加拿大科学产出规模从20世纪80年代以来一直位于世界前列,基础学科领域的科研实力具有较强优势。但近年来,加拿大的科技发展出现一系列的突出矛盾,主要表现为科研人才缺乏、科研经费严重不足,高技术领域的优势正在逐渐减弱,这些情况迫使加拿大注重应用开发研究,削弱了基础研究的地位。

我国应选择一些优势互补的领域与之开展对等互利的合作。在基础学科领域应加强与加拿大优势领域如生命科学、工程技术科学、数学等的合作,在高技术领域应重点与加拿大在通讯、信息、卫星、空间、生物技术、能源、交通运输等方面展开合作研究和共同开发,以促使两国科技合作向深入持久的方向发展。

4. 与德国开展科学合作的政策建议　在德国与发展中国家的科技合作中,特别是1989年以前十年中,中国居于首要地位,德国政府认为,中德科技合作"成绩卓越"、"堪称楷模"。德国的统一和前苏联、东欧的演变在很大程度上牵制了德国的注意力和经费,使其同我国的科技合作在不同的渠道和层次上受到一些影响。但中国的科技实力及在世界上的重要地位促使德国的科技界与我国的合作兴趣不减。两国科技合作领域增加了一些高技术领域,如生物技术和激光项目。德国将是我国在科技合作中富有活力和卓有成效的伙伴。

中德基础性研究的科学合作应采取官民并举的策略。在以官方为龙头的基础上,加强政策引导,根据我国社会、经济、科学发展的战略需要,既要拓展基础研究领域科学合作的规模和深度,又要加强重大经济建设项目和高技术领域公关项目的合作。同时,要大力开辟民间合作渠道,加强与德国有关学会、研究机构、工业企业以及著名科学家的联系,积极发挥在德留学人员的作用,促进中德科学界建立稳定而广泛的合作关系。

加强中德信息交流和组织协调,开展我国各科研机构之间的联系,及时掌握中德科学合作的动向,重点支持联合试验、联合调查、共同勘探、联办实验室等高层次合作研究项目,促使两国科技合作持续稳定地发展。

5. 与日本开展科学合作的政策建议　日本是科学技术先进的国家之一,由于政治、经济的需要和资源条件的限制,日本十分重视开展国际科技合作,并将开展国际科技合作作为长期的政策之一。从中日科学合作关系来看,日本是中国的第三大合作伙伴,中国为日本的第六大合作伙伴。合作主要集中在生物学、工程技术领域,合作类型多为应用研究或开发研究,基础研究项目较少。

在对日科技合作中,必须审时度势,在高技术和工程科学领域充分利用我方的优势和特色吸引对方,实现强强联合。鉴于日本基础性研究的优势领域以及我国基础科学发展的重点领域,继续巩固和发展中日在生命科学、材料与工程科学、地球与空间科学等基础研究领域所形成的密切合作关系,重点加强在物理学、化学、信息和电子科学、管理科学领域的合作。设法开辟与日本在尖端技术领域合作的渠道,有效推动我国高技术研究及其产业化的发展。

5.3.5 政府对跨国虚拟研究中心的支持

政府的参与是这种联盟机制成功的关键因素,政府行为的方式方法至关重要,起到先导和纽带作用。政府行为主要包括:国家创新体系、技术创新政策与引进外资政策之间协调配套的机制;符合国际惯例的有关外国跨国公司来华投资和研发的法律法规与监管措施和程序;开放政府主导的有关高技术研发及产业化计划项目,推动产学研联合与发达国家开展高水平的科技合作,以及加大政府间双边和多边工业科技合作协议项目的比重,吸引国内高技术企业参与的实施方案;推进产学研合作,建立一批高水平的企业研发中心和大学—工业研究中心,制定提高我国高技术产业国际竞争力的对策;利用高技术开发区和科学园区的优势,鼓励跨国公司在华创办研发机构,并支持国内产学研与其合作,建立高技术研发国际合作的国内基地;有效地运用技术引进多元化策略,保持市场准入与技术引进最大效益之间的平衡,以及加强政府对引进技术与消化吸收创新的组织管理与监控;改善创新环境并建立有利于企业技术创新的社会化服务体系对策。我国政府应对跨国虚拟研究中心给予通力支持:

1. 支持双边和多边科技合作协议项目 如中国、欧盟科技合作(重点在基础研究和高技术研究与开发领域的合作),中国、俄罗斯双边科技合作(利用俄先进成果,引进俄先进技术,同时推出我国产品和技术,开拓俄市场),泛黄海区域科技经济合作(重点对象是日本、韩国)。同时推动我国相关地区科技经济的发展,加快中西部地区的开发开放。

2. 支持与若干发达国家和区域性组织建立双边和多边、综合性和专业性的科技合作。

3. 支持我方主持和参与重大国际科技合作计划项目 重大国际科技合作计划通常反映了当代科学前沿的发展趋势,积极参与和组织国际重大科学研究计划,能有效地提高我国科学研究的水平,有利于赶超世界先进水平和扩大我国的影响。

4. 支持我国大科学工程的国际合作和有选择地参与国际重要大科学工程的合作 大科学工程耗资巨大,任何一国难以全面包揽。大科学工程的先进程度往往决定了相关科学研究的水平,而且其装置的预研、设计、建设工程本身又是科学技术高度发展的集中体现。因此,大科学工程走国际合作之路是必然趋势。实际上,我国已建成的正负电子对撞机、托卡马克核聚变实验装置等均是国际科技合作的杰作。

5. 支持与国际性和地区性的组织及机构的合作　如支持与联合国教科文组织、国际科学联合会及相关科学组织、欧洲联盟、亚太经合组织、欧洲核子研究中心等的合作。

6. 支持在我国建立双边和多边国际性科学研究基地。

7. 支持我国若干重大科技计划项目开展高水平的国际合作研究。

8. 支持优秀的科学活动家参加国际科学组织,支持优秀的中青年科学家参与多种形式的重要国际性科学活动。

9. 支持与发达国家和国际性组织共同建立大型计算机数据系统、网络系统,以有效地改进我国的科研环境,合理分享国际科技前沿的信息资源。

5.3.6　跨国虚拟研究中心的运作模式与工作方式

1. 运行模式　根据我国现行科研体制,虚拟研究中心应是两种模式:一是完全自由组合方式,即由科学家个人申请、自愿结合的方式组成虚拟研究中心或合作实验室,并由科学家选举产生中心或实验室专家委员会、委员会主任,同时制定中心的章程。中心的日常工作由委员会主任所在单位推荐的秘书承担。另外一种模式是科学家自愿组合与行政协调相结合的方式,从高校或科研院所中选择在某一领域力量雄厚、研究水平居国内外领先地位的系、所作为中心的挂靠单位,科学家采取自愿组合的方式组成虚拟研究中心。由科学家选举产生专家委员会主任,并制定中心章程,中心的日常工作由秘书承担。

2. 工作方式　虚拟研究中心建立起自己的网页(Homepage),并通过网页发布有关研究成果、最新学术动态和横向联合与合作的进展情况。专家委员会委员之间平时均借助互联网络以电子信件保持联系。专家可通过互联网络定期举办学术研讨班,每年举行小范围的现场研讨会。

3. 网络技术实现　群决策中的远程决策制定(Romote Decision Making)模式为跨国虚拟研究中心提供了技术支撑。参与合作的每个研究机构都拥有一个“工作站”,在站与站之间存在不间断的通讯联系,其中任何一个研究机构都可在任何时候与其他合作伙伴取得联系,共同进行科学研究,并可举行跨国研究机构的联席会议。图 5-2 为虚拟研究中心远程合作研究示意图。

虽然不同国度的研究机构在组织结构、文化价值、工作方式上存在较大差异,但它们在科学研究中的广泛合作将带来前所未有的科技效益和社会效益,特别是以优势互补、共创双赢为目标的国际间研究机构的动态联盟——跨国虚拟研究中心,更是一种值得推广的科研形式。

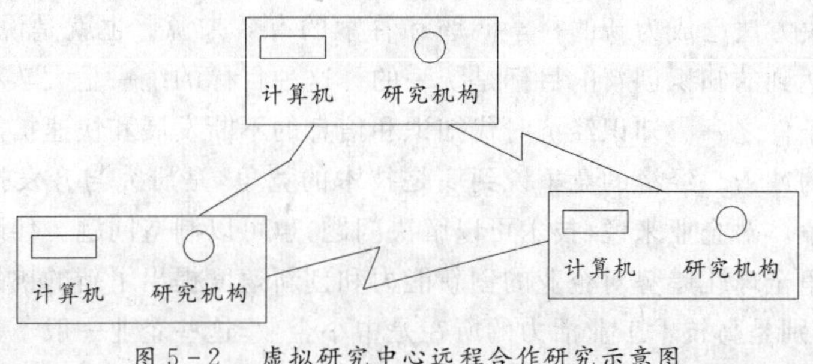

图5-2 虚拟研究中心远程合作研究示意图

5.4 建立大学—企业间动态联盟[83]

5.4.1 引言

知识经济时代的到来使R&D活动与经济的关系越来越紧密，并对全球范围的研究和开发活动的运作方式提出挑战。一方面，作为R&D活动主要成员之一的大学，为了在21世纪的知识经济大潮中处于先导地位，必须积极建立一种新的R&D机制，刺激科学研究和发现，加快关键领域的技术进步，提升企业竞争力，促进经济增长和社会富裕。另一方面，作为R&D活动参与者和直接受益者的企业，则更不应该放弃研究和开发潜在的利益，应当选择多种途径接近基础研究，其中之一就是与基础研究组织，如大学、政府和民间的研究机构建立联盟。如今，企业与大学联合进行基础和应用研究已经逐渐成为一种有效的R&D形式，但企业与大学的联盟和企业与企业的联盟毕竟有着极大的不同。因此，大学和企业选择什么样的联盟形式，以及怎样提高联盟的成功率已经成为亟待解决的新课题。

5.4.2 建立大学与企业动态联盟的可行性和意义

1. 大学与企业联盟的基础　知识经济正在提高以大学为主导的教育系统的地位。在知识经济社会中，大学不仅在知识生产和传播功能上面临新的、全面的挑战，要培养能担负企业、政府、科技领域新使命的工程技术和科学技术人员，而且还要担负起与产业界合作的责任，加速知识的传播和转让，从而提高企业的经济增长速度和竞争力。因此大学对自己在知识经济中的基本定位也要做更深入的探索，既要适应自己的新角色，又要充分开展通用的非商业性的研究。为此，当代大学有必要尽量与企业界加强联系，以便获得第一手的现实需求信息，并将它融入到大学的教学和科研中，这样才不至于闭门造车，缘木求鱼，既没有实际突破，也没有实际效果。近年来，人们对科学技术的研究过程探索表明，大学所推崇的科学知识和企业所需的技术知识实际上不再有根本性差别，探索技术上的解决方法已成为新的科学问题和答案的有效来源。也就是说，大学和企业所希望达到的知识创新的目标是统一的。这种目标的统一是大学和企业联盟最基本的条件之一。知识经济时代知识和信息的不断发展和快速扩散也对企业造成很大的冲击。经济的竞争说到底是技术的竞争，是研究与开发投入和创新能力的竞争。对企业来说，技术可以解决问题，也可以制造问题。伴随科技进步而来的竞争全球化趋势对企业的创新能力和创新速度提出了新的挑战。但是当今工业，特别是高技术工业活力的所在是中小企业，这些企业一般不具备拥有自己的研究基地和大学的实力，必须借助外部力量不断完善和创新。拥有解决多方面复杂问题的专家的现代大学，无疑是企业获得技术资源的丰富源泉。

2. 大学与企业联盟的障碍　众所周知，我们的大学一贯以“知识的进步”为其努力奋斗的宗旨和目标。这一目标虽然促使大学广泛开展各方面的科学研究，但也使其对研究的实用性缺乏应有的重视。而现实是现在的工业界比任何时候都更注重市场效益，强调工作要以应用为导向，不愿把资金投入到基础研究活动中。大学的研究工作由于没有十分明确的利润目标，缺少必要的压力，研究进程缓慢，常常难以有效控制，影响了企业的信心。而且一旦研究工作获得成果，有时甚至只是取得很小的进展，大学的研究人员便会迫不及待地公开发表。这种做法也是与企业的想法恰恰相反的，因为企业害怕公开发表的成果报告会泄露商机，甚至会被竞争对手加以利用，“肥水流入外人田”，使自己有可能失去竞争优势。所以企业一般不愿意过早公开甚至希望尽可能长时间地保守秘密。当然对不同的大学和企业的联盟存在着具体不同的问题，例如费用不合理；技术不够成熟，难以实现商品化生产；科技成果的所有权不清晰；与国外同类科技成果相比没有优势；对成果的市场前景把握不准，等等。

3. 建立大学与企业动态联盟的可行性和意义　大学与企业的联盟存在着无法回避的障碍，企业所需的技术资源虽可从供应商甚至是竞争对手处获得，但大学和企业间存在着广泛联手进行研究和开发的基础。不难发现，大学和企业间的目标分歧主要存在于联盟运作过程中的阶段性目标，而非最终目标的实质性对立，因此完全有可能通过协商达成共识。而且随着知识与经济关系的日益紧密，企业和大学的研究目标将更趋于统一。应该说，企业与大学的联盟比企业与企业，尤其是企业与其竞争对手之间的联盟更安全、风险更小，具体操作也更容易实现，所以拥有更广阔的应用前景。但大学和企业属于不同性质的两种实体，它们之间很难如企业和企业那样通过收购、兼并、合资等发生联系。值得庆幸的是，一种新兴的合作方式——动态联盟，为大学和企业间的合作提供了比较理想的模式。按照动态联盟构想最初提出时的定义，动态联盟是指为了完成向市场提供商品或服务的任务，由众多企业相互联合形成一个合作组织，这些企业在不同的专业领域拥有卓越的技术，利用现代信息通讯技术将它们变成一个网络，完成一个企业不能承担的市场职能。联盟目标一旦完成，联盟体就宣布解散。由这段描述可见，大学与企业的动态联盟是建立在大学和企业的优势互补之上，实现双方共同进步的联盟形式。这种契约式的、非产权联系的联盟既不会导致大学或企业的消亡，也不会改变各自的性质。它可以保证大学和企业在相互联盟的同时保持相对独立，分别从事科研、教学和生产经营活动，甚至可以为了不同的目标各自与其他实体结盟。大学—企业间动态联盟的建立使 R&D 活动由阶梯式递进的线形模式（探索性基础研究→应用基础研究→应用研究→技术开发）变成各阶段相互交错、相互依存、相互反馈、相互促进的连续模式。这种连续模式的 R&D 活动可使研究人员及时了解项目的市场效应，随时调整研究方向和方案，以取得最大的商业效益。

大学和企业的动态联盟在知识经济时代将更有意义。施乐公司（Xeron）首席专家 John Seely Brown 认为：知识经济只能在知识拥有者通过社会协作过程的创造和交流沟通，在分享彼此知识和相互构筑彼此思想的基础上才能产生。根据这种思想，大学和企业的动态联盟也是一种适应知识经济时代要求的合作形式。大学和企业间的动态联盟不仅可以促进企业技术创新的进程，获得比内部实验室更高的成本收益，还可以使大学在人才培养、科学研究方面更切合实际，在构造以科技为核心的生产力系统中发挥作用。更重要的是这种联盟方式可以促进知识的创造、传播并快速转化为财政收入，从而加速知识经济的实现，产生巨大的经济效益和社会效益。

5.4.3 提高大学—企业间动态联盟成功的机会

1. 联盟伙伴的选择　不管哪种合作形式，参加联盟的成员当然是关系到联盟成败的最重要因素。当某一大学的研究人员对某一企业的 R&D 项目表示兴趣时，企业需要认真考察他们感兴趣的真正原因，必须确信他们的目的不仅仅是为了添置设备或为培养研究生寻找经济资助，而的确是对需要解决的问题感兴趣。然后，必须了解大学研究人员对所要解决问题真正感兴趣的程度有多大，是否已经大到足以让他们对企业领导所期望的时间要求和成果要求负责。另外，大学研究人员的素质也是考核的主要指标。考核的依据主要是根据一些历史资料，如曾经从事的工作情况和取得的成果情况等。但必须注意的是，企业在对选择的对象不太了解时，不应该简单地根据大学的名气来选择联盟伙伴，因为学术上的名气往往并不一定能转化成实际项目中有效的研究和最终的成果。

大学则需要对联盟企业的经济效益和管理水平加以调查和评价。因为这将保证一个可能充满前景的 R&D 项目不至于半途搁浅。一般来说，管理混乱或有沉重经济负担的企业往往既不可能提供资金保证，也不可能提供人事方面连续性的保证。所以大学在与这类企业联盟时需要三思而行，特别当所进行的研究和开发工作周期较长时，更要反复衡量其最后成功的可能性。另外，需要重视的是看企业除了直接投入的资金外，还需看其愿意贡献多少其他资源，包括企业项目负责人投入的时间，企业实验设备提供情况等，因为这足以反映企业对项目实际重视程度和合作的诚意到底有多大。

2. 大学—企业间动态联盟接口的管理　大学—企业间动态联盟最主要的特征就是参加联盟的大学和企业在清楚共同愿景的基础上，在联盟运行过程中不断地整合。尽管大学和企业现在越来越愿意以合同或伙伴方式与对方合作，但矛盾和误会还是会不断产生。为了让这一模式能够运作，大学—企业的接口管理是动态联盟成功的关键。由于联盟接口管理不善，可能会导致工作流程中断，使整个项目的复杂性增大，其后果则反映为错误率上升，时间损失以及计划外费用的增加。

大学和企业间动态联盟接口管理的内容，主要是一些与联盟双方都有关系的行为和策略。例如，企业和大学是否都已经具备或正在筹备一个有效的人事小组，以便正式或非正式的交流？大学的利益和企业的利益如何统一？两者的目标如何接近，接近的程度如何？企业与大学联系的程度和紧密度如何？是通过电话联系，还是互相走访？出现矛盾和问题后以何种方式解决？是各自为政，还是双方从共同利益出发互相协商解决？

由此可见，联盟接口的管理是一项繁琐而困难的工作，它贯穿从联盟体建立到解散的整个过程。不过，只要大学和企业之间互相了解各自的需求、各自联盟的动机以及所要达到的共同目标，并经常交流，成功的机会将大大增加。所以，在联盟初始阶段就必须建立共同愿景和战略目标，清楚地划分企业和大学分担的角色和承担的责任。

3. 政府部门的角色　政府的参与是这种联盟机制成功的另一关键。政府行为的方式方法至关重要，如果着力点错了，落脚点歪了，不但不起实质性的效果，反而产生很大的负面作用。例如政府直接介入合同常会给合作双方带来极大的损害；所制定的政策也可能会影响到双方有利的相互关系的建立。在当前形式下，政府应当起到桥梁和先导作用，重视企科联合的纽带建设，引导企业和大学广开眼界，着眼长远，打破封闭，创造更多更好的合作效益。应该在加快职能转变的同时，改进服务，提高质量，扩大含量，注重有效性，努力创造一个以知识和信息为基本特征的社会。

大学和企业属于完全不同的实体形式，在组织结构、文化偏好上存在较大差异，但它们在 R&D 活动中广泛的合作将带来前所未有的经济效益和社会效益。可以将大学与企业的动态联盟作为克服当前 R&D 活动中急需解决的技术、财经和文化等方面障碍的起点，去响应知识经济时代更严峻的 R&D 挑战。

5.5 虚拟研发中心系统实例

5.5.1 MERMAID 系统

日本电气公司（NEC）开发了一个实用系统 MERMAID（Multimedia Environment for Remote Multiplae Attendee Interactive Decision making）。该系统可支持广泛的群体合作工作，允许一组很分散的用户使用其台式工作站开会。与会者可以共同观看和处理多媒体会议文件，包括文字、扫描图像、图形和用于绘制共享的图，也可同时交换声音信号和视频图像。该系统涉及 7 个地方（6 个在日本，1 个在美国），30 多个用户使用 20 多台工作站进行多边技术会议、分布式软件研制及合作的远程模拟。在分布式环境中，共享应用程序需要一个合适有效的工具。该工具在功能上应很完备，并且对一个群体的变换和保护目标数据来源高度灵活。MERMAID 的共享应用程序的方案是基于复制的系统结构，在每个节点或工作站上运行一个应用程序副本。这种结构的优点是具有非常短的响应时间、较低的网络信息流，并能灵活地适应通信网络的配置。

近年来，办公室环境一直在迅速改变，它和公司在全球的扩充成比例，有必要在世界范围和一个国家的一些地区之间，使用更紧密的通信和信息处理，而不是使用传统的方法，如邮件、电话、电报和传真等。同时，群件正在出现，其目的是协助群体合作工作，如面对面的会议和卫星电话会议的通信。

为了实现计算机支持协调工作的设计目标，MERMAID 系统使用了客户机/服务器的设计方案，客户机为使用者提供了良好的图形界面，服务器完成协同工作的功能。其主要组成部分为：①会议管理服务器，它控制会议的全过程，决定与会者是否可以中途参加或离开会议。②会议信息服务器，它提供正在进行和将要进行的各种会议的综合信息。③文件服务器，它为与会者提供各种文件资料。④本地通信服务器，它在局域网内部分配多媒体信息。⑤域间通信服务器，它在局域网间提供通信服务。

MERMAID 由多个工作站组成，每个工作站都带有键盘、鼠标、电子书写板、图像扫描仪、话筒、扬声器和摄像机。图 5－3 为 MERMAID 计算环境。

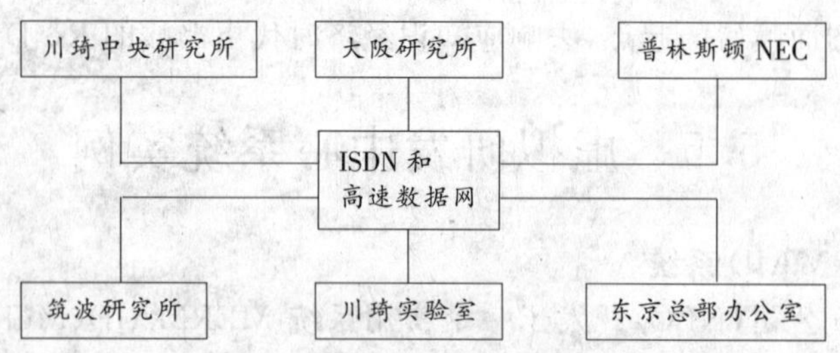

图 5-3　MERMAID 计算环境

MERMAID 使用远程网络传输数据，将很多局域网（如 100MBPS 的 FDDI 和 10MBPS 的以太网）通过路由设备经高速数据链路连接起来。为了传输视频和声音，在日本使用 N-ISDN（23B+D 或 2B+D），在美国使用 ACCUNET，经国际 ISDN 互连。在日本，所有媒体（声音、视频和数据）都可在 N-ISDN 中容纳。

MERMAID 支持各参与者之间以及参与者和系统之间平衡地相互作用，它有以下特点：

1. 远程、多边、多媒体、实时的通信　参与者可创建和向所有参与者发送多媒体文献，还可以使用电子书写板和鼠标器附加手写的说明，对当前显示的文献给出编辑指示（远程指针）。参与者可使用视频和声音进行生动的交互作用，使正在进行的讨论和介绍的事情更容易理解。参与者对文献的全部修改都可同时传送给所有其他参与者。

2. 发言权控制转移　为了共享多媒体信息，保持在各参与者之间展示的多媒体文献的连续性，使用了“发言权持有者”的概念。发言权持有者有权操作供所有参与者共享的文献窗口，进行共享窗口的打开和关闭，把多媒体信息输入到文献。为支持灵活的会议，提供了 4 种发言权转移方式，“指定型”由主席指定下一个发言权持有者；“接力棒型”由前一个发言权持有者指定下一个发言权持有者；“先来先保留型”按发言权请求队列次序转移发言权；“自由型”是所有参与者可同时操作共享的窗口。

3. 使用窗口系统与用户友好的可视接口　用户可以是办公室人员：经理、工程师、职员和秘书。MERMAID 提供了一个使用鼠标的操作接口，使用 X 窗口等窗口系统，具有下拉和上拖菜单，即使初学者也容易掌握。

5.5.2　MEDIABASE 系统

MEDIABASE 工程是加拿大渥太华大学设计的一个支持群体协同工作的多媒体系统。它以医学领域为应用背景，为内科医生和反射科医生共同诊断病人病情提供了一个基于计算机网络的会议讨论环境。该环境由多个功能强大的系统工具组成，如它有一个可随时从多媒体数据库中调阅病人有关病情的查询工具，医生可根据需要利用该工具查询、阅览病人的多媒体病历及 X 光照片等，可运用该环境提供的共享工作技术召集有关专家在计算机网络环境中开展病情讨论，允许两名以上的参与者同时在各自的计算机终端上阅览同一信息，在此过程中，医生间可用语音传递讨论信息，利用环境提供的图形、图像编辑器在计算机屏幕共享中加以注释，如确定重点、增强显示等。会议讨论者可随时查阅数据库中具有类似病情的病人病历，共同解决类似的、具有代表性的问题。目前，该系统已在渥太华市立医院成功运行。下面对该系统作一简要介绍：

1. 合作工作功能模型　MEDIABASE 工程的设计目标是为用户提供一个支持多个合作工作应用的协同工作环境。在支持环境中有一个共同的模型，它需要满足三层不同的通信要求：

(1)处于同一群体中的用户通过网络通信达到一个共同的目标，并假设群体中的用户在地理位置上是分散的。

(2)能为用户提供一组设计、创建、操作和组织多媒体信息的电子工具。

(3)能提供一组网络信息传输的通信协议。

该功能模型如图 5－4 所示，它包含三个部分：传递传输系统、协同代理及共享服务。

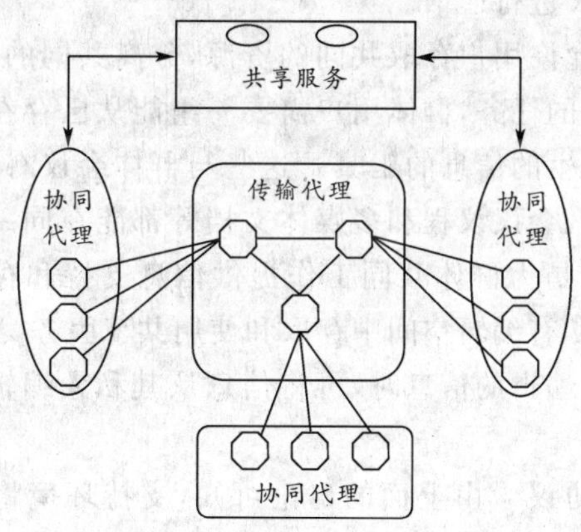

图 5－4　协同应用的功能模型

(1)传递传输系统　提供多点通信工具和可靠的多媒体信息传递。它由一组传递传输代理(TPA)组成。一个 TPA 控制一组直接连接于它的协同部件，或者根据系统配置作为其他 TPA 的中介。各 CA 是不直接连接在一起的，必须通过它们各自的 TPA 连接。这样的设计可以减少临界点数目和信息交换的次数，简化了 CA 之间的通信。也就是说，在一个 CA 和它自己的 TPA 之间有一个点到点的连接，在各 TPA 之间有多点连接。

可以从这个模型获得不同的构成。一种构成可以是一个 LAN 和一个集中的 TPA，此时 CA 之间的通信由中央 TPA 局部控制。另一种构成可以是在一群 CA 和每个网络中一个 TPA 的情况下，通过 MAN 或 WAN 进行 LAN 之间的互连。因此这个模型可根据可获得的资源和组织的需要适应任何一种构成。除了以上的特性外，传递传输系统还提供传递多媒体文档和控制数据的工具，多媒体文档是群体用户间交流信息的信息载体，控制数据用于系统协调 CA 之间的正常工作。

(2)协同代理　CA 允许参与群件通信的用户组织他们的工作，进行通信以及确保通信是以相关的一致的方式进行的。它根据用户的需求提供一些方法和工具，在协同环境中，通过这些方法和工具，用户之间可以交换信息并在虚拟共享空间的表现管理中执行共同操作。这些操作由 CA 传送给它的 TPA。例如多媒体文档共同编辑系统可以看成是合作工作支持环境上的一个具体应用系统，它提供给群体用户同时创建、操作多媒体的工具。在这个具体应用系统中，允许群体用户利用诸如令版环的同步机制同时创建同一文档的段落。我们假设所有的菜单选择、鼠标器移动和键盘输入传送给与之相连的 TPA。而用户接口的作用在于再现用户终端上的信息和管理用户申请，CA 将使用相关的协议与其 TPA 和其他与 CA 进行通信。

(3)共享服务　允许用户存取共同的资源，分离共同的信息，例如多媒体数据库。为了完成共同的任务，群体用户需要一组能从已存在的数据库中查询信息和存储工作期间产生的信息的工具。这些与群体会议有关的信息，如用户名表、时间表、任务组织、会议议程和多媒体文档等都能在同一数据库中有效地存取。共享服务的目标是为群体共同工作提供信息支持和存储工具。在工作期间，用户先在各自的私有编辑空间中存取和使用共享服务，当用户决定让群体中的其他用户看到自己编辑的信息时，可将信息从其私人编辑空间移到共享工作空间。

(4)层次结构与协议　由上面的讨论可知，支持环境将系统分解成两个层次：传输层和协同工作代理层，如图 5-5 所示。

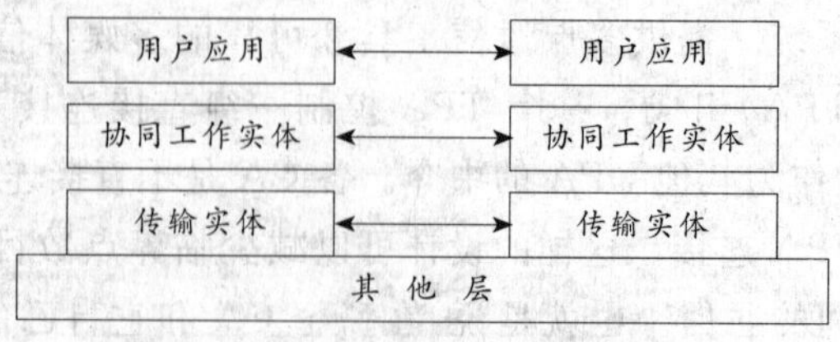

图 5-5　层次体系结构与协议

2. 文档体系结构　在合作工作模型中,协同代理间信息的组织、表示和交换都需要一个多媒体文档结构支持。此结构模型采用前面介绍过的ODA标准。如前所述,ODA不支持视频、语音和音频等媒体,而且ODA文档体系结构是静态的,满足不了对多媒体的文档内容的多用户同时处理的要求。这里对ODA进行了扩充。它不仅支持文本、图像、图形等离散媒体,而且支持视频、音频等连续媒体。

3. 系统设计与实现　MEDIABASE的协同应用多媒体平台使用了三个独立的网络:以太网用于传输数据,PBX用于传输声音,宽带网用于传输视频。随着通信的发展,所有的媒体将集成在一个网络系统中传输。系统服务器分为两种:信息服务器和通信服务器。信息服务器可以进一步分为数据库服务器和存储服务器。

第6章 虚拟企业中期评价系统

虚拟企业中期评价包括虚拟企业和谐性评价和敏捷性度量。通过虚拟企业和谐性评价,可根据虚拟企业系统各方面特性强弱,随时分析系统的和谐状态,有针对性地改进其运行状况。通过对虚拟企业联盟的敏捷性度量,可以在其运作过程中,随时监测其敏捷性,及时调整发展动态,优化战略决策。

6.1 虚拟企业和谐机制[79]

虚拟企业是适应信息时代要求的一种新型组织结构,不仅可以使企业获得活力,而且可以使企业通过优势资源的整合具有更强的赢得市场的能力。联盟与合作的方式灵活,范围宽广。

和谐性是描述虚拟企业是否形成充分发挥系统成员和子系统能动性、创造性的条件及环境,以及系统成员和子系统活动的总体协调性。这两方面的具体表现是系统构成、组织管理、内部环境、系统成员精神状态等方面内部和其间关系匹配程度以及系统内外部的适应程度。和谐理论由我国著名学者席酉民教授所创立[24],它是对社会经济系统发展机理的概括和抽象。我们应用该理论和方法研究虚拟企业运作与发展的和谐机制问题,可取得较理想的结果。

使用和谐(harmony)而不是协调(coordination),主要是考虑虚拟企业涵盖广泛的人的活动和行为。“和”:亲睦,反映人们心理上的感受和生活处世的态度,具有感情色彩,包括深邃的内心活动,这是“协调”概念所远不能反映的。“谐”:配合得当,同“协调”有相近的含义。“和谐”比“协调”具有更广泛深刻的含义,不仅描述虚拟企业构成、组织结构等是否配合得当、比例协调,而且描述虚拟企业成员和子系统内部的活动、感受和态度以及成员间、成员和系统间的关系,更适宜于描述以人为主体的虚拟企业系统。

6.1.1 虚拟企业系统要素划分

用构成部分、组织部分、内部环境部分、外部环境部分对虚拟企业系统的和谐性进行要素划分,对以上4个要素设置22个分要素进行虚拟企业和谐性分析

（如图6-1）。

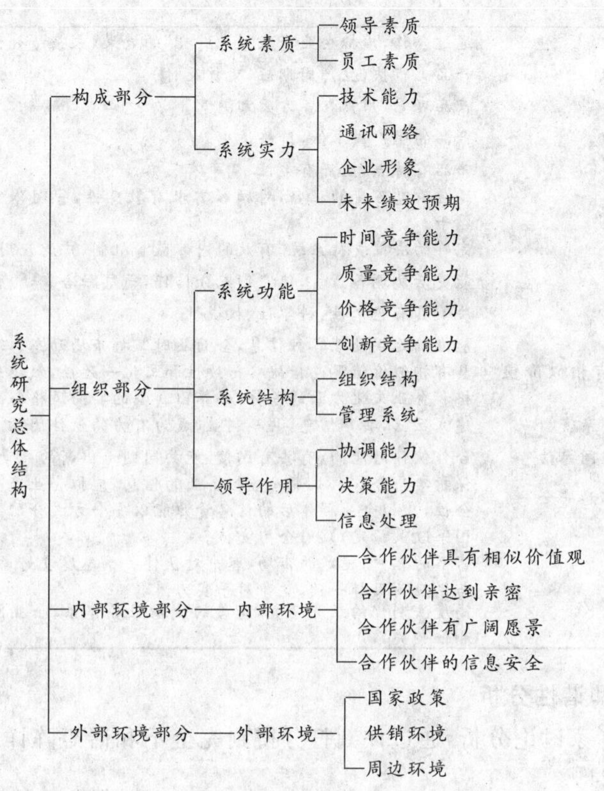

图6-1　虚拟企业系统和谐性分析要素结构

6.1.2　各要素释义

对虚拟企业和谐性分析是建立在一定的信息基础之上的，从内容的分析→系统要素的建立→分析模型的构建，是联系和沟通被分析客体（虚拟企业）和分析主体（专家、计算机系统）的重要渠道。研究表明，对虚拟企业和谐性分析必须给出虚拟企业系统和谐性分析要素的明确含义，对各要素的具体释义见表6-1。

表6-1　虚拟企业系统和谐性分析要素释义

要素	释义
领导素质	有远见卓识和适应时代的思想观念，敢于竞争，敢冒风险，有社会责任感。
员工素质	自我导向型、知识型、技术型的员工，能运用计算机，具有持续的学习能力、团队精神和一定的决策能力。
技术能力	广泛采用基于计算机的各类先进制造技术，产品开发中应用仿真与拟实技术，快速原形制造技术。
通讯网络	全球性计算机通讯网络，先进的数据交换手段，完善的产品数据交换标准。
企业形象	企业美誉度好，知名度高，公众印象好，广告具有策略性和艺术性。

（续表 6-1）

要素	释义
未来绩效预期	通过合作，虚拟企业产生"1+1>2"的效果，未来绩效预期值高。
时间竞争能力	产品上市快，生产周期短，交货及时。
质量竞争能力	产品可靠，用户在各方面都满意。
价格竞争能力	产品的生产成本低，价格适中。
创新竞争能力	产品有特点，生产有柔性，竞争有策略。
组织结构	适应瞬息万变的社会，对顾客需求有敏感性，管理体制灵活、扁平、精干。
管理系统	完善的决策支持系统，有效的内部监督机制，广泛应用计算机。
协调能力	能灵活协调各盟员，使它们充分信任，气氛融洽。
决策能力	决策具有艺术性、科学性、权威性。
信息处理	能准确无误处理各种信息，全面及时掌握市场动态。
合作伙伴具有相似价值观	具有相似价值观包括战略一致性和文化一致性，敏感地处理管理风格和企业文化方面的差异，培养出新型的共同风格与文化。
合作伙伴达到亲密	建立互信，共享信息，共享利益，成为有力的伙伴团队。
合作伙伴有广阔愿景	合作伙伴潜能高，有共有愿景，能共同创造出新的愿景。
合作伙伴的信息安全	保护单个合作企业带入虚拟企业的信息，虚拟企业产生信息具有安全性，虚拟企业解体后的信息资源能以安全方式分配。
国家政策	国家政策稳定，政府全力支持。
供销环境	富裕的客户，稳定的市场，客户对伙伴关系态度友好，虚拟企业目标与供应商目标一致，竞争对手实力薄弱。
周边环境	高度法制化的经济环境，完善的金融服务体系，企业间广泛的信任和依赖关系。

6.1.3 现状和谐性分析

1. 组织专家讨论分析，通过评判打分得到完全不和谐矩阵详细理论及方法见参考文献[24]。

2. 计算各要素不和谐度、受制约度、绝对不和谐度　以不和谐度和受制约度为两个指标建立 D—C 空间。把 D—C 空间划分为四个区：易控较和谐区、难控较和谐区、易控不和谐区、难控不和谐区。画出各要素在 D—C 空间的分布图。

(1)易控较和谐区　该区要素目前较和谐，只需在发展中改进和完善。

(2)难控较和谐区　该区要素目前虽然较和谐，但其和谐性是在其他要素制约下维持的，应及早解决其面临的问题，防止转化为不和谐要素。

(3)易控不和谐区　该区要素不和谐度较高，但受其他要素制约较小，可直接从要素本身入手改进，提高和谐性。

(4)难控不和谐区　该区要素不和谐度高，且受其他要素制约较大，应系统分析，综合治理。

如果各要素都落在易控较和谐区，说明虚拟企业较为和谐，相互制约较小，容易调节和控制，是理想的动态联盟。

如果各要素都落在难控较和谐区，说明虚拟企业目前虽较为和谐，但要素间制约作用很强，决策企业应尽早退出联盟。这样既可以获得联盟的早期利益，又可以避免联盟破裂带来的损失。若不能及时退出，其后果可能是毁灭性的。

如果各要素都落在易控不和谐区，说明虚拟企业不和谐程度虽然较高，但易转化为和谐状态。

如果各要素都落在难控不和谐区，说明虚拟企业不和谐且难以控制和调节，应立即重组或解散联盟。

3. 宏观特性分析　计算系统自适应性、系统自组织性、系统活力、系统内聚力、系统功能效果的分值。

系统自适应性是根据环境变化信息自动调节系统行为和功能，以保持与环境相适应的自我调节机制。系统自组织性的具体体现是系统的协同行为，是系统形成协同作用的核心和基础。系统活力指系统及其成员的主动性、进取精神、竞争能力，是系统健康发展的重要保证。系统内聚力指系统对成员的吸引力，是群体中系统成员间相互认同和亲和的程度。系统功能效果是系统和谐性的最终体现，它除与上述几个性质相关外，还与系统资源、系统结构、管理水平、成员素质等密切相关。

根据系统各方面特性强弱，可随时分析系统的和谐状态，有针对性地改进其运行。

6.1.4　案例研究

IBM 公司在连续 3 年亏损后，通过有效地利用各种合作方式组织有利的合作，不仅与日本 Ricoh 公司联营销售计算机，还与日本钢铁公司共同开发系统设计，与富士银行共同推销财务管理系统，从而通过多种虚拟联盟的形式实现跨行业的合作，使拥有 24 万员工的 IBM 重新振兴，创造出新的营业额记录，在日本市场上营业额高达 90 亿美元。

1. 在专家的参与调研的情况下，我们得到该虚拟企业的完全不和谐矩阵（如表 6－2）。

表 6－2　IBM 公司不和谐矩阵

	系统素质	系统实力	系统功能	系统结构	领导作用	内部环境	外部环境
系统素质	0.3600	0.4000	0.2214	0.3256	0.4265	0.5231	0.4523
系统实力	0.2360	0.3691	0.3210	0.2365	0.2584	0.4236	0.4238
系统功能	0.3331	0.4562	0.2456	0.2589	0.3214	0.3651	0.5400
系统结构	0.5601	0.4651	0.2165	0.4321	0.4362	0.3621	0.3214
领导作用	0.2146	0.3210	0.2489	0.2546	0.4230	0.4231	0.3254
内部环境	0.5612	0.3287	0.5214	0.5698	0.5698	0.5213	0.4400
外部环境	0.4500	0.4651	0.1234	0.1580	0.3695	0.2230	0.2310

计算结果与分析：

（1）各要素不和谐度、受制约度、绝对不和谐度（如表 6－3）。

表 6-3 IBM 公司各要素不和谐度,受制约度,绝对不和谐度

要素	不和谐度	受制约度	绝对不和谐度
系统素质	0.388	0.387	1.00
系统实力	0.43	0.236	1.82
系统功能	0.221	0.333	0.66
系统结构	0.319	0.399	0.80
领导作用	0.427	0.316	1.46
内部环境	0.406	0.502	0.81

外部环境对系统的制约程度为 0.391,系统对外部环境的不适应程度为 0.29,外部环境的绝对不和谐度为 1.349

(2)各要素在 D-C 空间的分布(如图 6-2),可以看出,其中,内部环境为难控较和谐因素,其他皆为易控较和谐因素。

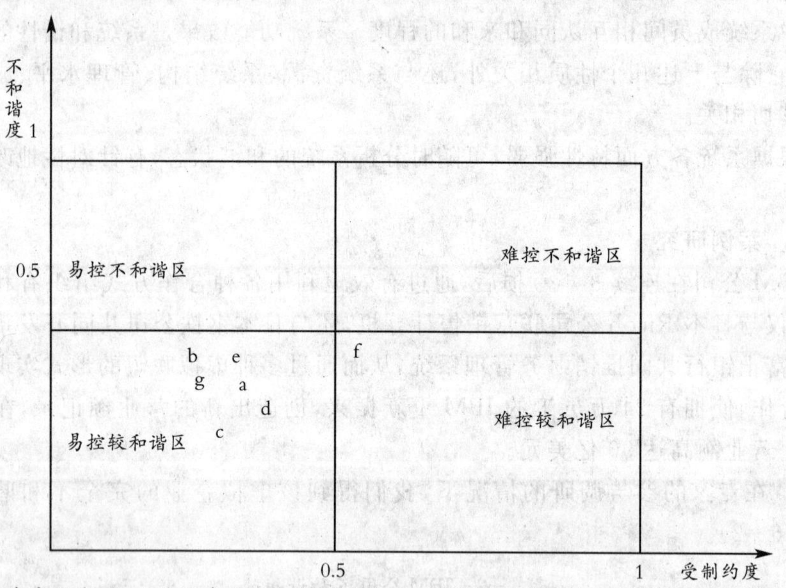

图中字母含义:a:系统素质 b:系统实力 c:系统功能 d:系统结构 e:领导作用 f:内部环境 g:外部环境

图 6-2 IBM 公司要素在 D—C 空间的分布

2. 宏观特性分析

系统自适应性	0.68
系统自组织性	0.73
系统活力	0.82
系统内聚力	0.54
系统功能效果	0.67

由以上结果可知，系统有较高的活力和自组织性，但内聚力相对不高，系统功能效果尚未完全发挥。要提高该企业的和谐性，重点在提高内聚力，同时也应注意自适应性的提高，及早协调内部环境，防止转化为不和谐因素。

6.2　虚拟企业敏捷性度量[71]

6.2.1　引言

企业敏捷性研究引起学术界的重视，但研究内容大多是对单一企业如何向敏捷性转变，以适应建立虚拟企业的需要[25～27]。本节探讨虚拟企业联盟的敏捷性度量，使之在运作过程中随时监测其敏捷性，及时调整发展方向，优化决策战略。

敏捷性是指企业在连续而不可预测的市场变化环境中发展壮大起来的一种能力，企业通过计算机网络与全球生产系统、市场、竞争者连接起来，是对高质量、高性能、低成本、顾客设定产品配置等用户需求驱动形势下表现出来的一种能力。

虚拟企业把追求最大程度的敏捷性作为目标[25～28]，越敏捷的企业，其竞争力越强。在虚拟企业运作过程中，敏捷性度量是对虚拟企业的在线评价。通过敏捷性度量研究，可以及时掌握虚拟企业的运行状态并进行调整，从而使虚拟企业快速响应市场机遇。

AHP 是 Satty 教授根据人们的心理和思维特征提出的一种科学决策方法[29]；FHW 是我国学者贺仲雄教授创立的一种评价方法[30～31]，它采用模糊数学、灰色理论、物元分析等学科的理论，把 Delphi 法的咨询表发展为 FHW 咨询表，融合了 BS 法、KJ 法的优点。本节在 AHP 和 FHW 基础上，提出改进的 AHP 法和改进的 FHW 法相结合的 AFHW 法。采用改进 AHP 法确定指标及其灰色优劣度的权重，采用改进 FHW 法进行专家咨询及敏捷性度量计算。在专家协助下，结合实例，对企业进行案例研究。

6.2.2　评价专家权重的确定

在评价中，考虑到不同专家的不同思维特点，需对专家意见采取加权处理。专家权重由以下 6 个参数表征：

1. 权威质量　从行政职务、学术职位、科研、学术水平等情况考虑。

2. 业务熟悉度　表示对评价所涉及的专业和学科的熟悉程度。

3. 谨慎度　即对评价问题的把握程度。

4. 知识广度　对本专业以外的其他专业的了解程度。

5. 意见偏离度　即该专家与集体意见的差距，可根据在咨询中得到的数值确定。

6. 智力激发度 对专家联想思维与创新能力的评价，主要根据年龄、知识广度、环境、智力、联想等方面的测试而确定。

对专家的 6 个参数进行线性组合，即可得到专家的权重向量 $R(r_1, r_2, \cdots, r_m)$。m 为参与评价的专家数目。

6.2.3 虚拟企业敏捷性评价指标

从敏捷性的度量指标看，可以用响应时间（time）、成本（cost）、健壮性（robustness）、自适应范围（scope of change）、柔性（flexibility）、供应链管理（supply chain management）、企业资源计划（ERP），即 CTRSFSE 综合度量指标来对虚拟企业的敏捷性（agility）进行度量，对以上 7 个指标设置 25 个分指标来评价虚拟企业的敏捷性（如图 6-3）。

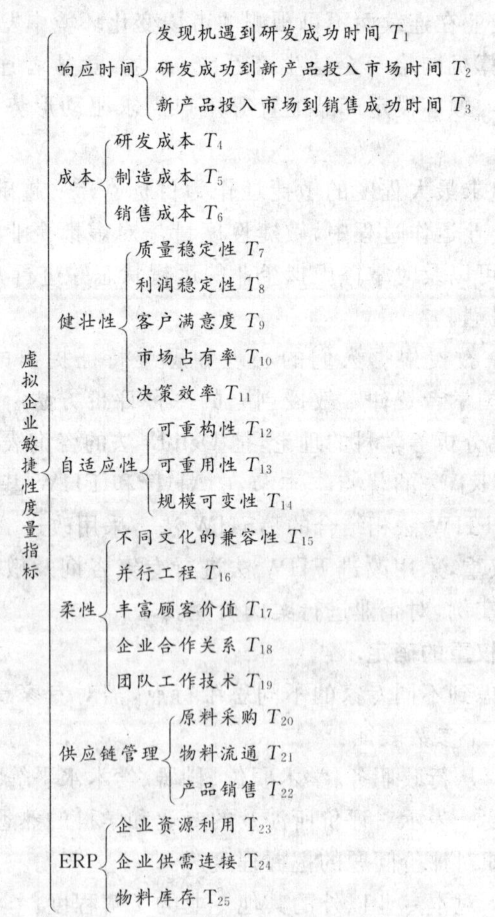

图 6-3 虚拟企业敏捷性度量指标体系

6.2.4 确定各指标及其灰色优劣度权重

用改进 AHP 法[12]确定各指标权重、各指标灰色优度权重以及各指标灰色劣度权重。首先用 AHP 法确定每一位专家各自对度量指标体系中各项指标给出的权重、各指标灰色优度权重、各指标灰色劣度权重(初步权重),然后根据专家自身权重对初步权重进行线性加权平均,得出综合权重。具体步骤为:

1. 用 AHP 法确定每一位专家各自对度量指标体系中各项指标给出的权重、各指标灰色优度权重、各指标灰色劣度权重。

2. 对专家群体意见进行综合　记专家 i 对指标 T_j 的评价权数、灰色优度权数、灰色劣度权数分别为 w_{ij}、α_{ij}、β_{ij} $(i=1,2,\cdots,m;j=1,2,\cdots,25)$,则指标 T_j 综合权重、综合灰色优度权重、综合灰色劣度权重分别为:

$$w_j=\sum_{i=1}^{m} r_i w_{ij},\alpha_j=\sum_{i=1}^{m} r_i \alpha_{ij},\beta_j=\sum_{i=1}^{m} r_i \beta_{ij}(j=1,2,\cdots,25)$$

6.2.5 虚拟企业敏捷性专家咨询表

考虑到虚拟企业敏捷性评价的特点,在 FHW 咨询表的基础上加以修改,得虚拟企业敏捷性专家咨询表(如表 6-4)。

表 6-4　虚拟企业敏捷性专家咨询表

指标及优劣度 / 分值 / 指标	指标分值	灰色优度分值		灰色劣度分值	
指标 T_1		p_1		q_1	
		a_1		b_1	
指标 T_2		p_2		q_2	
		a_2		b_2	
…		…		…	
指标 T_{25}		p_{25}		q_{25}	
		a_{25}		b_{25}	

6.2.6 虚拟企业敏捷性 AFHW 评价的步骤

1. 组织专家评价。提供待评价的虚拟企业的背景材料,对专家进行咨询,每位专家填写评价表,分值采用百分制。

2. 根据专家自身权重,对评分进行加权平均。得到 T_i、p_i、a_i、q_i、b_i 的综合评分,分别记为 U_i、P_i、A_i、Q_i、B_i $(i=1,2,\cdots,25)$。

3. 求白色优劣度比。$C=(\sum_{i=1}^{25}\alpha_i P_i)/(\sum_{i=1}^{25}\beta_i Q_i)$，表示该虚拟企业敏捷性当前优势与当前劣势之比。若 $C<1$，说明该虚拟企业当前的敏捷性较差，需改变企业当前状况。

4. 求灰色优劣度比。$D=(\sum_{i=1}^{25}\alpha_i A_i)/(\sum_{i=1}^{25}\beta_i B_i)$，表示该虚拟企业敏捷性潜在优势与潜在劣势之比。若 $D<1$，说明该虚拟企业潜在的敏捷性较差，需对企业运行作适当调整，以适应未来发展的需要。

5. 求总灰度　记 $P_i^*=P_i/(P_i+A_i)$，$A_i^*=A_i/(P_i+A_i)$，$Q_i^*=Q_i/(Q_i+B_i)$，$B_i^*=B_i/(Q_i+B_i)$，$n_i=1-[0.5+0.5(P_i^*-A_i^*)]$，$m_i=1-[0.5+0.5(Q_i^*-B_i^*)]$。则总灰度 $N=\sum_{i=1}^{25}\alpha_i n_i-\sum_{i=1}^{25}\beta_i m_i$。它表示该次敏捷性度量的朦胧程度，即信息不完全程度。若 $N>0.5$，说明此次的度量结果不可靠，需重新组织重新评价。

6. 计算主体评分。$T=\sum_{i=1}^{25}w_i U_i$

7. 计算综合得分。$S=T+C+D-N$，即为敏捷性度量的最后结果。

8. 判别敏捷性级别。通过研究，我们确定敏捷性级别：85 分以上属高敏捷，75 分～85 分属较敏捷，65 分～75 分属一般敏捷，65 分以下属不敏捷。据此可判定虚拟企业的敏捷性级别。

6.2.7　实例研究

小天鹅公司与荷花、宝洁、荆州、罗兰、科龙等多家公司结盟，组成虚拟企业，以“多赢”为模式，为企业的发展提供了广阔的空间和良好的契机。

我们运用本文的虚拟企业敏捷性度量方法，并在有关专家的协助下，对小天鹅公司的敏捷性进行评价。最后得到以下结果：$T=69$，$C=3$，$D=4$，$N=0.3$，$S=75.7$，属于较敏捷型虚拟企业。

虚拟企业敏捷性 AFHW 评价方法，有以下优点：

1. 指标权重确定采用改进 AHP 法，具有科学性、全面性和客观性。

2. 咨询表采用改进 FHW 法，可以充分发挥专家的才智，展开联想思维。

3. 敏捷性度量方法不仅考虑当前情况，还对潜在优缺点作出考察，能对企业未来发展前景作出估计。

4. 根据评价的总灰度，可以确定本次评价的可靠性，能对评价结果作出初步检验，减少评价的盲目性。

第 7 章　虚拟企业跟踪系统

虚拟企业跟踪系统包括虚拟企业跟踪评价系统和虚拟化程度测度系统。通过对虚拟企业的跟踪评价，可以对虚拟企业的运作效果进行科学把握，使之良性运转。测度虚拟企业虚拟化程度，构建虚拟企业虚拟化测度系统，可以为跟踪监测虚拟企业虚拟化进程提供参考依据。

7.1　虚拟企业跟踪评价系统[80]

7.1.1　引 言

虚拟企业跟踪评价研究的主要目的是：

1. 通过跟踪评价，对虚拟企业的运作效果有比较全面、客观的认识，且这种认识不是停留在定性、感性的阶段，而是有一定的定量依据。

2. 通过跟踪评价，为新一轮动态联盟的组建提供系统的信息支持，使虚拟企业的运转步入良性循环的轨道。

3. 通过对虚拟企业效益的评价分析，为各盟员的投入和利益分配提供有效的信息和方法支持，从更广泛的角度促进国家资源和发展目标的协调。

根据我们掌握的资料，从国际上看，目前对虚拟企业跟踪评价等管理问题的研究在国外也是一项热门课题。

7.1.2　虚拟企业跟踪评价指标体系

建立虚拟企业跟踪评价指标体系，目前在国内还是一项新的尝试。虚拟企业的运行涉及国内外市场、供应商、客户、各参盟企业，其效益也和社会、经济、政治、科技及环境因素交织在一起，从而增加了度量的难度。我们在对虚拟企业运作过程及效益特点进行深入分析的基础上，经过广泛调研和反复归纳，提出如下一套跟踪评价指标体系：

1. 符合产业政策指标

(1)产业政策符合度　反映虚拟企业符合国家产业政策的程度，符合程度越高越好。考察符合的标准是：生产适应国内外市场需要的新设备、新材料；适应国外市场需求，提高产品档次，开辟新市场，扩大外销；改进产品性能，减少消耗，提高生产能力；为能源、交通运输和原材料工业建设提供急需产品。

(2)地区优势发挥度　反映虚拟企业对诸如原材料供给、技术配套、能源供给、人员素质、交通运输、目标市场距离等特殊要求和所在地区优势符合程度。

2. 技术性指标

(3)技术密集度　它是衡量虚拟企业技术水平和设备水平的主要指标，计算公式为

$$技术密集度=\frac{固定资产净值}{年员工平均人数}\times 100\%（单位：万元/人）$$

(4)研究开发费比率　反映虚拟企业对开发新产品、新工艺的重视程度和销售额对研究开发费用的负担程度，计算公式为

$$研究开发费用比率=\frac{研究开发费用}{产品销售收入}\times 100\%$$

(5)技术开发人员占员工比率　反映虚拟企业员工总体构成情况，体现技术开发活动中劳动力的技术素质水平，计算公式为

$$技术开发人员占员工比率=\frac{技术开发人员}{年员工平均人数}\times 100\%$$

(6)年均拥有专利数　反映虚拟企业在专有技术方面所具有的优势，是保持其产品销售优势的基础。

(7)新产品销售比率　反映虚拟企业通过合作及新技术开发所带来的效益、产品更新的速度和产品的结构，计算公式为

$$新产品销售比率=\frac{新产品销售收入}{产品销售收入}\times 100\%$$

3. 经济性指标

(8)投资纯利润率　反映投资的获利情况，计算公式为

$$投资纯利润率=\frac{纯利润总额}{固定资产平均现值+流动资金平均余额}\times 100\%$$

其中，纯利润总额＝销售利润＋其他业务利润＋营业外利润－税金

(9)销售利润率　反映销售收入的获利水平，计算公式为

$$销售利润率=\frac{销售利润}{销售额}\times 100\%$$

(10)流动比率　衡量虚拟企业在某一时点偿付即将到期债务的能力，计算公式为

$$流动比率=\frac{流动资金（平均余额）}{流动负债额（平均余额）}\times 100\%$$

(11)能耗　计算公式为

$$能耗=\frac{能源消耗量}{产量}\times 100\%$$

(12)物耗　计算公式为

$$物耗=\frac{主要原材料消耗量}{产量}\times 100\%$$

(13)成本产值率　计算公式为

$$成本产值率=\frac{总产值}{成本总额}\times 100\%$$

(14)产品外销率　反映虚拟企业出口产品价值实现情况，计算公式为

$$产品外销率=\frac{外销收入}{销售总收入}\times 100\%$$

(15)年均创汇额　反映虚拟企业外汇收入情况，体现其产品出口能力的规模和水平(单位:万元)。

(16)优质品率　反映产品质量状况，计算公式为

$$优质品率=\frac{年优质品产量}{年总产量}\times 100\%$$

(17)合格品率　反映产品质量状况，计算公式为

$$合格率=\frac{年合格品产量}{年总产量}\times 100\%$$

(18)利润增长率　反映虚拟企业经济效益增长速度，计算公式为

$$利润增长率=\frac{利润增长额}{基期利润总额}\times 100\%$$

4. 盟员间和谐性指标

(19)合作伙伴具有相似价值观　具有相似价值观(包括战略一致性和文化一致性)，敏感地处理管理风格和企业文化方面的差异，培养出新型的共同风格与文化。

(20)合作伙伴达到亲密　建立互信，共享信息，共享利益，成为有力的伙伴团队。

(21)合作伙伴有广阔愿景　合作伙伴潜能高，有共有愿景，能共同创造新的愿景。

(22)合作伙伴的信息安全　保护单个合作企业带入虚拟企业的信息，虚拟企业合作产生的信息具有安全性，虚拟企业解体后的信息资源能以安全方式分配。

5. 竞争能力指标

(23)时间竞争能力　产品上市快，生产周期短，交货及时。

(24)质量竞争能力　产品可靠，用户在各方面都满意。

(25)价格竞争能力　产品的生产成本低，价格适中。

(26)创新竞争能力　产品有特点，生产有柔性，竞争有策略。

6. 形象性指标

(27)虚拟企业标志标志　具有很高的艺术性和深远寓意。

(28)虚拟企业美誉度　公众印象好，声誉稳固，广告具有策略性和艺术性。

(29)企业知名度　产品品牌响亮，管理者形象好，企业家名气大。

(30)与顾客沟通　双向式互动沟通，卓越的对话，完善的售后服务。

7.1.3　效用函数的构成

设 $P=\{P_1,P_2,\cdots,P_m\}$ 是 m 个待评价虚拟企业，$Z=\{Z_1,Z_2,\cdots,Z_{30}\}$ 是评价指标体系中 30 个分指标，它们具有不同的类型和量纲，评价指标矩阵 X 如下：

$$X=\begin{bmatrix} X_{11} & X_{12} & \cdots & X_{1,30} \\ X_{21} & X_{22} & \cdots & X_{2,30} \\ \cdots & \cdots & \cdots & \cdots \\ X_{m1} & X_{m2} & \cdots & X_{m,30} \end{bmatrix}$$

记第 j 个分指标 Z_j，平均值 $\overline{Z}_j=(\sum_{i=1}^{m}X_{ij})/m(j=1,2,\cdots,30)$

1. 对成本型指标(指标 11 和指标 12)，记中间变量 $M_{ij}=\dfrac{X_{ij}-\overline{Z}_j}{\overline{Z}_j}(j=11,12)$。

2. 对效益型指标(除指标 11 和指标 12 的其他指标)，记中间变量 $M_{ij}=\dfrac{\overline{Z}_j-X_{ij}}{Z_j}(j=1,2,\cdots,10,13,\cdots,30)$。

将原始指标值 X_{ij} 按下式转化到$[-1,1]$区间上的效用函数

$$r_{ij}=\frac{1-e^{-Mij}}{1+e^{-Mij}} \qquad (7-1)$$

本方法与归一化方法不同，可以防止某一分指标效用函数值过度左右整个综合指标，且原始值小于平均值时效用函数值取负，真正体现“奖优罚劣”的原则。

7.1.4　基于神经网络的多指标综合评价内涵

采用综合评价模型

$$J_i=\sum_{j=1}^{30}\omega_i r_{ij}, \qquad (7-2)$$

其中 r_{ij} 是 X_{ij} 经转换后的效用函数值，ω_j 为综合评价中各分指标的权重。权重 ω_j 的大小对评估结果十分重要，它反映了各分指标的相对重要性。目前权重的决定方法主要有主观赋权法和客观赋权法，常用的有 Delphi 法、两两比较法、AHP 法、因子分析法、熵值法等，但这些方法难以摆脱人为因素及模糊随机性的影响。为了克服权重确定的困难，弱化人为因素，我们用基于神经网络的多

指标综合评价方法来建立虚拟企业跟踪评价模型。

用三层 B－P 网络作为多指标综合评价网络模型。第一层为输入层，共有 30 个节点，分别输入经效用函数转化后的第 i 个虚拟企业的各分指标效用函数值 $r_{ij}(i=1,2,\cdots,m;j=1,2,\cdots,30)$；第二层为隐节点层，隐节点数没有统一的规则，根据具体对象而定；第三层为输出层，只有一个节点，代表第 i 个虚拟企业的总评价指标 J_i。变换函数选用 $f(x)=\dfrac{1}{1+e^{-x}}$。

设给定 L，对输入输出样本 $r_i=\{r_{i1},r_{i2},\cdots,r_{i,30}\}$，$J_i(i=1,2,\cdots,L)$，利用该样本对 B－P 网络的连接权系数进行学习和调整，以使该网络实现给定的输入输出关系。输入和输出样本必须具有权威性，它通常是依据公式(7－2)，由专家组反复斟酌而定。已经证明[32]，三层 B－P 网络可以实现多维单位立方体 R_m 到 R_n 的映射，只要给定的样本集是真正科学和权威的，利用 B－P 神经网络实现的综合评价结果是令人信服的，可以克服人为确定权重的模糊性和随机性，是一种智能综合评价方法。

7.1.5　一个有实用价值的神经网络模型

经过训练的神经网络模型，其“思维模式”已经具备企业评价人员的多学科特点和优势，可以用来跟踪评价虚拟企业的效果。

我们选取隐节点数为 30 个，学习因子 $\eta=0.1$，动量系数 $\alpha=0.1$，网络误差限 $E(W)=0.0005$，选取的样本如表 7－1 和表 7－2，神经网络经过 10 个样本的训练得到输入层与隐含层连结的权值、隐含层阈值、隐含层与输出层连结的权值、输出层阈值，该模型可以用来对虚拟企业进行跟踪评价。

表 7－1 为 20 家虚拟企业的各项指标值及综合评价值(其中，定性指标 1～2、19～30 的分值取 1～10 之间的值)。将学习样本按效用函数(7－1)转化为(－1,1)范围内的数值，结果如表 7－2 所示。

表 7－1　虚拟企业指标值

i	$x_{i.1}$	$x_{i.2}$	$x_{i.3}$	$x_{i.4}$	$x_{i.5}$	$x_{i.6}$	$x_{i.7}$	$x_{i.8}$	$x_{i.9}$	$x_{i.10}$	$x_{i.11}$	$x_{i.12}$	$x_{i.13}$	$x_{i.14}$	$x_{i.15}$	$x_{i.16}$	$x_{i.17}$	$x_{i.18}$	$x_{i.19}$	$x_{i.20}$	$x_{i.21}$	$x_{i.22}$	$x_{i.23}$	$x_{i.24}$	$x_{i.25}$	$x_{i.26}$	$x_{i.27}$	$x_{i.28}$	$x_{i.29}$	$x_{i.30}$
1	9	8	5	30	20	20	56	60	75	80	10	15	90	60	56	90	95	20	9	6	7	8	9	6	7	6	7	6	8	8
2	6	7	7	25	15	10	50	58	71	82	15	18	87	58	51	87	91	19	8	6	6	7	7	8	8	8	7	8	6	6
3	7	6	8	20	18	14	64	70	68	87	20	19	81	69	58	80	97	17	9	7	5	8	6	5	8	7	9	8	6	6
4	6	5	9	30	20	10	51	68	70	81	17	18	89	50	50	89	91	16	6	8	5	7	8	9	7	5	6	9	7	8
5	7	6	8	31	23	23	68	71	81	89	11	13	78	59	49	80	89	19	5	6	8	9	6	5	7	9	6	8	7	8
6	6	8	9	25	21	23	58	65	65	69	15	14	79	65	53	87	98	19	9	6	8	7	5	6	9	8	7	8	9	7
7	8	6	8	38	38	18	60	68	70	70	10	8	89	59	40	89	97	17	5	8	9	7	6	8	5	6	9	7	6	7
8	7	6	9	29	30	15	70	72	69	83	17	20	64	58	39	79	96	23	6	8	9	7	5	6	8	7	6	8	9	8
9	8	6	10	28	12	17	78	67	71	79	25	28	70	50	48	83	99	24	6	5	6	8	7	8	8	9	8	9	5	9
10	9	7	8	39	10	19	65	61	60	81	23	26	65	43	46	81	90	21	7	9	8	9	6	9	9	7	6	6	8	7

表 7-2 归一化效用函数值 r_{ij} 及综合评估指标 J_i

i	$y_{i,1}$	$y_{i,2}$	$y_{i,3}$	$y_{i,4}$	$y_{i,5}$	$y_{i,6}$	$y_{i,7}$	$y_{i,8}$	$y_{i,9}$	$y_{i,10}$	$y_{i,11}$
1	0.091834	0.091202	-0.27721	0.008332	-0.01749	0.076132	-0.05326	-0.04975	0.033238	-0.00062	-0.28094
2	-0.10612	0.035596	-0.07766	-0.08867	-0.18019	-0.30288	-0.11707	-0.06833	0.007041	0.011582	-0.04317
3	-0.02141	-0.04152	-0.00625	-0.22029	-0.0742	-0.10161	0.015616	0.028512	-0.0147	0.039492	0.090062
4	-0.10612	-0.14469	0.049662	0.008332	-0.01749	-0.30288	-0.10565	0.014698	0	0.005555	0.020567
5	-0.02141	-0.04152	-0.00625	0.024158	0.049662	0.124445	0.04389	0.035098	0.067008	0.049662	-0.22308
6	-0.10612	0.091202	0.049662	-0.08867	0.007142	0.124445	-0.0344	-0.00769	-0.03834	-0.07946	-0.04317
7	0.043528	-0.04152	-0.00625	0.107261	0.171312	0.030483	-0.01666	0.014698	0	-0.07142	-0.28094
8	-0.02141	-0.04152	0.049662	-0.00862	0.140976	-0.06284	0.056628	0.041476	-0.00725	0.017457	0.020567
9	0.043528	-0.04152	0.092338	-0.02674	-0.3153	0.002941	0.099134	0.007462	0.007041	-0.00696	0.152883
10	0.091834	0.035596	-0.00625	0.115687	-0.42399	0.0548	0.023046	-0.04084	-0.08226	0.005555	0.134366

i	$y_{i,12}$	$y_{i,13}$	$y_{i,14}$	$y_{i,15}$	$y_{i,16}$	$y_{i,17}$	$y_{i,18}$	$y_{i,19}$	$y_{i,20}$	$y_{i,21}$	$y_{i,22}$
1	-0.09504	0.059398	0.024131	0.061815	0.030483	0.003684	0.012495	0.10663	-0.0742	-0.00714	0.129316
2	0.002778	0.044588	0.007758	0.019589	0.014361	-0.01812	-0.01315	0.061815	-0.0742	-0.09027	0.035596
3	0.028886	0.011108	0.084295	0.076213	-0.02808	0.013911	-0.07277	0.10663	0.007142	-0.19735	-0.04152
4	0.002778	0.054598	-0.07031	0.009998	0.02524	-0.01812	-0.1071	-0.08226	0.06782	-0.19735	0.091202
5	-0.17885	-0.00769	0.016091	0	-0.02808	-0.02972	-0.01315	-0.18882	-0.0742	0.05576	-0.04152
6	-0.13492	-0.00127	0.060143	0.037596	0.014361	0.018861	-0.01315	0.10663	-0.0742	0.05576	-0.14469
7	-0.46889	0.054598	0.016091	-0.11004	0.02524	0.013911	-0.07277	-0.18882	0.06782	0.101781	-0.04152
8	0.052106	-0.11591	0.007758	-0.12471	-0.03472	0.008853	0.074798	-0.08226	0.06782	0.101781	-0.14469
9	0.156342	-0.06516	-0.07031	-0.01041	-0.00903	0.023704	0.091202	-0.08226	-0.18019	-0.09027	0.035596
10	0.141499	-0.10696	-0.15725	-0.03253	-0.02158	-0.02386	0.035596	0	0.111386	0.05576	-0.04152

i	$y_{i,23}$	$y_{i,24}$	$y_{i,25}$	$y_{i,26}$	$y_{i,27}$	$y_{i,28}$	$y_{i,29}$	$y_{i,30}$	J_i
1	0.018734	-0.08226	-0.04269	-0.09822	-0.00714	-0.1371	0.05576	0.037363	-0.00034442
2	-0.04975	0.061815	0.024961	0.049662	-0.00714	0.018734	-0.09027	-0.11396	-0.03866626
3	0.018734	-0.18882	0.024961	-0.01428	0.101781	0.018734	-0.09027	-0.11396	-0.00447939
4	-0.04975	0.10663	-0.04269	-0.20578	-0.09027	0.071133	-0.00714	0.037363	-0.03229233
5	0.071133	-0.18882	-0.04269	0.096846	-0.09027	0.018734	-0.00714	0.037363	-0.01540621
6	-0.04975	-0.08226	0.076394	0.049662	-0.00714	0.018734	0.101781	-0.02852	-0.00992176
7	-0.04975	0.061815	-0.2385	-0.09822	0.101781	-0.04975	-0.09027	-0.02852	-0.04658675
8	-0.04975	-0.08226	0.024961	-0.01428	-0.09027	0.018734	0.101781	0.037363	-0.00113013
9	0.018734	0.061815	0.024961	0.096846	0.05576	0.071133	-0.19735	0.08675	-0.0024537
10	0.071133	0.10663	0.076394	-0.01428	-0.09027	-0.1371	0.05576	-0.02852	-0.01129537

输入层与隐含层连结权值为30阶方阵(如表7-3)。

表7-3 输入层与隐含层连结权值

n	n×1	n×2	n×3	n×4	n×5	n×6	n×7	n×8	n×9	n×10	n×11	n×12	n×13	n×14	n×15
1	-0.0520	-0.2062	0.1612	0.1408	0.0312	0.1873	0.1044	0.0407	-0.0491	-0.0259	0.0405	0.2352	0.2181	0.1708	-0.1937
2	-0.0627	-0.0485	0.0602	0.0922	-0.0284	0.0136	-0.0003	0.0396	-0.0737	-0.1175	0.0211	0.0793	-0.0391	-0.0345	0.0625
3	0.0081	0.1819	-0.1601	-0.2368	-0.0142	-0.1981	-0.0023	-0.0298	0.1464	0.1139	-0.0156	-0.4369	-0.2607	-0.3217	0.2990
4	0.0755	0.0689	-0.0226	-0.0756	-0.0377	-0.1961	-0.0694	0.0435	0.1897	-0.0005	-0.0117	-0.2138	-0.2233	-0.3229	0.1679
5	-0.0426	-0.0632	-0.0366	0.0195	0.0123	0.1275	-0.0224	0.0292	-0.1506	-0.0562	-0.0501	0.1185	-0.0097	0.0640	-0.0328
6	-0.0717	-0.0530	0.0922	-0.0582	0.0918	0.0636	-0.0342	0.0765	-0.0133	0.0389	0.1044	-0.0546	0.0707	-0.0552	-0.0440
7	0.0012	-0.0990	0.1041	0.0831	-0.0100	0.0197	0.0233	-0.0612	-0.0520	-0.0356	0.0733	0.0691	-0.0133	0.1620	-0.1094
8	-0.1072	-0.0315	-0.0429	-0.0569	0.0767	0.0415	-0.0259	-0.0714	-0.0931	-0.0209	0.0071	0.1185	-0.0356	0.0116	-0.0505
9	-0.0911	-0.0351	-0.0134	0.0061	0.0445	-0.0221	0.0014	-0.0963	-0.0784	0.0179	0.0489	0.0657	0.1057	0.0283	-0.1177
10	-0.0277	-0.1638	0.1229	0.1607	-0.0568	0.1499	-0.0177	-0.0119	-0.1631	-0.1447	-0.0022	0.1921	0.0579	0.2106	-0.1919
11	-0.0529	-0.1392	0.0476	-0.0343	0.0223	0.0624	0.1178	-0.0634	-0.0596	-0.1260	-0.0498	0.1246	0.0871	0.1026	-0.0782
12	-0.0585	-0.2604	0.0215	0.1965	0.0474	0.2849	0.0207	-0.0329	-0.2624	-0.1733	0.0751	0.3522	0.1661	0.2708	-0.2334
13	0.0914	0.2952	-0.0210	-0.2239	-0.0753	-0.2713	-0.1754	-0.0131	0.1549	0.1321	-0.0849	-0.3921	-0.1843	-0.2923	0.1785
14	0.1185	0.0953	0.0532	0.0833	-0.0661	-0.0395	-0.0607	-0.1182	0.0426	-0.0815	-0.0172	-0.0032	0.0636	0.0363	0.0389
15	-0.0742	-0.1277	0.0552	0.0604	0.1178	0.1665	-0.0655	0.0564	-0.0985	-0.1407	-0.0723	0.0031	0.0485	0.1850	-0.1317
16	0.0197	0.1047	-0.0987	-0.0225	-0.1339	-0.0843	-0.0703	-0.1002	0.0108	-0.0984	-0.1731	-0.1712	-0.0786	-0.0515	0.0172
17	-0.1399	-0.1559	0.0614	0.1528	0.0389	0.3092	0.0862	-0.1490	-0.0868	-0.2156	-0.0404	0.5127	0.2902	0.3987	-0.1686
18	-0.2011	-0.1860	0.1902	0.2073	0.1907	0.3933	0.2019	-0.0116	-0.2094	-0.0380	0.0354	0.4066	0.2885	0.4432	-0.2093
19	-0.1237	-0>3693	0.1270	0.2939	0.1383	0.2956	0.0150	-0.1355	-0.2206	-0.0994	0.0180	0.4244	0.1603	0.3398	-0.3106
20	-0.0244	0.2233	-0.0676	-0.0829	-0.0341	-0.2107	-0.1730	0.0336	0.0699	0.0570	0.0006	-0.3514	-0.0916	-0.2950	0.2380
21	0.0866	0.1277	-0.0904	-0.1687	-0.1056	-0.1728	-0.0303	-0.0139	0.1427	0.0115	0.0531	-0.1505	-0.1582	-0.1667	0.2215
22	-0.0079	-0.0995	0.0067	0.0642	0.0222	0.0565	-0.0901	-0.1808	-0.1125	0.0033	-0.1054	0.2412	0.1633	0.2110	-0.0901
23	0.0370	-0.0174	-0.0514	-0.0737	0.0317	-0.0019	-0.0146	0.0570	0.1429	0.0940	0.0668	0.0050	0.0500	-0.0496	0.1141
24	0.1553	0.2201	-0.2388	-0.2989	-0.2244	-0.3771	-0.0778	0.0669	0.2392	0.0136	-0.0763	-0.4389	-0.2516	-0.4581	0.2067
25	-0.0117	-0.1199	0.0449	0.1949	0.0494	0.2026	0.0188	0.0186	-0.0302	-0.1780	0.0735	0.2078	0.0342	0.2411	-0.1498
26	0.0795	0.2551	-0.1025	-0.2179	-0.0437	-0.2953	-0.0655	0.0804	0.1785	0.0307	-0.1038	-0.2830	-0.1804	-0.2211	0.1448
27	0.1192	0.2712	-0.0415	-0.2148	-0.1544	-0.2610	-0.1326	0.0883	0.1446	0.0617	0.0518	-0.3627	-0.2381	-0.3704	0.1477
28	0.0276	0.1682	-0.0181	-0.1432	-0.0158	-0.1425	-0.0091	-0.0156	-0.0323	0.0441	0.0439	-0.2753	0.0005	-0.1182	0.0633
29	-0.2035	-0.3189	0.0802	0.2196	-0.0225	0.1503	-0.0087	0.1624	-0.1946	-0.1473	-0.0355	0.3030	0.1854	0.3057	-0.1270
30	-0.2131	-0.4313	0.0970	0.3077	0.1438	0.3268	0.1049	-0.1513	-0.3188	-0.1695	0.0353	0.4676	0.3596	0.4827	-0.3899

（续表 7 - 3）

n	$n\times16$	$n\times17$	$n\times18$	$n\times19$	$n\times20$	$n\times21$	$n\times22$	$n\times23$	$n\times24$	$n\times25$	$n\times26$	$n\times27$	$n\times28$	$n\times29$	$n\times30$
1	−0.1148	−0.2631	0.2235	−0.1970	0.1722	0.1792	0.0875	0.0380	0.0040	−0.1555	0.0908	−0.0038	0.0587	−0.1928	−0.1139
2	−0.1149	−0.0599	−0.0168	−0.0589	−0.0665	−0.0326	−0.0819	−0.0636	−0.0302	−0.0691	−0.0476	0.0675	−0.0297	0.0064	−0.0572
3	0.0363	0.4302	−0.5709	0.3855	−0.4218	−0.2822	0.0123	0.0129	0.0727	0.3151	−0.1442	−0.1630	−0.1455	0.5024	0.1982
4	0.0881	0.3691	−0.3421	0.3070	−0.3047	−0.1942	−0.0620	−0.0530	−0.0540	0.2305	−0.1278	0.0263	−0.0579	0.3202	0.1747
5	0.0123	−0.1449	0.0290	−0.1135	0.0334	0.0235	−0.1056	−0.0812	0.0392	−0.0490	0.0917	−0.0080	−0.0930	−0.1233	−0.0237
6	−0.0271	0.0159	−0.0640	0.0311	0.0890	0.0974	0.1077	0.0692	−0.0245	0.0083	0.0278	0.0699	−0.0935	−0.0270	0.0286
7	−0.0405	−0.1342	0.1560	−0.1697	0.1204	0.1738	−0.0209	0.0674	−0.0484	−0.0217	0.0926	0.0822	0.0655	−0.0627	0.0446
8	0.0473	−0.0302	0.1046	−0.0380	0.0846	0.0067	−0.0681	−0.0237	0.0706	0.0346	0.0417	0.0285	−0.0024	−0.0546	−0.1026
9	0.0207	−0.0481	0.1186	−0.0790	0.0880	0.0839	−0.0712	0.0489	−0.0491	−0.0711	−0.0266	0.0738	0.0516	−0.0798	−0.1709
10	−0.1093	−0.2024	0.0932	−0.1786	0.2194	0.0909	0.0881	0.0787	−0.0056	−0.1565	0.0948	−0.0197	0.0247	−0.1624	−0.2275
11	−0.1255	0.0507	0.0525	0.0197	−0.0138	0.0217	−0.0770	0.0016	−0.0368	−0.1109	−0.0060	0.0666	−0.0150	−0.0242	−0.0558
12	−0.1701	−0.3121	0.4029	−0.2624	0.3822	0.1111	0.0060	0.0541	−0.1009	−0.2063	0.0614	−0.0520	0.0757	−0.3799	−0.1572
13	0.0863	0.3232	−0.4224	0.3953	−0.2289	−0.2144	−0.0745	−0.0259	−0.0450	0.3006	−0.2121	−0.1335	−0.0348	0.4300	0.1322
14	−0.0233	−0.0859	−0.0374	−0.0178	0.0475	0.1278	−0.0767	0.0815	−0.0612	−0.0416	0.0666	−0.0326	0.0392	−0.0840	−0.0819
15	0.0210	−0.1097	0.0817	−0.1545	0.1503	0.0891	0.0628	−0.0232	−0.0867	−0.0808	0.0933	0.0855	0.0120	−0.0426	−0.0614
16	−0.1463	0.1476	−0.1436	0.0934	−0.1434	−0.1600	0.0296	−0.0499	0.0643	0.0439	0.0169	0.0217	−0.0564	0.1259	0.1382
17	−0.1701	−0.4585	0.5008	−0.3425	0.3733	0.1766	−0.0302	0.0775	−0.2006	−0.2148	0.1778	0.0973	0.1144	−0.4800	−0.2747
18	−0.0108	−0.5031	0.5698	−0.4782	0.4029	0.2101	0.0160	−0.0611	−0.0454	−0.3198	0.1384	0.0353	0.1682	−0.4285	−0.2403
19	−0.0611	−0.3726	0.5200	−0.4626	0.3765	0.2879	0.1309	0.0908	−0.0586	−0.3331	0.2452	0.1256	0.0138	−0.3905	−0.2881
20	0.0870	0.3036	−0.2766	0.2408	−0.2675	−0.2300	−0.0993	−0.0520	0.0595	0.1479	−0.1829	−0.1600	0.0277	0.3880	0.1745
21	−0.0028	0.3594	−0.2552	0.3071	−0.2925	−0.1547	−0.0637	−0.0940	0.1219	0.2417	−0.1898	−0.0566	−0.1253	0.2698	0.1596
22	−0.0485	−0.1882	0.2129	−0.2910	0.1863	0.1107	−0.0311	−0.0067	−0.0803	−0.2204	0.0816	−0.0021	−0.0555	−0.2990	−0.1964
23	0.0280	0.0798	−0.0563	0.1153	−0.0848	0.0175	0.0925	0.0987	0.0476	0.0407	−0.0280	0.0029	0.0426	0.0835	0.1607
24	0.1052	0.5639	−0.4893	0.4711	−0.4508	−0.1680	−0.1659	−0.1830	0.1264	0.2507	−0.2707	−0.0996	−0.0284	0.5913	0.2636
25	−0.0364	−0.1628	0.1724	−0.1463	0.2028	0.0519	−0.0387	−0.0884	−0.1677	−0.2420	0.0293	0.0377	0.0095	−0.1536	−0.0505
26	0.1177	0.3030	−0.3907	0.4025	−0.3982	−0.1402	−0.1189	−0.0764	0.0093	0.3183	−0.0570	−0.0027	−0.0677	0.3543	0.2499
27	0.0471	0.3319	−0.3353	0.3954	−0.3669	−0.0808	−0.1085	−0.0587	0.0279	0.2964	−0.0787	0.0180	−0.0927	0.3851	0.2939
28	0.0131	0.1590	−0.2056	0.1007	−0.1097	−0.1413	0.0518	−0.0090	−0.0904	0.0056	−0.0130	−0.0707	−0.0987	0.2085	0.0045
29	−0.0306	−0.3114	0.3725	−0.2222	0.2798	0.2553	−0.0395	0.0176	−0.1872	−0.3151	0.2327	−0.0400	0.1414	−0.4228	−0.2937
30	−0.1634	−0.6672	0.7222	−0.5701	0.5771	0.2833	0.0262	−0.0498	−0.1688	−0.4379	0.2671	0.0867	0.1672	−0.6436	−0.3938

隐含层阈值为：

(0.0188　0.0799　−0.0564　−0.0441　−0.0483　−0.0043　−0.0895
0.0137　0.0518　0.0311　−0.0897　−0.2371　−0.0889　−0.1671
−0.0135　−0.0097　0.1797　−0.1932　0.0575　−0.1210　−0.1213
0.0534　−0.1195　−0.0786　0.1028　−0.0256　−0.0519　−0.0485
0.0904　0.1661)

隐含层与输出层连结权值为 30×1 阶矩阵

(−0.4947　−1.0716　0.3874　0.8351　0.3046　1.0647
0.2423　−0.3030　−0.7942　−0.4739　0.0532　1.5477
0.8335　1.4213　−0.9718　−0.3718　−1.7481　1.8592
−1.6247　1.5193　0.7864　0.1166　0.1052　−0.3808
−1.2085　0.6316　0.2045　0.2926　−1.8434　−1.0422)

神经网络模型是动态的，随着样本数量的增加，网络学习能力和训练能力得到加强，可以形成更完整的系统。用神经网络模型来跟踪评价虚拟企业，比传统的方法更简便、准确，具有广阔的应用前景。

7.2　虚拟企业虚拟化程度测度系统[86]

虚拟企业已成为企业组织形态发展的方向，虚拟策略已经渗透到各类企业管理之中，几乎所有企业都在向虚拟化方向发展。虚拟化是企业从实体企业向虚拟企业的演化，它标度着企业虚拟化进程的深度和广度。测度虚拟化程度的高低，对虚拟企业的观测和把握具有重要的理论和实践意义。本节在确定虚拟企业虚拟化测度指标体系的基础上，用改进的模糊决策分析法和改进的灰色评价理论，测度虚拟企业虚拟化程度，构建虚拟企业虚拟化测度系统，为跟踪监测虚拟企业虚拟化进程提供参考依据。

模糊决策分析法[33]是陈守煜教授提出的决策方法，它在结合我国语言和心理习惯的基础上，拓展模糊数学中的有关概念，用于非结构化和半结构化问题的求解。我们结合评价专家权威，用改进的模糊决策分析法确定虚拟企业虚拟化程度测度指标权重。灰色评价理论[34~36]是邓聚龙教授提出的一种处理复杂系统的理论，它通过对系统某一层次的观测资料加以数学处理，达到在更高层次上了解系统内部变化趋势、相关关系等的机制。我们用改进的灰色评价理论建立虚拟企业虚拟化程度测度模型，并根据研制的虚拟企业虚拟化程度测度支持系统，在专家协助下，结合实例，对虚拟企业进行案例研究。

7.2.1 虚拟企业虚拟化测度指标体系

虚拟企业虚拟化测度的一项主要工作是针对评价对象，设计一组能够合理体现评价目的、评价对象基本特征又切实可行的评价指标体系。我们在广泛调研和专家咨询的基础上，经过反复归纳，建立如下一套测度虚拟企业虚拟化程度度的指标体系（如图 7-1）。

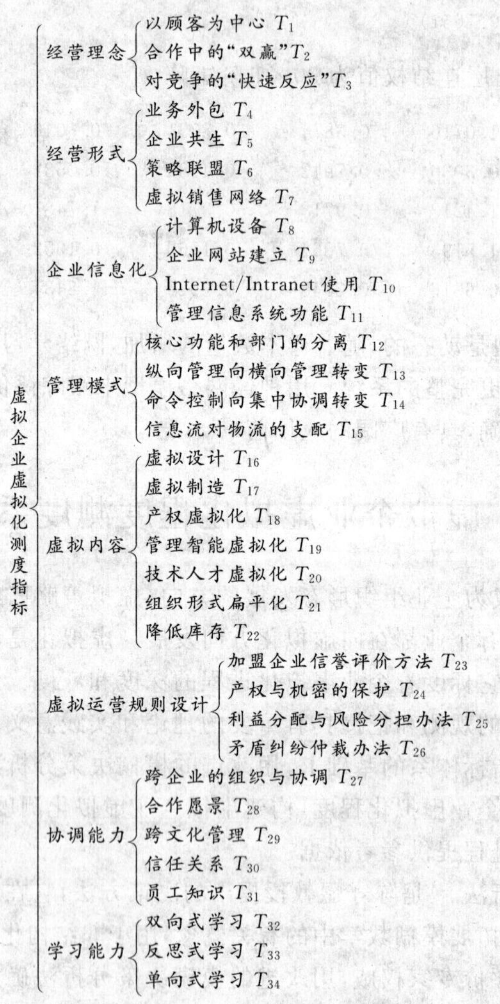

图 7-1 虚拟企业虚拟化程度测度指标体系

7.2.2 指标权重确定

1. 专家权威程度　评价任何参与虚拟企业虚拟化评价的专家都不可能对咨询中的每个问题都熟悉，而熟悉与否对评价的可靠性有相当大的影响。在对评价结果进行处理时，常常要求考虑专家对评审内容的权威程度。在此，我们从知名度、职称、判断依据、问题熟悉程度、评审自信度对专家进行综合评价(如表2-1)。

设专家组有 m 位评价专家，专家 t 自我评价值为 F_t，则 $F_t = a_t \cdot b_t \cdot c_t \cdot p_t \cdot q_t$。其中，$a_t, b_t, c_t, p_t, q_t$ 分别是专家 t 的知名度、职称、判断依据、熟悉度、自信度得分，则专家 t 的权威系数为

$$R_t = F_t / \sum_{t=1}^{m} F_t \qquad (t=1,2,\cdots,m)$$

权威系数求出后，可用它作为评价专家权重。

2. 用模糊决策分析法确定每位专家对指标体系中各指标赋予的权重

(1)第 t 位专家对虚拟化测度指标集$\{T_i\}$中指标作二元对比

①若 T_k 比 T_l 重要，令排序标度 $\beta_{klt}=1, \beta_{lkt}=0$；

②若 T_k 与 T_l 同等重要，令排序标度 $\beta_{klt}=0.5, \beta_{lkt}=0.5$；

③若 T_l 比 T_k 重要，令排序标度 $\beta_{klt}=0, \beta_{lkt}=1$。

(2)求有序二元对比矩阵

$$\beta = [\beta_{klt}]_{34\times 34}$$

(3)确定第 t 位专家给出的指标 T_i 的权重

在表示重要性的10个形容词级差：同样、稍微、略为、较为、明显、显著、十分、非常、极端、无可比拟重要之间，用下式

$$\omega_{it}' = \frac{1-\beta_{1it}}{\beta_{1it}}$$

给出模糊标度值 β_{1it} 与未归一化权重间的关系，一起列入表7-4，查表7-4得到第 t 位专家给出指标 T_i 的相应未归一化权重，再进行归一化，确定 t 位专家赋予指标 T_i 的权重 $\omega_{it}(i=1,2,\cdots,34; t=1,2,\cdots,m)$。

表7-4　语气算子与模糊标度值、隶属度值对应关系

语气算子	同样		稍微		略为		较为		明显		显著
模糊标度值	0.50	0.525	0.55	0.575	0.60	0.625	0.65	0.675	0.70	0.725	0.75
隶属度值	1.0	0.905	0.818	0.739	0.667	0.667	0.538	0.481	0.429	0.379	0.333
语气算子		十分			非常			极端		无可比拟	
模糊标度值	0.775	0.80	0.825	0.825	0.85	0.875	0.925	0.95	0.975	1.0	
隶属度值	0.290	0.25	0.212	0.212	0.176	0.143	0.081	0.053	0.026	0	

3. 用含有专家权重的线性加权和，确定群体专家对各项指标的综合权重

指标 T_i 的综合权重为 $\omega_i = \sum_{t=1}^{m} R_t \omega_{it}(i=1,2,\cdots,34)$，指标的综合权重向量为 $W=[\omega_1, \omega_2, \cdots, \omega_{34}]$。

7.2.3　虚拟化程度测度方法

鉴于我国企业的发展现状，经过对比分析，我们用结合专家权威系数的灰色

评价理论测度企业的虚拟化程度。

1. 求评价样本矩阵　根据第 t 位专家在指标 T_i 下对待评企业给出的评分 $d_{ti}(i=1,2,\cdots,34;t=1,2,\cdots,m)$，求得待评企业的评价样本矩阵：

$$D=\begin{bmatrix} d_{11} & d_{12} & \cdots & d_{1,34} \\ d_{21} & d_{22} & \cdots & d_{2,34} \\ \cdots & \cdots & \cdots & \cdots \\ d_{m,1} & d_{m,2} & \cdots & d_{m,34} \end{bmatrix}$$

2. 确定评价灰类　确定评价灰类的等级数、灰类的灰数、灰类的白化权函数。设有 g 个评价灰类，灰类序号为 e，并根据实际情况选取一定的白化权函数 $f_e(x)$ 描述灰类，求出 d_{ti} 属于第 e 类的权函数 $f_e(d_{ti})(e=1,2,\cdots,34;t=1,2,\cdots,m)$。

3. 计算灰色评价系数　待评企业在测度指标 T_i 下属于第评价 e 个评价灰类的灰色评价系数为

$$X_ie=\sum_{t=1}^{m}R_if_e(d_{ti})(e=1,2,\cdots,g;i=1,2,\cdots,34)$$

待评企业在测度指标 T_i 下属于各个评价灰类的总灰色评价系数为

$$X_i=\sum_{e=1}^{g}X_{ie}(i=1,2,\cdots,34)$$

4. 计算灰色评价权值及灰色评价权值矩阵　评价专家群体就指标 T_i 对待评企业主张第 e 个灰类评价权值为

$$u_{ie}=\frac{X_{ie}}{X_i}(i=1,2,\cdots,34;e=1,2,\cdots,g)$$

待评企业在虚拟化测度指标集下灰类评价权值矩阵为

$$U=\begin{bmatrix} u_{11} & u_{12} & \cdots & u_{1g} \\ u_{21} & u_{22} & \cdots & u_{2g} \\ \cdots & \cdots & \cdots & \cdots \\ u_{34,11} & u_{34,2} & \cdots & u_{34,g} \end{bmatrix}$$

5. 评定企业的虚拟化程度　由专家群体根据虚拟企业虚拟化程度测度的需要，把各灰类等级按“灰水平”赋值，得评价灰类等级化向量

$$V=[v_1,v_2,\cdots,v_g]$$

则待评企业虚拟化程度评价值为

$$S=WUV^T=[\omega_1,\omega_2,\cdots,\omega_{34}]\begin{bmatrix} u_{11} & u_{12} & \cdots & u_{1g} \\ u_{21} & u_{22} & \cdots & u_{2g} \\ \cdots & \cdots & \cdots & \cdots \\ u_{34,11} & u_{34,2} & \cdots & u_{34,g} \end{bmatrix}\begin{bmatrix} v_1 \\ v_2 \\ \cdots \\ v_g \end{bmatrix}$$

在专家咨询的基础上，我们把企业虚拟化程度分为4个等级：高虚拟化（80分～100分）、较高虚拟化（70分～80分）、一般虚拟化（50分～70分）、实体企业（0分～50分）。据此可按照S的大小，评定企业的虚拟化程度的级别。

7.2.4　实例研究

小天鹅公司与国内外多家公司结盟，特别是与印度、日本、伊朗、美国、摩洛哥、突尼斯等国家的企业进行多渠道联合，组成虚拟企业，促进了企业的发展。

我们运用本文的虚拟企业虚拟化程度测度方法，应用Visual C++6.0和Visual Foxpro6.0开发了虚拟企业虚拟化程度测度计算机支持系统，系统的整体结构如图7-2所示，以辅助企业进行虚拟化程度测度。

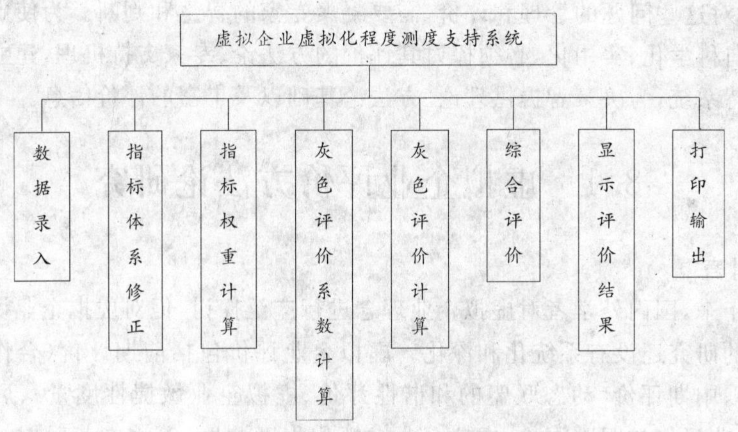

图7-2　虚拟企业虚拟化程度支持系统整体结构

在由政府官员、科学家、企业家、社会人文学家等有关专家组成的专家组的参与下，对小天鹅公司进行虚拟化程度测度，其虚拟化程度评价值为72分，属较高虚拟化企业。

第8章　虚拟企业评价机制

虚拟企业理念引起学术界和企业界的关注，但虚拟企业评价的理论和方法论尚未得到深化和具体化。虚拟企业的运作会遇到很多半结构化和非结构化决策问题，对这些问题的管理和评价，需要凝聚专家的智慧和判断。为使虚拟企业评价走向科学化、实用化，必须探讨其评价的方法论、专家支持机理，建立全新的评价支持系统，为决策者提供理论、方法论基础以及丰富的评价信息。

8.1　虚拟企业评价方法论研究

8.1.1 引言

近年来，国内外学者对虚拟企业理念进行广泛探讨，但对虚拟企业评价等管理方法的研究还没有系统化和深化。虚拟企业评价包括前期评价（合作伙伴选择评价）、中期评价（动态联盟的和谐性评价、虚拟企业敏捷性度量）、后期评价（虚拟企业运作的跟踪评价、虚拟企业虚拟化程度测度）等。本节对虚拟企业评价方法进行细致研讨，提出包含专家权重的定性与定量相结合的方法和智能化方法，以弥补对该项研究的不足，并为企业家和决策者提供理论和方法论依据。

8.1.2　约定

1. 设共有 m 个评价企业，每个企业有 t 项评价指标，指标集 $U=\{U_1,U_2,\cdots,U_t\}$，共有 n 个评审专家，构造专家权重分析表（如表 2－1）。

设专家 i 评价值为 F_i，则 $F_i=a_i\cdot b_i\cdot f_i\cdot d_i\cdot e_i$。其中，$a_i\cdot b_i\cdot f_i\cdot d_i\cdot e_i$ 分别是专家 i 的知名度、职称、判断依据、熟悉度、自信度得分，则专家 i 的权威系数为

$$C_i=F_i/\sum_{i=1}^{m}F_i(i=1,2,\cdots,m)$$

权威系数求出后，用它作为专家权重，对专家评分值进行加权平均计算。

2. 指标　集中各项指标 U_j，权重为 ω_j。

8.1.3　虚拟企业评价模型

1. 线性加权法　专家 k 对某一待评企业 i 的指标 u_j 评分为 x_{kij}，则该企业

在指标 U_j 的得分为

$$y_{ij}=c_1x_{1ij}+c_2x_{2ij}+\cdots+c_nx_{nij}(j=1,2,\cdots,t)$$

再把各指标的分值进行规范化。对成本型指标，令

$$Z_{ij}=\frac{y_j^{\max}-y_{ij}}{y_j^{\max}-y_j^{\min}}$$

对效益型指标，令

$$Z_{ij}=\frac{y_{ij}-y_j^{\min}}{y_j^{\max}-y_j^{\min}}$$

其中，$y_j^{\max}=\max\limits_i y_{ij}$，$y_j^{\min}=\min\limits_i y_{ij}$。

由此得该企业综合评价得分 $M_i=\omega_1Z_{i1}+\omega_2Z_{i2}+\cdots+\omega_tZ_{it}$。根据各企业综合评价得分，可对各企业进行总排序。

2. TOPSIS法　TOPSIS法，即逼近理想解法。设专家 i 对企业 k 的指标 U_j 的评分为 x_{ikj}，则专家组对企业 k 的指标 U_j 的加权评分为 $Y_{kj}=\sum\limits_{k=1}^{n}c_kx_{ikj}$。形成评分矩阵 $(Y_{kj})_{m\times t}$，记 $Y_j^*=\max Y_{ij}$，$Y_j^0=\min Y_{ij}(j=1,2,\cdots,t)$。则理想点 $Y^*=(y_1^*,Y_2^*,\cdots,Y_t^*)$，负理想点 $Y^0=(Y_1^0,Y_2^0,\cdots,Y_t^0)$。每一企业到理想点距离 $D_i^*=[\sum\limits_{j=1}^{t}\omega_j(Y_{ij}-Y_j^*)^2]^{1/2}$，每一企业到负理想点距离 $D_i^0=[\sum\limits_{j=1}^{t}\omega_j(Y_{ij}-Y_j^0)^2]^{1/2}$，第 i 企业对理想点接近程度 $\omega_i=D_i^0/(D_i^0+D_i^*)$。最后根据各企业的 W_i 对评价的企业进行总排序。

3. 优序法　设第 r 个专家就第 h 项指标 U_h，对企业 x_i 和企业 x_j 加以比较，得值

$$a_{ijh}^r=\begin{cases}1, x_i \text{ 优于 } x_j\\ 0.5, x_i \text{ 等于 } x_j\\ 0, x_i \text{ 劣于 } x_j \text{ 或 } i=j\end{cases}$$

则第 r 个专家认为 x_i 企业在第 h 项指标 U_k 中优序度为

$$\overline{a_{ih}^r}=\sum_{j=i}^{m}a_{ijh}^r$$

企业 x_i 在所有指标中优序度为

$$k_i^r=\sum_{h=1}^{t}w_h\overline{a_{ih}^r}$$

所有专家对企业 x_i 综合优序度 $k_i=\sum\limits_{r=1}^{n}c_ik_i^r(i=1,2,\cdots,m)$，按 k_i 大小对企业进行总排序。

4. 主成分析法　设专家 i 对被评价企业 k 的指标 U_j 评分为 x_{ikj}，则专家组对企业 k 的指标 U_j 的加权评分为

$$Y_{kj}=\sum_{k=1}^{n}c_k x_{ikj}$$

并形成评分矩阵 $Y_{m\times t}=(Y_{kj})_{m\times t}$。

对该矩阵进行标准化，$Y_{kj}^*=(Y_{kj}-\overline{Y}_j)/S_j$，

其中 $\overline{Y}_j=\frac{1}{m}\sum_{k=1}^{t}Y_{kj}$，$S_j^2=Var(Y_j)$。

记 $Y_{m\times t}^*=(Y_{kj}^*)_{m\times t}=(Y_1^*,\cdots,Y_p^*)^T$，得新矩阵

$$\widetilde{Y}=[(1+\omega_1)Y_1^*,(1+\omega_2)Y_2^*,\cdots,(1+\omega_t)Y_t^*]。$$

求 $\widetilde{Y}_{m\times t}^*$ 的协方差阵 $\widetilde{V}_{t\times t}$，求 $\widetilde{V}_{p\times p}$ 的最大特征值 $\lambda_{\max}$ 及相应特征向量 $\widetilde{X}_1$，再计算 $\widetilde{Y}_{m\times t}$ 在 $\widetilde{X}_1$ 上的投影 T_1，根据 T_1 可对备选企业进行排序。

在主成分分析中，更为重要变量被赋予更大的权重。在这些指标上，变量的变差被相应拉长，于是在求第一主成分时，这些指标会得到更多的重视。但在应用该方法时，应避免出现变量多重相关现象，以免影响分析的客观性。

5. 层次分析法　利用层次分析法（AHP）可以对各待评企业进行排序，利用目标层表示对企业的综合评价。目标层下分为准则层，表示评价的一级指标。准则层下又分为子准则层，为评价的二级指标。方案层为各待评企业。

在准则层、子准则层、方案层中按判断矩阵（由各专家权重加权平均形成）计算各单一层准则下对上层元素的权重向，最终计算方案层中各企业对目标层的合成权重，按各合成权重大小可以将企业排序。

6. 模糊评判法　把专家对各指标的评语或评分进行模糊化处理，得对单一企业的模糊关系矩阵

$$R=\begin{bmatrix} r_{11} & r_{12} & \cdots & r_{1l} \\ \cdots & \cdots & \cdots & \cdots \\ r_{t1} & r_{t2} & \cdots & r_{tl} \end{bmatrix}$$

t 为指标级，l 为等级数。

选择合成算子，将 W 与 R 合成得 $S=WR$。常用的合成算子有 $M(\Lambda,V)$，$M(\cdot,V)$，$M(\Lambda,\oplus)$，$M(\cdot,\oplus)$。以等级值 j 作为变量（$j=1,2,\cdots,L$），以综合评判结果 S_i 作为权数，计算 $A_i=\sum_{j=1}^{L}j\cdot S_{ij}/\sum_{j=1}^{L}S_{ij}\ (i=1,2,\cdots,m)$。

以 A_i 作为被评价企业等级值，可将各企业排序。

7. 灰色关联分析法　由专家对各企业指标的贡献值打分。然后对各企业指标的贡献值进行所有专家的加权平均，取平均值，形成评分矩阵

$$\begin{array}{c} \\ T_1 \\ \cdots \\ T_m \\ T_0 \end{array}\begin{array}{c} U_1 \quad \cdots \quad U_t \\ \begin{bmatrix} \overline{b}_{11} & \cdots & \overline{b}_{1t} \\ \cdots & \cdots & \cdots \\ \overline{b}_{m1} & \cdots & \overline{b}_{mt} \\ b_{01} & \cdots & b_{0t} \end{bmatrix}\end{array}$$

其中 $b_{01}=\max\{b_{i1}\},\cdots,b_{0t}=\max\{b_{it}\}$

关联系数

$\xi_i(k)=(\min_i\min_k|b_{0k}-\bar{b}_{ik}|+\rho\max_i\max_k|b_{0k}-\bar{b}_{ik}|)/(|b_{0k}-\bar{b}_{ik}|+\rho\max_i\max_k|b_{0k}-\bar{b}_{ik}|)$

可取 $\rho=0.5$,$\xi_i=\{\xi_i(k)|k=1,2,\cdots,t\}$,关联度 $Y_i=\sum_{k=1}^{m}W_k\xi_i(k)(i=1,2,\cdots,m)$,按关联度大小,将企业进行排序。

8. FHW 法　FHW 法是由贺仲雄教授提出的一种评价方法,它可以用来选择和评价虚拟企业。首先对专家进行两轮咨询,得灰色优度(p_i,a_i)和灰色劣度(q_i,b_i),p_i 表示第 i 项指标明显优点,a_i 表示该指标不明显的优点,q_i 表示第 i 项指标明显缺点,b_i 表示该指标不明显缺点。

通过两轮咨询得到两组值,通过某准则(乐观准则、悲观准则、平均准则)可将这些咨询结果转换为数值,得一组 FHW 空间。

$(((p_1^{(i)},a_1^{(i)}),\cdots,(p_t^{(i)},a_t^{(i)})),((q_1^{(i)}),\cdots,(q_t^{(i)},b_t^{(i)})))$,$i$ 表示第 i 个专家($i=1,2,\cdots,n$)。

由专家自身权重对上述结果进行加权平均

$p_i=\sum_{j=1}^{t}p_i^{(j)}w_j,q_i=\sum_{j=1}^{t}a_i^{(j)}w_j,q_i=\sum_{j=1}^{t}q_i^{(j)}w_j,b_i=\sum_{j=1}^{t}b_i^{(j)}w_j$

可得群体单指标评价$((p_1,a_1),\cdots,(p_t,a_t),(q_1,b_1),\cdots,(q_t,b_t))$。计算群体对每一企业的综合评分 $D=(\sum_{i=1}^{t}x_ip_i+\lambda\sum_{i=1}^{t}x_ia_i)/(\sum_{i=1}^{t}y_iq_i+\mu\sum_{i=1}^{t}y_ib_i)$,式中,$x_i$,$y_i$ 表示第 i 项指标优度和劣度权重,前者从效益观点出发,后者从损失观点出发来确定,λ 表示不明显优点和明显优点的比重,μ 表示不明显缺点与明显缺点比重。根据 D 的大小可将各企业进行排序。

9. 因子分析法　因子分析的一般模型为

$$\begin{cases}x_1=a_{11}f_1+a_{12}f_2+\cdots+a_{1m}f_m+\varepsilon_1\\x_2=a_{21}f_1+a_{22}f_2+\cdots+a_{2m}f_m+\varepsilon_2\\\cdots\cdots\\x_p=a_{p1}f_1+a_{p2}f_2+\cdots+a_{pm}f_m+\varepsilon_p\end{cases}$$

其中,$x_1,x_2,\cdots,x_p$ 为实测变量(是一组随机向量);$a_{ij}(i=1,2,\cdots,p;j=1,2,\cdots,m)$为因子载荷;$f_i(i=1,2,\cdots,m)$为公共因子;$\varepsilon_i(i=1,2,\cdots,p)$为特殊因子。$f_i$ 和 ε_i 都是不可观测的随机变量。

因子载荷 a_{ij} 是第 i 个变量在第 j 个主因子上的荷载,或者说,第 i 个变量与第 j 个因子的相关系数。载荷越大,则第 i 个变量与第 j 个因子的关系越密切,说明第 i 个变量对系统的解释力比较强;载荷越小,则说明第 i 个变量与第 j 个因子的关系越疏远。

因子载何矩阵中各行数值的平方和，$h_i^2=\sum_{j=1}^{m}a_{ij}^2$ 表示原始变量 x_i 对公因子的依赖程度，称公因子对 x_i 的方差贡献。

$g_j^2=\sum_{i=1}^{p}a_{ij}^2$ 是公因子 f_j 对随机向量 x 的贡献，g_j^2 的值越大，反映了 f_j 对 x 的影响越大，一般通过求 x 的约相关矩阵的特征值来确定，即 $g_j^2=\lambda_j$。

公因子 $f_1,f_2,\cdots,f_m$ 出现在每一个原始变量 $x_i(i=1,2,\cdots,p)$ 的表达式中，可理解为原始变量共同拥有的公共因素。在高维空间中，它们是相互垂直的坐标轴，即假定 $f_i(i=1,2,\cdots,m)$ 相互独立。

为使找到的主因子更易于解释，往往需要对因子载荷矩阵进行旋转。旋转的方法很多，最常用的是最大方差旋转法（Varimax）。进行因子旋转的目的，就是要使因子载荷矩阵中因子荷载的平方值向 0 和 1 两个方向分化，使大的荷载更大，小的荷载更小。

将因子表示为变量的线性组合，计算出因子得分，根据因子得分与各因子的贡献率计算出各待评企业的综合因子得分，然后根据综合因子得分进行排序。

10. 广义熵法　通过专家对各待评企业的各指标评分，再由专家权重进行加权平均，得决策矩阵，无量刚化处理后的决策矩阵记为 $B=(b_{ij})_{m\times t}$，第 j 列的最大值为 $b_j^*=\max\limits_{1\leqslant i\leqslant m}\{b_{ij}\}$，它是指标 U_j 的理想值，企业 S_i 在 U_j 的评价目标 $d_{ij}^*=b_j^*-b_{ij}$。记 $d_{ij}=d_{ij}^*w_j$ 为企业 S_i 在指标 U_j 的理想评价目标，则企业 S_i 的广义熵为

$$h_i=\begin{cases}-\sum_{j=1}^{t}d_{ij}\,1\mathrm{n}d_{ij},1/\mathrm{e}\leqslant d_{ij}\leqslant 1\\ \sum_{j=1}^{t}(2/\mathrm{e}+d_{ij}\,1\mathrm{n}d_{ij}),0<d_{ij}<1/\mathrm{e}\end{cases}$$

h_i 越小，企业的评价值越优。按 h_i 从小到大的顺序，即可把待评企业按优劣次序进行排序。

11. 模糊控制规则　应用模糊控制规则，进行虚拟企业评价，必须依据评价的需要，制定模糊控制规则，其评价过程按以下步骤进行：①确定论域，即确定待评虚拟企业范围。②根据所掌握的虚拟企业的模糊信息，确定其在各决策条件下的隶属度。③确定虚拟企业评价的模糊控制规则集。④根据每条模糊控制规则，在论域内获得一个模糊蕴涵关系。⑤综合所有模糊蕴涵关系，得到总模糊蕴涵关系。⑥将由总模糊蕴涵关系表示的模糊决策进行清晰化处理，得确切决策结果。⑦根据确切决策结果，在论域内进行评价。基于多准则进行虚拟企业评价的过程，实际上等同于一个模糊控制系统的工作过程，如图 8-1 所示。其中，

知识库包含虚拟企业评价过程中用到的模糊控制规则及相关知识(隶属度的判定方法、模糊决策清晰度手段等)。

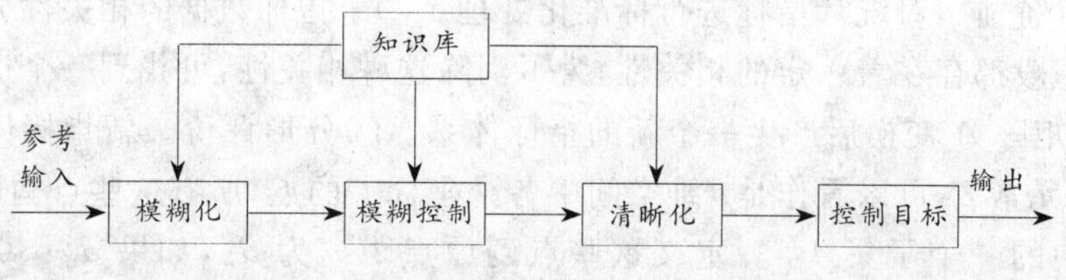

图8-1　虚拟企业评价控制系统结构

12. 人工神经网络法　将神经网络用于虚拟企业的综合评价选择,意在建立更加接近人类思维模式的定性与定量相结合的模型。该方法可再现评价专家的经验、知识和直接思维,能较好地保证合作伙伴综合评价结果的客观性。

在神经网络进行综合评价前,应将输入的评价值通过隶属函数转化为[0,1]之间的值,即对评价值进行标准无量刚化,并作为输入,以使神经网络可以处理定量和定性指标。

评价值输入模块处理结构如图8-2所示:

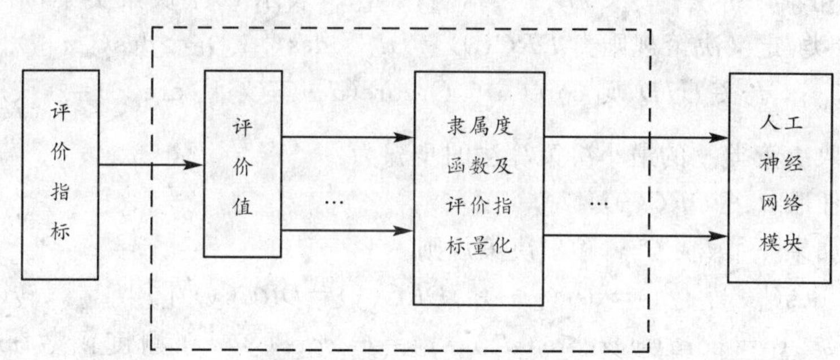

图8-2　评价输入模块

人工神经网络模块是评价系统的重要组成部分,由B-P网络组成,用来完成网络结构的构建、样本的学习和通过B-P算法进行伙伴的综合评价计算功能。

用于虚拟企业评价选择的B-P网络采用具有一个输入层、一个隐层、一个输出层的网络结构,各层具有多个节点,每相邻两层间单方向互连。

B-P网络结构参数选择是十分重要的,输入层和隐层个数增加虽然能增强网络的表达能力,但也会影响收敛速度。B-P网络结构参数可在网络进行前设置,并存于网络结构文件中,

在通过计算得到网络的权值和阈值后,将经过初始化的虚拟企业评价值作

为网络输入进行计算，得到评价输出。

13. 混沌评价法 ①指标数据的标准化。设用 t 个指标构成的指标体系来评价 m 个企业，对统计指标进行标准化处理。②子指标数据的相关性分析。各个指标一般都存在着一定的相关性，为了消除这种相关性，可找到一个适当的矩阵 A，经矩阵 A 变换后产生一个新的指标体系。③分形评价。新指标体系中的 t 个指标元素 Z_{ij} 可以看作是 t 维空间中各个坐标上的点，所有这些点构成 t 维欧氏空间中的一个子集 $J_{(t)}$。定义这些点到原点距离为 d_{ij}，如果 $d_{ij}<0$，取 $\delta=\max\{|d_{ij}|,d_{ij}<0\}$，作变换 $d_{ij}\Rightarrow d_{ij}+\delta$，使 $J_{(t)}$ 中每个数 $d_{ij}\geqslant 0$。任意给定一个半径 $r>0$，以原点为球心，r 为半径作球，显然 $d_{ij}<\gamma$ 的 $t(r)$ 个点都位于球内，再改变 γ 的值，重新作球，直到 $\gamma=R$ 时，球恰好包含所有的点，即 t 个点。则半径为 γ 的球内的点数 $t(r)$ 在 t 个点中所占的比例 $C(r)$ 可表示为：

$$C(r)=\frac{2}{t(t-1)}\sum_{i,j}\mathrm{H}(r-d_{ij})$$

其中，$\mathrm{H}(x)$ 是 Heaviside 函数。子集 $J_{(t)}$ 具有分形的特性，其分维 $D_r=\ln C(r)/\ln r$，按 D_r 的大小可将评价结果排序。

14. 粗集评价法 令 $U/D=\{y_1,y_2,\cdots,y_n\}$ 表示 U 上决策类集，对每一个决策等价类，定义决策规则类 $DRC(y)=\{d_x:\mathrm{des}([x]_{\tilde{C}}\Rightarrow\mathrm{des}([x]_D)\mid x\in U,[x]_{\tilde{C}}=\subseteq y\}$，$\forall\ y\in U/D$，则 $\mathrm{core}(y)\subseteq\tilde{C}$，$\mathrm{core}(d_x)\subseteq\tilde{C}$ 且 $\mathrm{core}(y)=\bigcup_{d_x\in DEC(y)}\mathrm{core}(d_x)$，求取决策类 y 的最小决策算法的步骤为：

(1)任取 $d_x\in DRC(y)$；

(2)如果$[x]_{\mathrm{core}(d_x)}\subseteq y$，输出决策规则

$d_x:\mathrm{des}([x]_{\mathrm{core}(d_x)})\Rightarrow\mathrm{des}([x])_D$，$DRC(y)=DRC(y)/[x]_{\mathrm{core}(d_x)}$，转(9)；

(3)令 $A_1=\mathrm{core}(y)/\mathrm{core}(d_x)$，$A_2=\tilde{C}/\mathrm{core}(y)$，在测度函数 $w(a)=|\mathrm{pos}_{\tilde{C}-\{a\}}(D)|/|U|$ 下对 A_1，A_2 中元素排序，得有序集 OA_1，OA_2，$OA=OA_1\cup OA_2$，OA 的有序幂子集分别为 $\tilde{T}_1(OA)$，$\tilde{T}_2(OA)$，$\cdots$，$\tilde{T}_m(OA)$，相应元素个数为 $n_1,n_2,\cdots,n_m$；

(4)$j=0$；

(5)$i=0$；

(6)令 $B=\mathrm{core}(d_x)\cup\tilde{T}_j^i(OA)$，如果$[x]_B\subset y$，输出

$d_x:\mathrm{des}([x]_B)\Rightarrow\mathrm{des}([x]_B)$，$DRC(y)=DRC(y)/[x]_B$，转(9)；

(7)$i=i+1$，如果 $i<n_i$，转(6)；

(8)$j=j+1$，如果 $j\leqslant m$，转(5)；

(9)如果 $DRC(y)\neq\Phi$，转(1)；

(10)结束。

根据上面步骤，依次求得各决策类 $y_i \in U/D$ 的最小决策算法，按该算法可对企业进行评价。

8.1.4　小结

前十种方法用含专家自身权重的加权平均计算，采用结合专家权重的定量与定性相结合的方法，三方面相辅相成、相互印证，能建立起跨学科领域的评价机制，弥补单纯定量或定性方法的不足，由于是在专家评价价值基础上产生的，因而具有全面性。后四种方法可以克服人为确定权重的模糊性和随机性，弱化人为因素的影响，属于智能综合评价方法。

8.2　动态联盟组建与运作的专家支持[70]

8.2.1　引言

动态联盟（Virtual Enterprise，VE）的建立与运作涉及多企业的集成，使建立与运作过程变得十分复杂，其中会遇到很多半结构化和非结构化战略决策问题，如伙伴企业选择、市场机遇评估、利益/风险分配等（如图 8－3）。这些问题的解决，单纯的定量模型是难以胜任的，而专家的智慧和判断无疑是最重要的，必须充分利用专家知识，将定量分析与定性分析结合起来。本节探讨动态联盟组建与运作中的专家支持，包括专家选择、调查表设计、专家意见处理、专家系统构建，以更有效地组建与运作动态联盟。

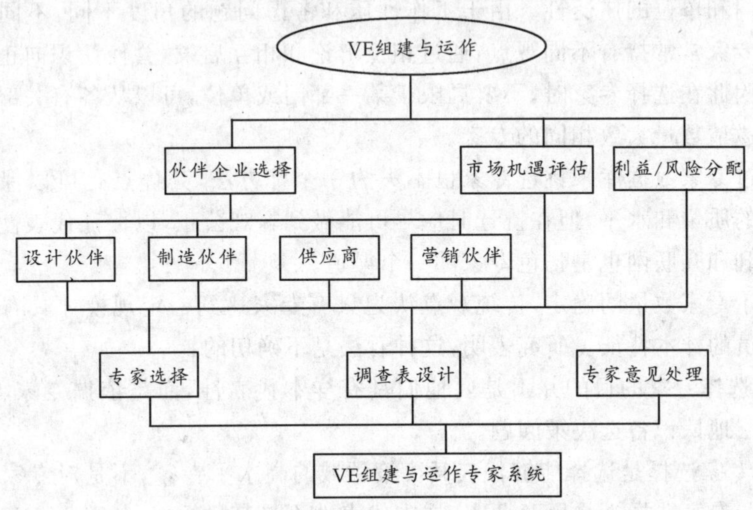

图 8－3　VE 组建与运作体系框架图

8.2.2 专家选择

动态联盟的建立与运作中半结构化和非结构化决策,依靠的是广大专家的专业知识和远见卓识。离开了专家,这项工作是无法进行的。专家选择的合理与否是关系此项工作能否顺利进行,以及最终结果是否合理公正的重要因素。

这里所说的"专家",是指那些对动态联盟具有一定的专门知识,有丰富的企业管理经验,能为动态联盟运营提供某些较为深刻见解的人员,而不是专指那些有一定地位或职称的人。

选什么样的专家,由决策主题所决定,按以下顺序进行:

1. 根据决策问题,编制所需专家类型一览表,初步确定专家名单。

2. 将决策问题一览表发给每个专家,询问他们能否坚持参加规定问题的决策。选择专家应事先征得同意,再将调查表发给拟邀请的专家。

3. 确定每个专家从事决策所消耗的时间和经费。

在选择专家时,要考虑专家的代表性。应邀请企业的业务人员和对经济发展较熟悉的经济部门和研究单位人员,必要时,还应邀请人文社会学和心理学人员。选择高层学术权威固然重要,但要考虑他们是否有足够时间认真填写调查表。实践表明,一个身居要职的专家匆忙填写的调查表,往往不如一个专门从事某项业务工作的一般专家经过深思熟虑认真填写的调查表更有价值。

在选择专家时,应考虑到专家的专业、水平、年龄、职务、性格、社会背景等诸多因素,这些因素都会影响他们对问题的认识和应答的结果。还要考虑到专家所属部门和单位的广泛性。由于工作性质和考虑问题的角度不同,不同部门和单位的专家常常持有不同观点,通过相互辩论和相互启发,会使认识向正确方向统一。因此在选择专家时,不要局限于某一部门或单位,可以从各有关部门或单位中去邀请数量大致相同的专家。

通过专家数据库来挑选专家也不失为一个好方法,其优点是可以保证所咨询专家的质量和水平,但在挑选时应尽可能做到客观公正,以保证代表性。通过学术期刊和互联网也是物色专家的一个渠道。

对于专家数量的确定,传统观点认为只有专家达到一定规模才具有代表大多数人员的样本特征。研究表明,这种看法是不确切的:

1. 选择专家的目的并不是要他们具有样本代表性,而是依据专家去评价,以更深层地认识备选决策问题。

2. 专家选择是选择能够代表某决策领域的高水平专家,不是对专家进行随机抽样。专家选择不是民意调查,样本代表性不是其目标。

3. 保证一定的规模是为了产生足够多的、较全面的观点和看法。

有关实验表明,一个由 15 人以上的专家组得出的评价结果,不大可能与另一个人数相同、基本素质和知识结构相同的专家组的评价结果有显著的不同。可以认为，15人以上的专家组得出的评价结果具有足够的可信度。

对专家组的专家不应再根据其所涉及领域的不同再行分组，否则不利于达到观点趋于一致的目标，反而会造成各小组产生更大分歧。

8.2.3　调查表设计

调查表是以书面形式从专家那里获得VE问题决策的重要信息的有效途径，调查表的格式和内容将直接影响调研的质量和结果。为了使专家明确应答问题，减少应答时间，提高应答积极性，取得预期的调研效果，提高调查表的回收率，其设计与组织应注意以下问题：

1. 对调查表目标及方法作简要说明　调查表在设计时，通常要附带“说明”或“背景材料”，用以说明此项调查的目的、任务及专家应答在本项研究中的作用。同时还要对专家调查法作出简要说明，因为该方法并不是众人皆知的，即使有些专家接触过，也难免有曲解。

2. 问题要集中　问题要集中并有针对性，不要过于分散，以便使各个事件构成一个有机整体。问题要按等级排队，先整体，后局部。同类问题要先简单、后复杂，由浅入深。此外还应注意问题要易于引起专家应答的兴趣。

3. 避免组合事件　如果一个事件包括两个方面，一个方面专家是同意的，而另一个方面是不同意的，这时专家将难以作出回答。

4. 用词要确切，避免概念交叉和意义模糊　在问题的陈述上要避免使用含义不明确的词汇和字眼。在调查表中可以将每一问题中的关键词用黑线标出，以提醒专家注意。

5. 形式要简明且能取得较大信息量　向专家提问的形式可以多种多样，如填空、多项选择、文字回答等。用选择来提问，形式简单；用文字回答，信息量大但繁琐。如何结合各种方法以达到既简明扼要，又能获得较大信息量，是值得设计者反复考虑的问题。调查表还应留有足够的空白位置，以便专家阐明自己的观点和意见。

6. 防止表格的思维导向　由于调查属于定性判断结合定量评判，在确定评价等级标准后，采用哪种方式填写是值得考虑的问题。如果采用10分制评价，则相关性问题不大；如果采用模糊评判的等级标准，则易出现误导。比如用四个等级标准，填写的方式可以是数字(1－2－3－4)，可以是字母($A-B-C-D$)，可以是汉字(优－良－中－差)。研究表明，用汉字(优－良－中－差)不可取。因为优、良、中、差在常规思维中易形成一种思维导向，产生习惯性趋势，故而不宜采用。再比如在指标体系中存在一个负向指标(如环境影响)，最好换成正向指标(保护环境)，这样就不会产生评价时的思维逆转。

7. 限制问题的数量　问题的数量不仅取决于应答要求的类型,还取决于专家可能作出应答的上限。如果对问题只要作出简单回答,其数量可适当多些;如果问题比较复杂,其数量应少些。研究表明,问题数量的上限以 25 个为宜。如果问题超过 50 个,组织人员应认真研究,检查问题是否过于分散而未切中要害。

8. 问题阐述的语句和字数应适中　对专家不太熟悉的事件,应多给一些说明,使之对事件有更深的理解,但对专家熟悉的事件,说明过多,反而会出现使专家为难的含义,进而导致专家小组的一致性程度降低。

9. 不要提令专家为难的问题　不要提出涉及国家机密的问题或要求专家提供涉及机密的资料。

总之,在设计调查表时应多为被调查专家着想,力求用简便的方式取得他们的配合与支持。许多案例表明,在调查表设计上多花一些精力,会收到事半功倍的功效。

8.2.4　专家意见处理

设专家数为 m,备选决策方案数为 n,第 i 位专家对第 j 方案的评价分数为 C_{ij},等级为 R_{ij}。专家评价意见主要统计指标如下:

1. 专家评价的优先级别　专家评价的优先级别常常通过计算专家组评分的算术平均值和方案的等级和来描述各方案的重要性。

计算方案的平均值:

$$M_j=\frac{1}{m_j}\sum_{i=1}^{m_j}C_{ij} \qquad (j=1,2,\cdots,n)$$

其中 M_j 为 j 方案分数的算术平均值, m_j 为参加对 j 方案评价的专家数。M_j 越大,方案的重要性越高。

计算方案的等级和:

$$S_j=\sum_{i=1}^{m_j}R_{ij} \qquad (j=1,2,\cdots,n)$$

其中 S_j 为 j 方案的等级和,S_j 越小,方案的重要性越高。

2. 备选决策方案的满分频率　所谓满分频率,是对 j 方案给满分的专家数与对 j 方案作出评价的专家总数之比,其计算方法为:

$$K_j=\frac{P_j}{m_j} \qquad (j=1,2,\cdots,n)$$

其中 K_j 为方案的满分频率,P_j 为给 j 方案满分的专家数。

K_j 可以作为方案排序的补充指标。K_j 越大,说明对该方案给满分的专家数越多,因而方案的重要性可能越大。在 VE 的决策中,我们有时关心的是对该参盟企业投完全赞同票的专家有多少,这时计算满分频率就很有意义。

3. 备选决策方案的变异系数　变异系数是描述专家评价意见协调程度的

重要指标，具体计算按如下步骤进行：

(1)计算 j 方案的专家意见的方差 $\overline{S}_j^2$，用以描述专家意见的离散程度，其公式为：

$$\overline{S}_h^2=\frac{1}{m_j-1}\sum_{i=1}^{m_j}(C_{ij}-M_j)^2 \qquad (j=1,2,\cdots,n)$$

(2)计算 j 方案的标准差，它表示评价的变异程度，其公式为：

$$\overline{S}=\sqrt{\overline{S}_j^2}=\sqrt{\frac{1}{m_j-1}\sum_{i=1}^{m_j}(C_{ij}-M_j)^2}$$

(3)计算 j 方案专家意见的变异系数。由 j 方案的算术平均值和标准差，可求得变异系数：

$$V_j=\frac{\overline{S}_j}{M_j} \qquad (j=1,2,\cdots,n)$$

V_j 描述专家评价意见的相对波动幅度。

4. 专家意见协调系数　变异系数说明 m_j 个专家对于 j 方案的协调程度，但我们往往还希望了解全部专家对 n 个方案的协调程度，这可用协调系数 W 表示。

记全部方案等级和的算术平均值为：

$$M|S_j|=\frac{1}{n}\sum_{j=1}^{n}S_j$$

j 方案等级和与全部方案等级和的算术平均值之差的平方和为：

$$d_j^2=(S_j-M|S_j|)^2$$

则专家对各方案评价的协调系数为：

$$W=\frac{\sum_{j=1}^{n}d_j^2}{\frac{1}{n}m^2(n^3-n)}$$

协调系数 W 在 0 到 1 之间。W 越大，表示所有专家对全部方案协调程度越高；W 越小，意味着专家协调程度越低。协调系数小可能是由以下两种原因引起的：一是参加咨询的专家之间缺乏交流；二是在专家组中存在着一些高度协调的分组，而各高度协调分组之间意见相互对立，此时要找出各高度协调分组，通过对各高度协调分组就某方案判断的原因分析，有助于进行多方案选择。

5. 专家积极性系数　专家积极性系数是指专家对某方案的关心程度。其计算方法为参与对 j 方案评价的专家与全部专家之比，即

$$D_j=\frac{m_j}{m}$$

其中，D_j 为积极性系数；m_j 为参与 j 方案评价的专家数；m 为全部专家数。

6. 专家权威程度　任何一个专家都不可能对咨询中的每个问题都熟悉，而熟悉与否对评价的可靠性有相当大的影响。因此，在对评价结果进行处理时，常常要求考虑专家对评审内容的权威程度。在此我们设置专家权威分析表[17]（如表 2-1），从知名度、职称、判断依据、熟悉程度、评价自信度对专家进行综合评价。

设专家 i 评价值为 F_i，则 $F_i=a_i\cdot b_i\cdot c_i\cdot d_i\cdot e_i$。其中，$a_i,b_i,c_i,d_i,e_i$ 分别是专家 i 的知名度、职称、判断依据、熟悉程度、评价自信度得分，则专家 i 的权威系数为：

$$R_i=F_i/\sum_{i=1}^{m}F_i(i=1,2,\cdots,m)$$

权威系数求出后，可用它作为权重，对专家评分值进行加权平均计算。

8.2.5　VE 组建与运作的专家系统构建

VE 组建与运作的专家系统研制的目的在于：

1. 希望计算机能对原始数据自动进行鉴别和预处理，具有灵活的数据定义机制和高级查询能力。

2. 希望计算机根据 VE 组建与运作的决策问题的性质及约束条件自动选择定量模型。

3. 希望计算机对决策过程与结果给予解释性说明，提供便利的人机接口会话方式。

4. 希望计算机不仅可以进行数据处理和计算，且可以推理。通过逻辑推理和系列受控演绎找出那些易被人们忽略的潜在因素，避免由于人们对事物发展的主观认识所造成的局限。

5. 希望计算机能够像专家那样不断积累决策与评价经验，逐步完善 VE 决策工作，使 VE 评价与决策更准确、更有成效。

VE 组建与运作的专家系统是以科学家和工程师的大脑思维过程为基础，依据他们的经验构造模型。系统的运行主要依赖专家所用的事实、规律、启发方式等，它具有以下三大特征：

1. 启发性　使用判断性知识和已确定理论的形式化知识进行启发推理来求解。

2. 透明性　能解释自身推理过程，即能利用自身知识对自身的演绎过程进行调整并对所求得的结论给出解释和证明，向用户提供会话接口，方便用户查询和提问。

3. 灵活性　便于专家对数据库、知识库等进行扩充、修改。

VE 组建与运作的专家系统中主要使用大量的、没有正确性保障的经验性知识。系统的透明性、灵活性对提高系统的可接受性非常重要。为有效实现系统的透明性、灵活性,必须增强系统的解释功能和知识获取功能。系统采取递层向上扩充的方式建造,以逐层过渡最终到达。专家能根据环境与对象灵活运用知识,能根据不精确、不完备的证据推出较好结论。系统强调灵活性、自适应性以顺应决策环境的千变万化。当然系统性能取决于它所含专家知识的数量、质量、表示方式、组织和知识库的开发工作。

如图 8-4 即为整个系统的功能简图。系统由数据库、模型库、方法库、知识库和知识库开发系统、推理机、解释系统以及人机接口对话系统组成,通过人机智能接口对话系统,用户和专家可方便地对各库进行更新、查询、扩充、修改。此外,根据 VE 组建与运作的特点,建立一个具有一定数量并通晓 VE 的专家调查网作为专家系统的外围信息源,通过函询的方式不断收集动态信息和专家经验充实到相应的数据库、知识库中,以提高系统的实用性。

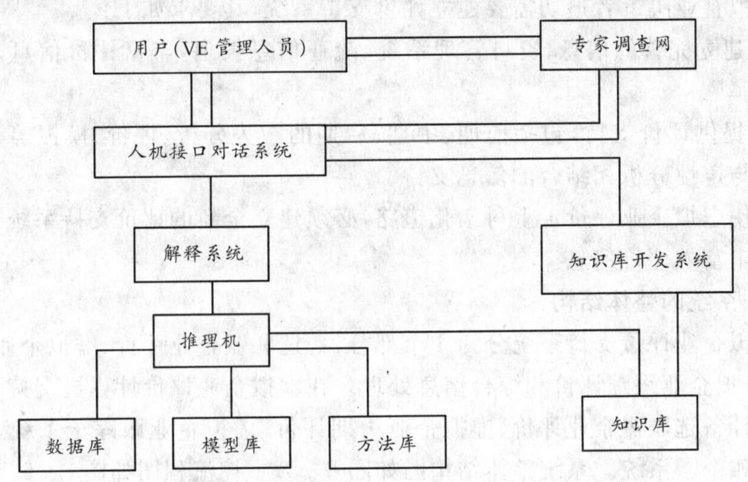

图 8-4 VE 组建与运作的专家系统功能简图

总之,系统根据用户要求输入信息,运用专家知识进行逻辑推理,自动设计和生成 VE 决策和评价方案,并对原始数据进行合理处理,选择适当的模型进行计算,对定量结果加以评价、解释和调整。系统运行后,应不断总结经验,丰富系统专家知识,提高系统的实用性和可靠性。

8.3 虚拟企业评价支持系统[78]

8.3.1 引言

虚拟企业是适应信息时代要求的一种新型组织结构,不仅可以使企业具有活力,且可以使企业通过优势资源的整合具有更强的赢得市场的能力。然而对

虚拟企业评价支持方面还存在许多缺陷,具体表现为:

1. 办公手段落后　企业管理工作大都以手工方式进行,不但效率低,而且浪费了管理人员大量的时间和精力。

2. 信息的存储、查询手段落后,信息渠道不畅　大多资料以书面形式存档,所需的动态资料难以查找。

3. 管理方式落后,缺乏有效的支持信息　大部分情况下,仍然凭借管理者的经验决策,科学性和系统性不强,对大量数据信息和动态情况缺乏科学的分析。

4. 跟踪评价极其薄弱　在虚拟企业管理中,跟踪评价是十分重要的,它不但是对虚拟企业的运作效果的评价,而且为新一轮动态联盟的组建提供系统的信息支持,使虚拟企业的运转步入良性循环的轨道。

虚拟企业决策者迫切需要建立评价支持系统,其要求如下:

1. 建立完善的信息、资料管理系统,疏通信息渠道,丰富评价信息,提高信息利用率。

2. 提供评价支持,包括前期、中期、后期的态势分析、评价、模拟等,提供定量模型与定性分析相结合的信息支持。

为使虚拟企业评价走上科学化道路,必须建立全新的评价支持系统,为决策者提供丰富的评价信息。

8.3.2　系统的整体结构

虚拟企业评价支持系统分为 4 个部分:备选联盟企业评价、虚拟企业和谐性评价、虚拟企业跟踪评价和综合信息处理。在虚拟企业评价计算机支持系统中,我们设计备选联盟企业评价、虚拟企业中期评价、虚拟企业跟踪子系统、综合信息处理四个子系统。系统整体结构图如图 8-5,主控流程图如图 8-6。

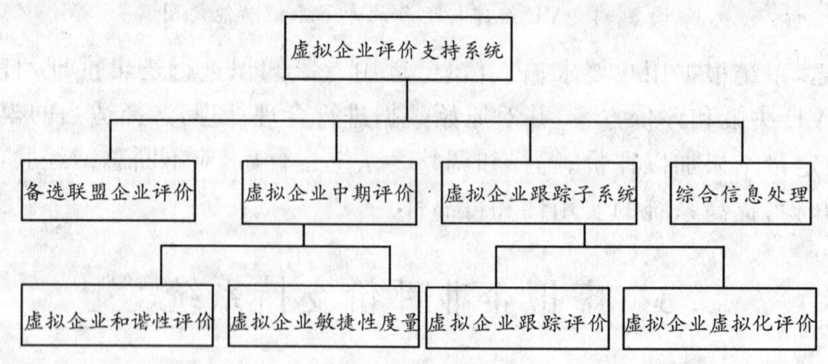

图 8-5　系统整体结构图

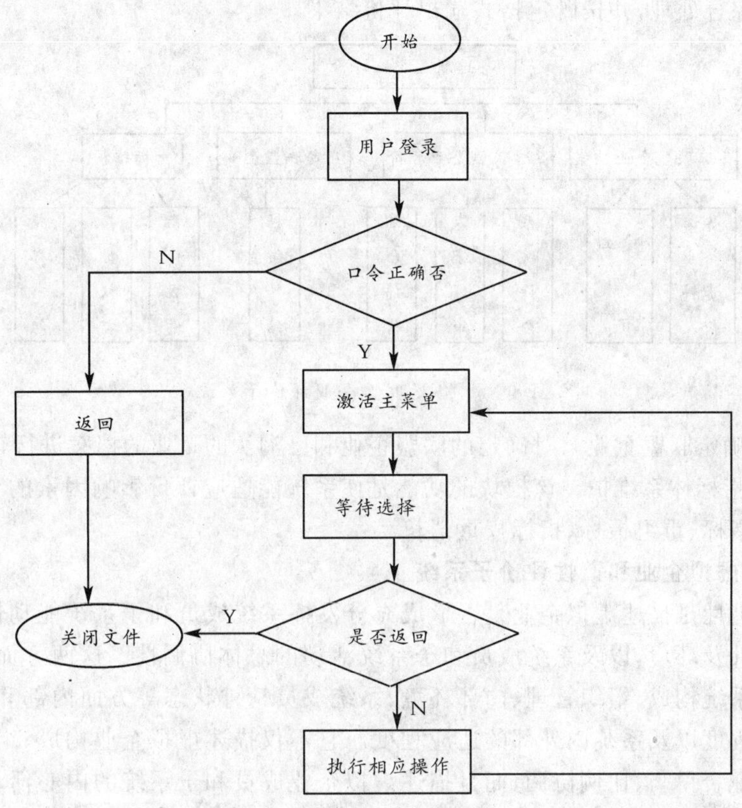

图8-6 系统主控流程图

8.3.3 备选联盟企业评价子系统

备选联盟企业评价子系统主要完成下列工作：

1. 建立备选联盟企业档案，根据掌握的信息得出备选联盟企业的基本状况评分及前期组盟效果情况。

2. 选择有关专家，向专家提供背景材料及评分表。

3. 对专家评分表进行统计处理，得出备选联盟企业的综合评分结果。

4. 根据专家意见，进行指标体系的维护（增加指标、减少指标、指标重组、指标权重修改等）。

该子系统包括四个功能模块：备选联盟企业档案、备选联盟企业评价、确定联盟企业、指标维护（如图8-7）。

1. 备选联盟企业档案　根据评价的需要，将备选联盟企业资料录入系统。

2. 备选联盟企业评价　根据备选联盟企业档案，系统对能自动评分的因素作出评估，利用专家的知识经验进行评价。运用既定的指标分析模型，对上述结果进行综合处理，并按既定格式输出评价结果。

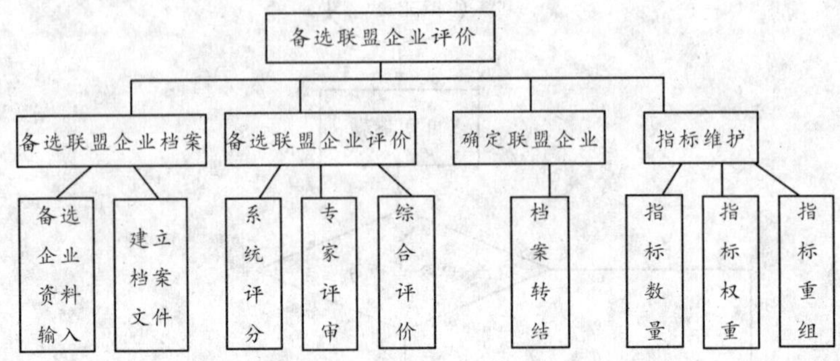

图 8-7 备选联盟企业评价子系统

3. 确定联盟企业 对确定的联盟企业和已淘汰的企业的档案进行转结。

4. 指标体系维护 该模块的功能是使系统能适应评价影响因素的变化，包括增减指标、重组指标、指标权重消长。

8.3.4 虚拟企业和谐性评价子系统

和谐性是描述虚拟企业是否形成充分发挥系统成员和子系统能动性、创造性的条件及环境，以及系统成员和子系统活动的总体协调性。这两方面的具体表现是系统构成、组织管理、内部环境、系统成员精神状态等方面内部和其间关系匹配程度以及系统内外部的适应程度。它不仅描述虚拟企业构成、组织结构等是否配合得当、比例协调，而且描述虚拟企业成员和子系统的内心活动、感受和态度以及成员间、成员和系统间的关系。和谐性评价是对虚拟企业的中期评价，其模型如图 8-8。

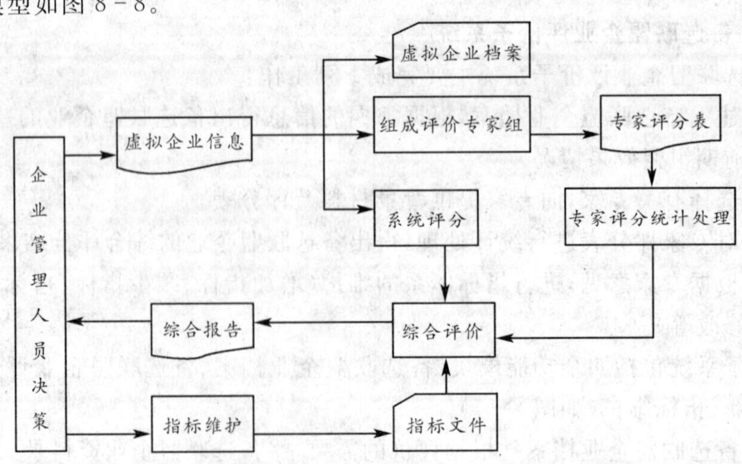

图 8-8 虚拟企业和谐性评价系统模型

8.3.5 虚拟企业敏捷性度量子系统

虚拟企业把追求最大程度的敏捷性作为目标，敏捷性度量是对虚拟企业的在线评价。通过敏捷性度量研究，可以及时掌握虚拟企业的运行状态并进行调整，从而使虚拟企业快速响应市场机遇。该子系统的功能结构如图8-9。

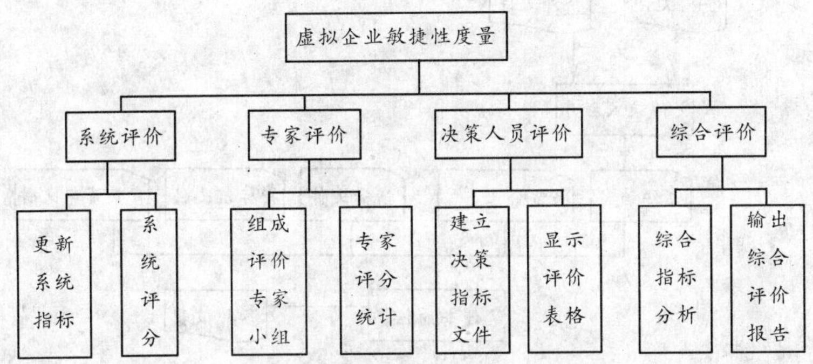

图8-9　敏捷性度量子系统的功能结构图

8.3.6 虚拟企业跟踪评价子系统

该子系统分为四个功能模块：

1. 效果评估　分析虚拟企业运作效果，以此衡量实施状况。
2. 完成处理　将虚拟企业档案从执行文件转到完成文件。
3. 异常值分析　分析指标差异，指出差异原因。
4. 指标维护　随着环境的变化，需要修改指标体系时，由此模块完成。

8.3.7 虚拟企业虚拟化评价

虚拟化是企业从实体企业向虚拟企业的演化，它标度着企业虚拟化进程的深度和广度，测度其虚拟化程度的高低，为跟踪监测虚拟企业虚拟化进程提供参考依据。该子系统的功能结构如图8-10。

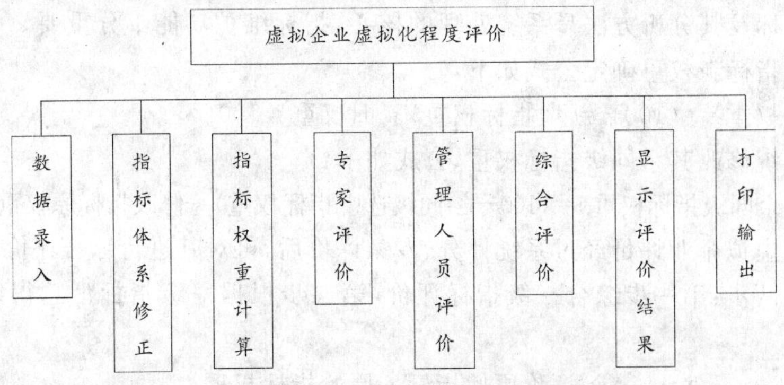

图8-10　虚拟企业虚拟化评价子系统功能结构图

8.3.8 综合信息处理子系统

该子系统主要提供评价虚拟企业所需的信息,处理非结构化对象,对前三个子系统的运行提供信息支撑。综合信息处理模型如图 8-11。

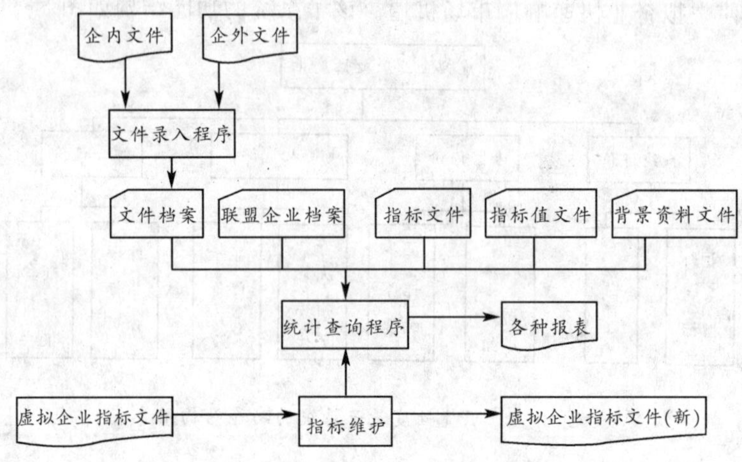

图 8-11 综合信息处理模型

8.3.9 评价指标体系设计

为综合反映指标的类型及信息来源,将信息来源渠道设计成一级指标,原始因素设计成原始指标。评价指标体系为四个层次:第一层是综合指标,用以综合反映虚拟企业的状况;第二层是一级指标,用以反映虚拟企业评价的几大方面;第三层是用户自定义的二级指标,用以反映虚拟企业某一重要侧面;第四层是原始指标,它是唯一由用户直接赋值的指标,用以反映虚拟企业与某一具体要求的符合度。

8.3.10 评价模型设计

指标及其分析方法是系统处理的核心,指标维护功能十分重要。一级指标下原有指标新权重确定公式如下:

新权重 i=(100-新增指标权重)* 旧权重 i/100

系统修改其余同级指标权重,公式如下:

剩余同级指标权重 i=(100-∑同级选中指标权重)* 修改指标原权重 j/100

当虚拟企业评价经过系统评分、专家评价后,再对其进行综合评价。综合评价分为两步:第一步综合一级指标评价,第二步根据一级指标汇总得综合指标评价。

$$评价一级指标=\frac{\sum 评价原始指标 * 原始指标权重}{\sum 原始指标权重}$$

$$评价综合指标=\frac{\sum 评价一级指标*一级指标权重}{\sum 一级指标权重}$$

虚拟企业评价支持系统采取面向评价过程，集“办公支持、信息支持、模型支持一体化”的设计思想，对评价的非结构化问题，可以调集各方面信息资源，形成一个有效的评价支持环境，使虚拟企业的管理水平跨上一个新台阶。

8.4　VE 评价系统中模型库与知识库的接口

8.4.1　VE 评价系统中模型库与知识库

VE 评价系统中知识库为 VE 评价提供定性分析和问题求解，这在处理病结构评价问题和实现评价系统灵活性上是必不可少的。由于是处理复杂评价问题，它常常不能按其推理机制一次得到问题的结果，需要根据评价的不同阶段多次启动，同时要实现与其他部件的信息交换。这要求知识库根据评价需要选择和激发相应的问题求解的推理机制。由于知识本身的固有特性(不精确性)，知识库只能做评价过程中的前段处理或结果分析，问题求解的结果常带有一定的不可靠性。

模型是对评价过程进行定量分析的重要手段。对于病结构评价问题，不能指望通过模型分析一次得到问题的解，必须根据定性分析的结果和评价的不同阶段选择和触发不同模型。模型的灵活管理和模型的推理能力是实现集成所希望的。

模型库与知识库的结合直观上是利用两个领域各自的成功技术，相互补充，提高评价支持系统的功能和效率，处理 VE 评价的复杂问题。其结合不仅涉及模型库与知识库的连接与集成，也涉及 AI 技术和模型定量方法的相互应用和补充。在此讨论两库的接口技术，并研究其相互应用和补充。

将 AI 技术应用于问题分析与模型管理，给出模型库(MB)与知识库(KB)的层次接口框架，把模型库与知识库之间的接口分为三个层次：

1. 通讯层　用于实现 KB 与 MB 之间的数据交换。由于 KB 与 MB 中信息的表示方法不同，这两种信息的交换必须进行相应的转换。

2. 连接层　实现 KB 的问题求解与 MB 模型计算之间的相互触发和调用。这种触发和调用必须根据对方的需求与评价问题的特点从众多方案中进行选择。必要时还要实现相应的组合、修改等操作。

3. 问题分析与集结层　建立面向用户问题的 KB 与 MB 的集成环境，通过问题识别自动建立集成规则并形成相应操作。

上述接口框架中各层之间关系如图 8－12 所示，图中虚线部分为框架的三层接口。问题分析与集成层是系统的主推理机，由它根据集成需要调用 KB 与 MB 的连接层和通讯层。

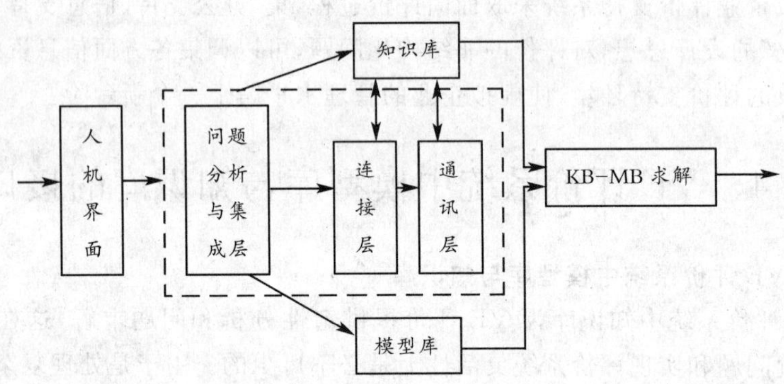

图 8-12　层次接口框架

8.4.2　通讯层

信息交换是两库接口的基础。接口通讯层负责将模型运算的结果传输到知识库，转换成知识库的内部表示；将知识库的问题求解结果传输到模型库，转换成模型的有关参数或特征描述。

由于模型库与知识库所处理的信息类型有较大差异，在 KB 与 MB 中的问题描述方式、管理方法、采用的语言和工具等方面都不同，甚至是不同机器或不同操作系统，要实现信息交换必须有相应信息转换接口。针对一般情形，设计基于中间码的信息交换接口，如图 8-13 所示，中间码是 KB 与 MB 的共享形式。

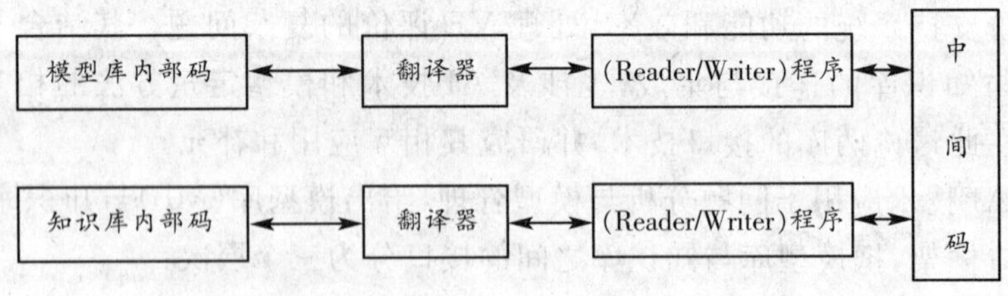

图 8-13　模型库与知识库的信息转换接口

KB 与 MB 之间的信息交换是通过翻译器 Reader/Writer 和中间码实现，这种结构便于各库的独立设计与开发。

每次 KB 与 MB 交换的信息在类型、表示格式、存放路径不同，通讯中必须根据不同交换的需要，实现相应的翻译和 Reader/Writer，由如下两种方法实现：

1. 建立专用翻译器　分析 KB 与 MB 之间交互的各种需要，设计相应的翻译器和 Reader/Writer 程序，建立通讯层规则。能根据不同情况，选择和触发

KB－中间码－MB 的双向翻译器和 Reader/Writer 程序。

2. 建立通用翻译器　通用翻译器将通讯规则作为识别的一部分，通过建立 KB－中间码－MB 之间统一约定的信息表示格式和存放路径，实现统一的翻译，同时生成 Reader/Writer 程序。

实现库与中间码之间的翻译与 Reader/Writer 程序是采用与各库相同的工具和语言来开发的。下面是一个由中间码－KB 的翻译器与 Reader/Writer 程序的推理机制。

```
Translation(KB1):－read_data(MIDDLE_CODE)
                    SOURCE(MIDDLE_CODE,Token),!,
                    Pathen(Token).
Translation(－):error(MSG,CURSOR),!.
pathen([ ]).
pathen([Sent/L]):－sentran(Sent),
                    assera(fact_rule(sent!)),
                    pathen(L).
```

read_data 将中间码作为串读入，通过 source 实现词法分析和合法性检验，转换成 PROLOG 中的表。第二条 translation 规则是给出出错信息。第二条 pathen 规则是将上述 PROLOG 中的表通过内部匹配，分解后形成相应的规则或事实由 assera 逐一加入到知识库中。

采用基于数据库的 KB－MB 信息交换是虚拟企业评价系统的可行方案，中间码是数据库中的基表。各库之间具有相关性，数据库有较完善的信息管理方法，为三库的统一协调提供良好的接口和环境。

8.4.3　连接层

KB 与 MB 的连接层是用于实现 KB 与 MB 程序的相互调用和触发的，问题分析时按规则建立 KB 与 MB 集成，KB 与 MB 运行过程中相互调用，KB 与 MB 能根据需要选择(或生成)相应的分析方法。扩展模型库的演绎能力是过程调用的基础。

1. 模型的谓词描述与生成　一个模型(或模型单元)表示为如下框架：

模型名	模型关系	左表达式	右表达式

相应的谓词表示为：

model_name(Model－relation(Model_left,Model_right))

基于谓词表示的模型为模型的动态生成和智能管理提供可能，下面是一个优化模型的目标生成过程：

```
Model_build(MODEL):—build(MODEL).
build([MODEL_UNIT/L]):—opt(MODEL_UNIT), build(L).
opt(mini(equ(—,Y))):—eqr(Y),objective(N).
                      retract(objective(N)),
                      N=N+1
                      asserta(objective(N)).
eqr(plus(X1,Y1)):—eqr(X1),eqr(Y1)
eqr(minus(X1,Y1)):—eqr(Y1),eqr(X1)
⋮
```

扩展模型的演绎功能不仅为 KB 模型的生成与管理提供良好环境，实现知识库表示的一致性，而且为 KB 与 MB 的连接提供统一推理框架。

2. 过程调用　过程调用是 KB 与 MB 之间的相互调用，它以演绎的模型库为基础。过程调用的实现有两种：解释和翻译。

解释实现指 KB 与 MB 的相互调用发生在两库的执行期间。在模型运行期间，遇到某一操作停止而访问知识库，当 KB 结果被转化为 MB 指定形式并存入内存后，模型继续执行，其过程如图 8-14 所示。

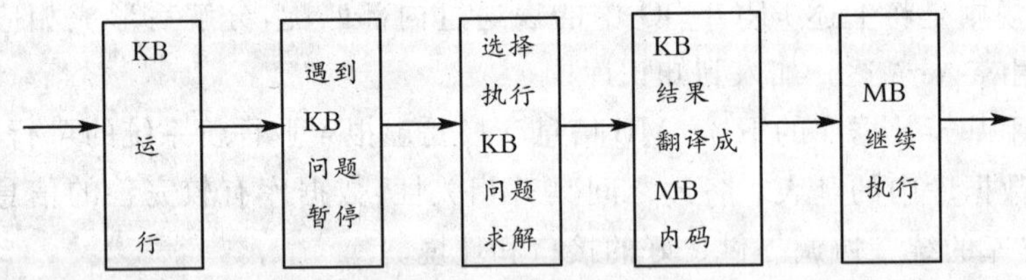

图 8-14　调用的解释过程

KB 问题求解过程调用 MB 的解释执行过程如下：

```
call_mb(x):—model_trans(X),system("MDL")
            mb_kb_trans,
            continue_kb(relation(Z)).
```

其中，model_trans 将需求翻译成 MB 的某个问题；system("MDL")通过模型演绎，执行 MDL 命令；mb_kb_trans 将 MB 运行结果通过通讯层转化为 KB 的内部表示；continue_kb 继续执行 KB。

调用过程涉及两层翻译：一是把 KB 与 MB 之间的需求转化成另一库，这是由 KB 与 MB 中的问题触发规则决定的；二是信息通讯之间进行转换，这是由通讯层实现的。

在解释实现中，遇到对另一库的需求能立即进行访问和转换，相互交互频繁，保证每一问题的完整性。编译实现设法使 KB 与 MB 之间相互调用次数减少，它将 KB 与 MB 之间的多次相互调用集中在一次完成。

8.4.4 问题分析与集成层

KB 与 MB 的连接与通讯取决于评价系统中的问题需要。通过对问题的分析和识别，将 MB 中相应的模型计算与 KB 中的问题求解有机集合，为问题求解生成相应的程序，这是接口问题分析与集成层的主要作用，实现过程如图 8－15 所示。

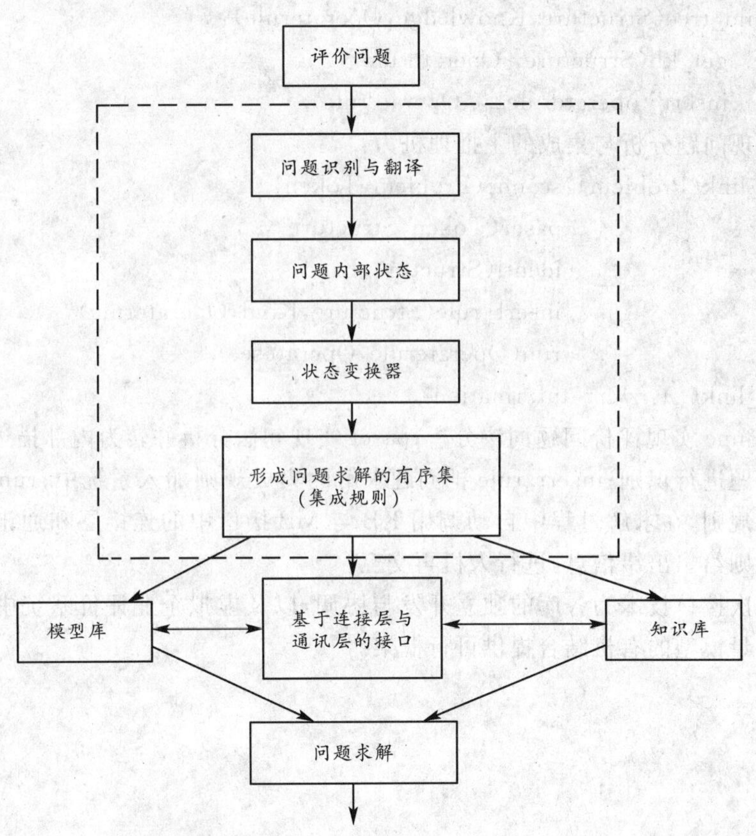

图 8－15　接口问题分析与集成层的实现过程

问题识别与翻译是把评价问题转化为系统的内部表示，它与问题分析与集成有关，从问题内部表示到操作的集成是问题分析与集成的主要任务。

状态变换器是问题分析的规则集。状态变换器根据规则，把问题的内部状态按类转化为有序的操作算子(集成规则)，由集成规则触发 KB 与 MB 的相应运行。

KB与MB集成规则的填加过程，是求解树的生成过程。通过不断生成新子树，把每一结点转化为KB或MB的操作：

```
rule(Structure,Kind,Operaterule):-
    build_tree(Structure,Kind,Operaterule).
build_tree(Structure,Kind,Operaterule):
    get_model(Structure,Operaterule),
    insert_ operaterule1 ( Operaterule).
build_tree(Structure,Knowledge,Operaterule):-
    get_kb(Structure, Operaterule),
    insert_ operaterule2 ( Operaterule).
```

实现问题分析与集成的主推理机为：

```
ui_link(Problem):scanne(Problem,Token)
                 paser(Token,Structure),
                 identi(Structure,Kind),
                 insert_rule(Structure,Kind,Operaterule),
                 run(Operaterule,Operateset).
ui_link(_):-err(Information).
```

scanne实现评价问题词法分析；paser实现句法分析并转为内部描述；identi是对问题进行识别；insert_rule把问题求解的集成规则加入系统中；run谓词触发操作规则，在求解过程中自动调用KB与MB接口中的连接层和通讯层。第二条规则给出出错信息，进行人机再交互。

层次接口技术为各库的独立开发与协调，以及虚拟企业评价系统中定性分析与定量模型的有机结合提供可行框架。

第 9 章　虚拟企业成员间利益分配

对参与虚拟企业的伙伴来说，其根本目的是为了取得一定的经济收益。虚拟企业建立之后，在成员间合理分配利益是合作成功的关键，建立企业间合理的利润分配机制是保证虚拟企业高效运转的关键要素。国内外研究人员对此问题都进行深入研究[37~41]，本章在广泛搜集资料的基础上，对虚拟企业利益分配的理论和方法进行系统归纳和探讨。

9.1　收益分配的模糊综合评判法

9.1.1　确定分配比例的基本原则与计算

假设虚拟企业由 n 个伙伴组成，其中伙伴 i 的收益分配比例为 a_i，风险系数为 R_i，投资额为 I_i，得到的收益为 V_i，且虚拟企业中收益/风险分配遵循“风险分担，收益共享”的根本原则，则虚拟企业伙伴的收益分配比例 a_i 应与它所承担的风险 R_i 密切相关。同时，由于投资的不可逆性，在收益/风险分配比例中也要考虑到伙伴投资的机会成本，所以伙伴的收益分配比例 a_i 还应与伙伴的投资额 I_i 密切相关。综合考虑，a_i 应由 R_i 和 I_i 共同决定，即 a_i 可以表示为 $a_i(R_i, I_i)$，伙伴收益分配的原则如下：

1. 虚拟企业的收益应全部由伙伴分享，即应有 $\sum_{i=1}^{n} a_i = 1$。

2. 伙伴得到的收益应随伙伴承担风险大小递增，即应有 $\frac{\partial a_i}{\partial R_i} > 0$。

3. 伙伴得到的收益应随伙伴付出投资多少递增，即应有 $\frac{\partial a_i}{\partial I_i} > 0$。

4. 根据多赢规则，不能出现某一部分伙伴分得收益的同时，另一部分伙伴却没有分得收益的情况。即应有：对于任意的伙伴 i，若它的收益 $V_i = 0$，则其他伙伴的收益也都为零；对于任意的伙伴 i，若它的收益 $V_i > 0$，则其他伙伴的收益也都大于零。于是，$V_i = [I_i \times R_i / \sum_{t=1}^{n} I_t \times R_t] V$

式中，R_i 为风险系数，表示与伙伴 i 相关的风险事件发生的概率，且 $R_i \in (0,1)$。

它是对伙伴 i 所承担风险(包括市场风险、技术风险、连接风险等)的评价。I_i 为投资额,是伙伴 i 的所有研发投入(包括启动资金、人力成本及融资成本等)折算成资金形式的数额。虚拟企业中伙伴的收益分配比例为 $a_i = I_i \times R_i / \sum_{t=1}^{n} I_t \times R_t$。

9.1.2 投资额的确定

虚拟企业中伙伴的投资额应该包括伙伴的所有投入,具体包括:①启动资金,包括伙伴用于购置研发设备、仪器、技术专利等的事前投资。②人力资本的价格,包括伙伴雇用工程师、技术专家和普通技术工人等的人力成本。③融资成本,不仅考虑伙伴的融资数量,还要考虑伙伴的融资成本。投资额的确定有事前确定和事后确定两种方法,事前确定是指伙伴的研发投资额根据伙伴申报的研发预算来确定;事后确定则是在项目研发成功以后,根据各伙伴在研发过程中的实际付出来确定伙伴的研发投资额。具体采取哪种确定方法,可以根据实际情况确定。

9.1.3 伙伴风险系数的确定

伙伴 i 承担风险分为市场风险 R_{iM}、技术风险 R_{iT} 和合作风险 R_{iC},如图 9-1。

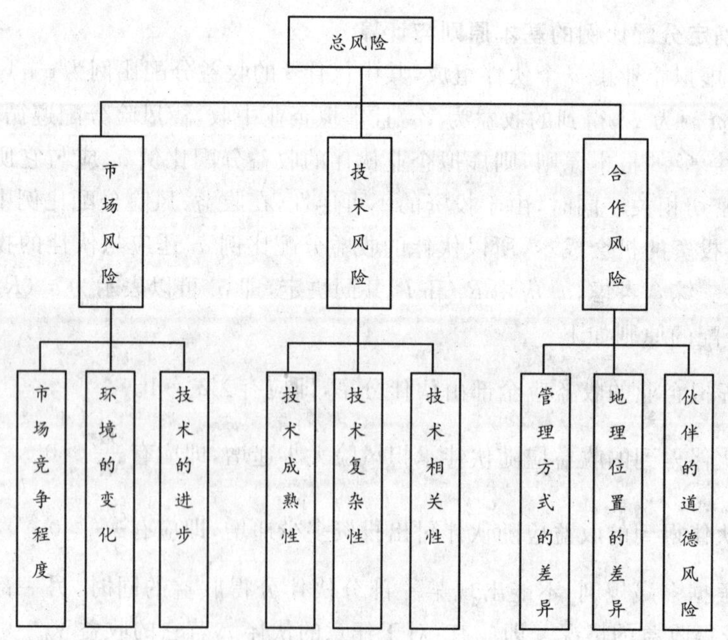

图 9-1 虚拟企业伙伴承担的主要风险

从虚拟企业整体来看，市场风险属于系统的外部风险，技术风险和合作风险属于系统的内部风险。其中技术风险是指对虚拟企业伙伴所负责的研发部分的技术难度或技术不确定性。尽管在虚拟企业中各伙伴是根据核心能力原则进行分工的，但这并不意味着伙伴的技术风险就不存在了。合作风险是指虚拟企业中的各伙伴由于相互地理位置的不同，企业文化和管理方式的差异以及沟通、伙伴信用等问题，导致合作过程中出现巨大分歧，发生伙伴退出甚至虚拟企业解体的合作危机。

采用模糊综合评判法来确定市场风险系数 R_M、技术风险系数 R_T 和合作风险系数 R_C，则伙伴 i 的风险系数为：$R_i=1-(1-R_{iM})(1-R_{iT})(1-R_{iC})$。

9.2　收益分配的博弈模型

定义各成员行动策略选择时以集体利益为目标（即以虚拟企业的整体利益最大为目标）的行动策略称为合作，而以个体利益为目标（即以自身的利益最大为目标）的行动策略称为不合作。从博弈论的观点来看虚拟企业的组建和运行过程，可以分为两步：第一步，双方共同确定一个彼此都认可的合理的利润分配方案（系数），这一步是一个合作博弈的过程；第二步，在确定的利润分配系数下，双方各自确定自己对虚拟企业的努力水平，以使自己的净收益（即支付）最大，这一步是一个非合作博弈过程。那么，这其中主要有两个问题需要研究：虚拟企业最合理的收益分配系数，虚拟企业各成员在协议的收益分配方案下选择自己的最优行动。

9.2.1　问题的描述与模型的建立

由于虚拟企业组建和运行过程中成员之间存在“私有信息”，造成了信息的非对称性。信息的非对称性分为两种情况：第一种是外生性非对称信息，这类信息在合作关系生成之前就已经存在，它是指参与虚拟企业的成员固有的特征和性质等方面非行为因素造成的信息，如企业的核心能力的独特性和相对重要性以及工作质量、人员素质、成本等，将这类信息抽象为成员对虚拟企业的贡献系数和成本系数；第二种是内生性非对称信息，它是在合作关系已经生成之后，由于成员企业之间的“败德行为”，如工作不努力、偷懒等造成的，将这类信息抽象为成员工作的努力程度。以上两类信息的非对称性决定了利益分配的不对称。

设虚拟企业是由两个成员 A、B 组成的（其中成员 A 为盟主，成员 B 为盟员），二者均符合理性人假设，且两成员对待风险的态度是不同的。成员 B（盟员）为风险厌恶，即回避风险；成员 A（盟主）为风险中性，即不回避也不喜好风险。由于虚拟企业任务的完成离不开创新性活动，各成员企业的成本由两部分组成:陷入性成本和创新性成本。对虚拟企业的每一次任务来说,陷入性成本可以计算和度量,是相对固定的,可以认为是与努力程度无关的一个常数。而创新性成本与努力程度相关,它随努力程度的增加而增加,且增加的速度加快。

记 a,b 分别表示两个成员的工作努力水平;α,β 表示 A,B 工作的贡献系数(其大小取决于该企业的核心能力的独特性和相对重要性);γ,δ 表示 A,B 的创新性活动的成本系数;CA_x,CB_x 和 $CA(\gamma a),CB(\delta b)$ 分别表示成员 A,B 的陷入性成本和创新性成本。这里 $\alpha,\beta,\gamma,\delta,CA_x,CB_x$ 均为大于 0 的常数。

设虚拟企业的总收入为 $R(\alpha a,\beta b)$,A,B 在总收入中的分配比例分别为 s 和 $1-s$,其中 $0\leqslant s\leqslant 1$;盟主 A 按照线性关系 $T+(1-s)R$ 给盟员 B 支付报酬,其中 T 为盟主 A 支付给盟员 B 的固定报酬;G 为虚拟企业的净收益,P,Q 分别为 A 和 B 的净收益。则有

$$\left.\begin{aligned}G&=R(\alpha a,\beta b)-(CA_x+CA(\gamma a))-(CB_x(\delta b))\\P&=sR(\alpha a,\beta b)-(CA_x+CA(\gamma a))-T\\Q&=T+(1-s)R(\alpha a,\beta b)-(CB_x+CB(\delta b))\end{aligned}\right\}$$

不失一般性,假设两成员的创新性成本及虚拟企业的总收入均为努力水平的二次函数:

$$CA(\gamma a)=CA_0+0.5(\gamma a)^2$$
$$CB(\delta b)=CB_0+0.5(\delta b)^2$$
$$R(\alpha a,\beta b)=0.5(\alpha a+\beta b)^2+(\alpha a+\beta b)+R_0$$

其中,CA_0,CB_0,R_0 为常数;$\alpha<\gamma,\beta<\delta$ 以保证虚拟企业净收益 G 的收敛性,即 $\frac{\partial^2 G}{\partial a^2}<0,\frac{\partial^2 G}{\partial b^2}<0$。各函数式中加系数 0.5 是为了后面运算化简的方便,可以通过对 0.5 开方计入贡献系数或成本系数而将各函数式的系数化为 1,并不影响各变量之间的函数关系。

于是有

$$G=0.5(\alpha a+\beta b)^2+(\alpha a+\beta b)+R_0-(CA_x+CA_0+0.5(\gamma a)^2)-(CB_x+CB_0+(\delta b)^2) \tag{9-1}$$

$$P=s(0.5(\alpha a+\beta b)^2+(\alpha a+\beta b)+R_0)-(CA_x+CA_0+0.5(\gamma a)^2)-T \tag{9-2}$$

$$Q=T+(1-s)(0.5(\alpha a+\beta b)^2+(\alpha a+\beta b)+R_0)-(CB_x+CB_0+0.5(\delta b)^2) \tag{9-3}$$

9.2.2 确定最优努力水平

逆推考虑双方博弈的第二步,假定收益分配比例已定,分析各成员会怎样选择自己的行动(即努力水平)。根据公式(9-2)和(9-3)分别对 a,b 求偏导,可

得到各成员为追求自身利益最大在纳什均衡时的努力水平 a^0，b^0

$$\frac{\partial P}{\partial a}=s(\alpha(\alpha a+\beta b)+\alpha)-\gamma^2 a=0 \tag{9-4}$$

$$\frac{\partial Q}{\partial b}=(1-s)(\beta(\alpha a+\beta b)+\beta)-\delta^2 b=0 \tag{9-5}$$

由(9－4)和(9－5)求得

$$a^0=\frac{s\alpha\delta^2}{\gamma^2\delta^2-s\alpha^2\delta^2-(1-s)\beta^2\gamma^2} \tag{9-6}$$

$$b^0=\frac{(1-s)\beta\gamma^2}{\gamma^2\delta^2-s\alpha^2\delta^2-(1-s)\beta^2\gamma^2} \tag{9-7}$$

于是

$$\frac{a^0}{b^0}=\frac{s\alpha\delta^2}{(1-s)\beta\gamma^2} \tag{9-8}$$

9.2.3　确定最优分配系数

由公式(9－6)和(9－7)可知，纳什均衡努力水平 a^0、b^0 均为 s 的函数，而此时虚拟企业的总体净收益 G 又是 a^0、b^0 的函数，G 也是 s 的函数。为了获得使净收益 G 最大的 s，将 G 对 s 求偏导：

$$\frac{\partial G}{\partial s}=\frac{\partial G}{\partial a^0}\frac{\partial a^0}{\partial s}+\frac{\partial G}{\partial b^0}\frac{\partial b^0}{\partial s} \tag{9-9}$$

由式(9－6)和(9－7)得

$$\frac{\partial a^0}{\partial s}=\frac{\alpha\delta^2(\gamma^2\delta^2-\beta^2\gamma^2)}{((\gamma^2\delta^2-\beta^2\gamma^2)+s(\beta^2\gamma^2-\alpha^2\delta^2))^2} \tag{9-10}$$

$$\frac{\partial b^0}{\partial s}=\frac{-\beta\gamma^2(\gamma^2\delta^2-\alpha^2\delta^2)}{((\gamma^2\delta^2-\beta^2\gamma^2)+s(\beta^2\gamma^2-\alpha^1\delta^2))^2} \tag{9-11}$$

由式(9－1)分别对 a^0、b^0 求偏导，得

$$\frac{\partial G}{\partial a^0}=(\alpha a^0+\beta b^0)\alpha+\alpha-\gamma^2 a^0 \tag{9-12}$$

$$\frac{\partial G}{\partial b^0}=(\alpha a^0+\beta b^0)\beta+\beta-\delta^2 b^0 \tag{9-13}$$

根据式(9－4)，有

$$(\alpha a^0+\beta b^0)\alpha=\alpha=\frac{\gamma^2 a^0}{s}$$

根据式(9－5)和(9－8)，有

$$(\alpha a^0+\beta b^0)\beta+\beta=\frac{\delta^2 b^0}{1-s}=\frac{\beta}{s\alpha}\gamma^2 a^0$$

将以上两式分别代入式(9－12)和(9－13)，可得

$$\frac{\partial G}{\partial a^0}=\frac{1-s}{s}\gamma^2 a^0 \tag{9-14}$$

$$\frac{\partial G}{\partial b^0}=\frac{\beta}{\alpha}\gamma^2 a^0 \tag{9-15}$$

将式(9－10)、(9－11)和式(9－14)、(9－15)代入式(9－9)，得

$$\frac{\partial G}{\partial s}=\frac{\gamma^2(a^0)^2\left(\frac{1-s}{s}\alpha\delta^2(\gamma^2\delta^2-\beta^2\gamma^2)\right)-\frac{\beta^2\gamma^2}{\alpha}(\gamma^2\delta^2-\alpha^2\delta^2)}{((\gamma^2\delta^2-\beta^2\gamma^2)+s(\beta^2\gamma^2-\alpha^2\delta^2))^2}$$

令$\frac{\partial G}{\partial s}=0$，有

$$s^0=\frac{\alpha^2(\delta^2-\beta^2)}{\alpha^2(\delta^2-\beta^2)+\beta^2(\gamma^2-\alpha^2)}$$

$$1-s^0=\frac{\beta^2(\gamma^2-\alpha^2)}{\alpha^2(\delta^2-\beta^2)+\beta^2(\gamma^2-\alpha^2)}$$

虚拟企业的两个成员 A 和 B 之间分别按 s^0 和 $1-s^0$ 分配比例分享总收入时，可使虚拟企业的总体净收益最大，此为最优分配系数。

9.3 收益分配的委托一代理模型

9.3.1 虚拟企业利润分配模型

设成员企业付出生产性成本 C_{B0}，付出创新性努力 t_B，相应的创新性成本为 $C_B(t_B)$，且 $C'_B(t_B)>0$，$C''_B(t_B)>0$，即创新性努力增加，则创新性成本增加且增速加快；设盟主企业只付出创新性努力 t_A，相应创新成本为 $C_A(t_A)$，且 $C'_A(t_A)>0$，$C''_A(t_A)>0$。又设敏捷虚拟企业创造的总收益为 $R=f_A(t_A)+f_B(t_B)+\xi$，其中，$f_A(t_A)$和 $f_B(t_B)$分别为盟主企业和成员企业对总收益的贡献，且均随创新性努力的增加而增加，但增加速度在不断减缓，即 $f'_A(t_A)>0$，$f''_A(t_A)<0$，$f'_B(t_B)>0$，$f''_B(t_B)<0$；ξ 为环境随机干扰变量，服从 $N(0,\sigma^2)$的正态分布。设虚拟企业成员享有通常的线性提成计划 $S=S_0+b\cdot R$，其中 S_0 为固定报酬，b 为收益分成系数($0\leqslant b\leqslant 1$)。于是盟主企业所得利润为 $\pi=R-C_A(t_A)-S$，相应的盟主企业效用函数为 $v(\pi)$。成员企业所得利润为 $w=S-C_B-C_B(t_B)$，相应的成员企业效用函数为 $u(w)$。由于随机因素 ξ 的作用，R、π、S、w 均服从正态分布。

将盟主企业最大化自身期望效用作为利润分配模型的目标函数，而将成员企业最大化自身期望效用作为模型的约束条件，则该约束条件分为参与约束和激励相容约束两种。参与约束即成员企业参与联盟的收益不得小于不参与联盟

时的保留效用;激励相容约束是指任何利润分配机制下成员企业都会根据自身效用最大化选择自己的行动。设成员企业的保留收入为 w_0,相应的保留效用为 $u(w_0)$。则虚拟企业利润分配的一般模型可描述如下:

$$\max_{t_A,t_B} E[v(R-C_A(t_A)-S]$$

$$s.t.\ E[u(S-C_{B0}-C_B(t_B))]\geqslant u(w_0)$$

$$\max_{t_B} E[u(S-C_{B0}-C_B(t_B))]$$

9.3.2　确定虚拟企业利润分配

虚拟企业在其整个生命周期中必然要面临市场风险,假定盟主企业为风险中性,即盟主企业的期望效用等于期望收入,不存在风险成本;而成员企业为风险回避,即收益风险会给成员企业带来额外的风险成本,用 $k(k>0)$ 表示成员企业的风险回避系数,则风险成本 $C_F(w)$ 为:

$$C_F(w)=\frac{1}{2}k\cdot Var(S)=\frac{1}{2}kb^2\sigma^2$$

于是上述一般模型的等价确定型形式为

$$\max_{t_A,t_B,b}(1-b)[f_A(t_A)+f_B(t_B)]-C_A(t_A)-S_0 \tag{9-16}$$

$$s.t.\ S_0+b[f_A(t_A)+f_B(t_B)]-\frac{1}{2}kb^2\sigma^2-C_{B0}-C_B(t_B)\geqslant w_0 \tag{9-17}$$

$$t_B\in\arg\max[S_0+b[f_A(t_A)+f_B(t_B)]-\frac{1}{2}kb^2\sigma^2-C_{B0}-C_B(t_B)] \tag{9-18}$$

由(9-18)对 t_B 求极值,得成员企业最优的创新性努力满足

$$bf'_B(t_B)=C'_B(t_B) \tag{9-19}$$

将(9-17)代入(9-16),得盟主企业的目标函数为

$$\max_{t_A,t_B,b}[f_A(t_A)+f_B(t_B)]-C_A(t_A)-\frac{1}{2}kb^2\sigma^2-C_{B0}-C_B(t_B)-w_0 \tag{9-20}$$

根据式(9-20)求最优的 b,并考虑(9-19)得:

$$b=\frac{1}{\frac{k\sigma^2}{f'_B(t_B)\cdot t'_B(b)}+1}$$

9.4　收益分配的其他模型

设虚拟企业由 n 个成员企业组成,n 家企业形成的联盟记为 N,其中部分企业形成的小联盟记为 S,S 是 $N=\{1,2,\cdots,n\}$ 的一个子集。

9.4.1　夏普利值(Shapley)法

这种方法是将合作对策 $\langle N,V\rangle$ 的 Shapley 值作为每个成员的分配额,即

$$x_i=\sum_{|S|=1}^{n}\frac{(|S|-1)!\ (n-|S|)!}{n!}[V(S)-V(S-i)]$$

式中，$|S|$表示内部联盟成员的个数；V为定义在N的所有子集上的一切收益函数；n是局中人个数；N是所有局中人构成的集合；x_i表示局中人i在合作对策$\langle N,V\rangle$中应得到的期望收益。夏普利值是一种概率解释。假定局中人依随机次序形成联盟，各种次序发生的概率假定相等，均为$1/n!$。局中人在与前面$|S|-1$人形成联盟S，局中人i对这个联盟的贡献为$V(S)-V-\{i\}$。$S-\{i\}$与$N-S$的局中人相继排列的次序为$(|S|-1)!\ (n-|S|)!$种，因此，各种次序出现的概率为：$(|S|-1)!\ (n-|S|)!\ /n!$。根据这种解释率，局中人i所作贡献的期望正好就是夏普利值。

9.4.2 Nash 谈判模型

在虚拟企业利益分配过程中，往往需要通过各成员企业之间相互协商或谈判来解决。谈判过程中，如果各成员企业能遵守一定的“合理性”假设，那么Nash谈判模型的解即为满足这些“合理性”假设的解。

Nash谈判模型的唯一理性解$U=\{u1,u2\}$应满足$(u1,\ u2)\in F$（在可行集内），$u_1\geqslant c_1$，$u_2\geqslant c_2$（不劣冲突点），且使$(u_1-c_1)(u_2-c_2)$最大。在虚拟企业利益分配中，v_i表示第i个成员单独行动时的收益，u_i表示第i个成员谈判后的利益分配值。那么记虚拟企业利益分配向量$U=\{u_1,u_2,\cdots,u_n\}$，其解即为下面规划问题的最优解。

$$\max\ \prod_{i=1}^{n}(u_i-v_i)$$

$$s.t.\ \sum_{i=1}^{n}u_i=v(N)$$

$$u_i\geqslant 0$$

其中，$v(N)$表示虚拟企业的总收益。

9.4.3 简化 MCRS 方法

确定利益分配向量的上下界，$X_{\min}\leqslant X\leqslant X_{\max}$。其中$X_{\min}=(l_1,l_2,\cdots,l_n)$，$X_{\max}=(u_1,u_2,\cdots,u_n)$。然后由点$X_{\min}$与$X_{\max}$连线与超平面$\sum_{i=1}^{n}X_i=v(N)$的交点$X^*$作为解值，即由$X=X_{\min}+\lambda(X_{\max}-X_{\min})$和$\sum_{i=1}^{n}X_i=v(N)$求解得到。

简化MCRS方法是直接定义

$$X_{\max}=v(S)-V(S-\{i\}),i\in N$$

$$X_{\min}=u$$

即将各个单位的理想收益和单独行动收益分别作为其最高和最低的收益分配量。

例：A,B,C 三个企业组建的虚拟企业共同开发了某项产品，总收益为240万元，其中 A 单独开发收益为60万元，B 为40万元，C 为20万元；A 与 B 合作共获利20万元，A 与 C 合作共获利140万元，B 与 C 合作共获利100万元，确定虚拟企业收益分配。

1. 利用夏普利值法

$$x_i=\frac{60}{3\times1}+\frac{(120-40)+(140-20)}{2\times3}\frac{240-100}{1\times3}=100\text{ 万元}$$

$$x_i=\frac{40}{3\times1}+\frac{(140-60)+(100-20)}{2\times3}+\frac{240-140}{1\times3}=70\text{ 万元}$$

$$x_i=\frac{20}{3\times1}+\frac{(140-60)+(100-40)}{2\times3}+\frac{240-120}{1\times3}=70\text{ 万元}$$

虚拟企业的利益分配方案为：$X=(100,70,70)$

2. Nash 谈判模型　建立非线性规划：

$$\max z=(u_i-60)(u_2-40)(u_3-20)$$

$$s.t.\ u_i+u_2+u_3=240$$

利用动态规划解得：$u_1=100, u_2=80, u_3=60$。即虚拟企业的利益分配方案为：$U=(100,80,60)$。

3. 简化 MCRS 方法　最理想利益分配向量为：$X_{\max}=(140,100,120)$；最劣利益分配向量为：$X_{\min}=(90,40,20)$，由

$$\begin{cases} X=X_{\min}+\lambda^{*}(X_{\max}-X_{\min}) \\ \sum_{i=1}^{n}x_i=v(N) \end{cases}$$

可得 $\lambda=0.5$，于是 $X=(100,70,70)$。

从三种方法的分配结果来看，Shapley 值法与简化的 MCRS 法得到的结果完全一致，而 Nash 谈判模型与其他两种方法存在一些差异。总的来讲，三种方法得到的利益分配结果还是基本一致的。

第10章 虚拟企业管理系统

供应链、敏捷制造、虚拟企业和动态联盟等概念丰富和发展了CIM的哲理，使得制造业自动化的研究、开发和应用得到了很大的发展。而随着面向对象技术、组件技术、分布对象计算技术、企业模型和信息交换模型技术、代理技术、Internet/Intranet和Web技术的发展，基于软件总线组件集成的研究和产品开发成为热点。

为适应企业向分布式、网络化、全球化发展的趋势，虚拟企业模式要求支持其运作的管理系统是一种能够快速适应企业变化与发展的敏捷化的管理系统。虚拟企业管理系统的实施有助于促进企业间的合作和企业生产模式的转变，有助于提高企业的综合管理水平和经济效益。通过抓住商业流通这个龙头，通过协调、理顺每个企业的购销环节来为企业提供直接的市场信息和广阔的销售渠道，并以此为契机促进企业间的联合，同时也为商家提供了无限的商机。研究利用不断发展的信息技术来支持动态联盟的运作，实现结盟企业的信息集成、功能集成和过程集成，构建一个敏捷化的虚拟企业管理系统对现代制造业具有重大意义。

10.1 虚拟企业管理系统的实现思路

10.1.1 现有企业管理系统的问题及解决方法

要实现虚拟企业的敏捷性，首先必须实现单个节点企业的敏捷性。通过对现有的企业管理系统（MRPII/ERP等）进行深入细致的研究分析后发现，现有的MRPII/ERP系统主要存在的以下问题阻碍了敏捷性的实现：

1. 系统复杂庞大，导致系统实施工作量大、维护难度大、用户修改任务繁重。

2. 系统不易使用，缺乏工作流程自动化功能，对使用人员的能动性要求较高。

3. 自成体系的MRPII/ERP系统与其他应用系统（如办公自动化系统OAS）以及企业的遗产系统集成困难。对于动态联盟企业之间的信息集成，多数实现还是依赖于在各个相关企业之间配备同类的MRPII/ERP系统模块或为需要集成的部分制作专门的接口，这种高耦合特性使得不同的MRPII/ERP系统之间的互操作性能差，很难满足动态联盟中多个不同企业为某一共同目标组成临时利益共同体的要求。

4. 许多现代企业为了适应市场、组织及技术的不断变化，需要重新评估和调整其业务处理结构，即业务流程重组或再造(Business Process Reengineering,BPR)，这将随着市场竞争的日益激烈变得越来越重要。对现有的MRPII/ERP系统而言，每进行一次BPR都意味着重新修改或设计程序，但业务流程重组的周期之长、速度之慢会导致实际上的不可用。如果不能快速灵活地改变企业模型，企业也就不能准确地把握商机进而快速应变。

由此可见，现有企业管理系统的问题在于它们集成的粒度过大，是在子系统的层次上被组织或集成起来的，这就使其灵活性和动态性只能局限在子系统这样一个水平。正是功能划分粒度上的矛盾使得传统系统的体系结构成为实现虚拟企业敏捷性的障碍。而企业业务流程是由企业中不同角色的一系列业务活动所组成的，这显然是一种小粒度的功能划分。动态企业模型要实现业务流程再造，就要求在业务活动这个功能层次上重新对系统进行组织和集成。

要实现敏捷虚拟企业系统就必须对现有的企业管理系统进行深层次的变革和改造，必须触动现有系统的整个集成框架，从根本上改变现行的软件开发方式。需要对系统按合适粒度进行功能划分并将其封装成功能组件，将这些分布在复杂异构网络环境中的各种小粒度的功能组件插装到CORBA软总线上，使它们相互配合形成一个有机的整体，共同完成企业的业务流程。

10.1.2 虚拟企业管理系统的集成框架

1. 业务功能组件的划分 虚拟企业系统中涉及的业务活动很多，包括采购、运输、库存、调度、设计、生产、财务、销售等。为实现系统的快速重构以迅速适应市场的变化，结合虚拟企业框架要求，需要将虚拟企业管理系统中的主要业务活动(如采购、库存、销售等)设计成具有统一结构和接口的业务功能组件。业务功能组件应该是一个具有自治能力(能基于一定目的采取相应行动)、社会能力(能与其他业务功能组件进行交互)和响应能力(能对环境变化作出反应)的自包含问题求解的实体，具有一定的智能。它应设计成开放的，而不是封闭的，它可以通过一致性的消息接口接受其他业务功能组件的请求，通过推理机制调用相应的消息处理方法，为其他业务功能组件提供相应的服务。它还应该具有“自学习”的能力，能在消息处理的过程中积累经验并将其添加到自己的知识库中，不断丰富自己的推理规则，以提供越来越优质的服务。

按主要功能可以把虚拟企业管理系统划分为以下一些常用的业务功能组

件:采购组件、运输组件、库存组件、财务组件、订单组件、销售组件、调度组件、客户服务组件等。制造型企业的业务活动大致可分为三类:购、产、销,而每一类业务活动又可以由一系列的业务功能组件相互配合完成,如表10-1所示。

表10-1 业务活动中业务代理的划分

购	产	销
采购组件	生产组件	销售组件
库存组件(进货)	库存组件(出库、入库)	库存组件(出货)
财务组件(出帐)	设计组件	财务组件(入账)
运输组件	调度组件(资源、时间调度)	运输组件
订单组件(采购单)	订单组件(加工单)	订单组件(销售订单)
供应商组件	计划组件	客户组件
……	……	……

在表10-1中,组成这三类主要业务活动的业务功能组件可以具有相同的功能,也可以具有各自特定的功能。如运输组件在"购"和"销"的过程中所负责的工作是一样的,都负责确定运输路线、运输工具、运输时间,保证在最恰当的时候(保持最小库存甚至零库存)以最快的速度、最低的成本把原材料、半成品从原材料供应商、协作厂家那里运来送入仓库或将成品从仓库运往各分销商、客户。又如库存组件在"购"、"产"、"销"的过程中所负责工作的侧重点是不一样的:在"购"中,库存组件主要负责入库操作及入库原材料、半成品信息的维护;在"销"中,库存组件主要负责出库操作及出库产品信息的维护;在"产"中,库存组件既要负责入库又要负责出库。再如订单组件在"购"、"产"、"销"的过程中,基本业务流程是相似甚至是相同的(创建、修改、撤销订单等),只是各自所处理的数据资源(采购单、加工单、销售订单)不同而已。

通过仔细分析企业业务流程的特点,可以发现业务功能组件非常适合于采用面向对象的编程方法来开发。面向对象理论中封装和继承等特性非常符合业务功能组件的特点。面向对象理论中提供了两种派生模型:从一般类到特殊类的派生模型和从整体类到部分类的派生模型。前者非常适合于订单组件这一类业务功能组件的开发,后者非常适合于库存组件、财务组件这一类业务功能组件的开发。用面向对象的分析和设计方法来开发业务功能组件,便于对已有的对象组件模块的重用,减少重复性开发,降低误码率,从而大大提高开发的效率。

2. 业务功能组件的结构与组织 业务功能组件应该是具有一定智能的、开放性的对象,针对其应用特点,我们提出了一种业务功能组件的结构模型,如图10-1所示。图中业务功能组件的结构模型由以下几个部分组成:

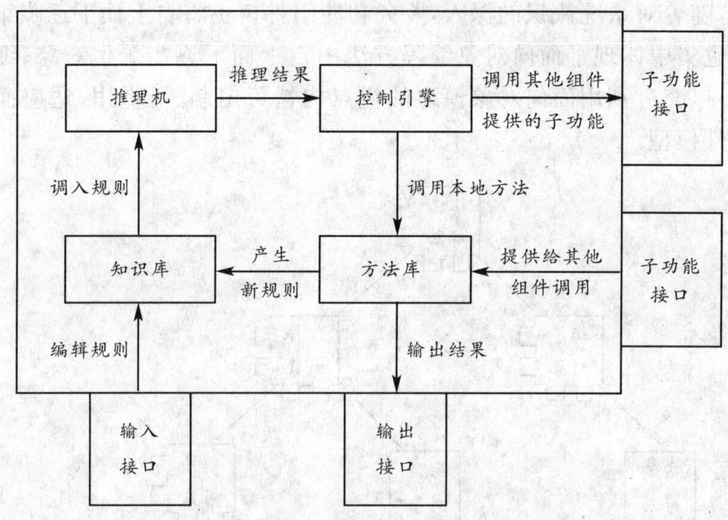

图 10-1 业务功能组件的结构

(1)知识库 存储推理规则。

(2)推理机 从知识库中调入推理规则进行分析和推理。

(3)控制引擎 根据推理机输出的结果决定是调用本业务功能组件方法库中的相应方法还是调用其他业务功能组件方法库中的方法。

(4)方法库 存储方法,方法的调用执行将引起业务功能组件状态的改变。

(5)输入输出接口 响应环境的变化,同其他业务功能组件进行交流与协调,提供用户视图。输入输出流均由实体对象(物料数据、BOM、员工档案、订单、计划、报表等)组成。

(6)子功能调用接口 提供调用其他业务功能组件子功能的接口,通过该接口使业务功能组件之间可以相互调用,合作完成复杂的任务。这样单个业务功能组件的结构就可以尽可能地简单,使其核心功能精炼而高效。

所有业务功能组件在逻辑上都可以组织成一个组件对象的树状层次模型,我们可以先在一个较高的层次上划分业务功能组件,标识业务功能组件的属性和操作,然后再进一步根据业务功能组件的输入输出接口来标识实体对象(叶节点,如图 10-2 中黑框所示),或根据业务功能组件的子功能调用接口来标识下一层业务功能组件(非叶节点),构成的业务功能组件树如图 10-2 所示。计划组件中需要创建 MPS(Master Production Schedule)订单和 MRP(Material Requirements Planning)订单,这个操作可以调用本业务功能组件方法库中的相应方法来完成,而 MPS 计算和 MRP 计算则需要调用生产组件、采购组件中的有关功能来完成。业务功能组件树支持在系统分析的初期从一个较高的层次上来观察系统，随着对系统认识的深入，业务功能组件树也将自上而下逐步细化至叶节点。这也集中体现了面向对象编程方法中自上而下逐步派生对象、细化对象的特点，可以充分利用面向对象模型的优点构造可定制、可重用、适应面广的业务功能组件模型。

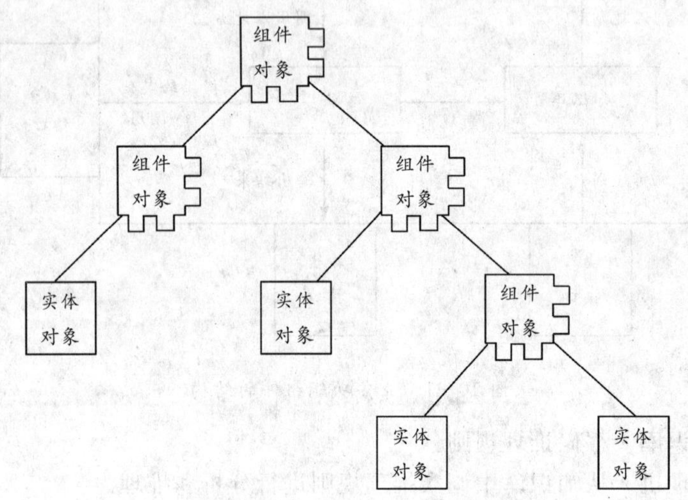

图 10－2 业务功能组件树的结构

3. 多业务功能组件之间的协调 在企业生产过程中，各种业务活动不是各自独立进行，而是相互交织在一起的，有的活动可以并发进行，而有的活动必须以另一个活动的发生为条件，这使得各业务功能组件之间相互影响、相互制约，存在着信息流的交换。而在供应链环境下，企业的生产活动已经超出了本企业的范畴，业务功能组件之间的交流与合作不再局限于企业内部，而是发展为跨企业的交流与合作，这将直接影响到虚拟企业中物流、价值流、资金流、工作流的流动，所以必须加强各业务功能组件之间的约束及冲突管理，使各业务功能组件都能明确自己的职责，互相配合，协调完成生产任务，促进整个供应链的高效运行。我们将提取企业生产过程中的主要业务活动，利用它们的业务功能组件在现有的 MRPII/ERP 业务模型的基础上构建一个供应链环境下企业业务流程的总体模型，以阐述供应链中企业多业务功能组件之间的协调与约束机制。我们所使用的主要业务功能组件及它们之间的协调与约束关系如图 10－3 所示。

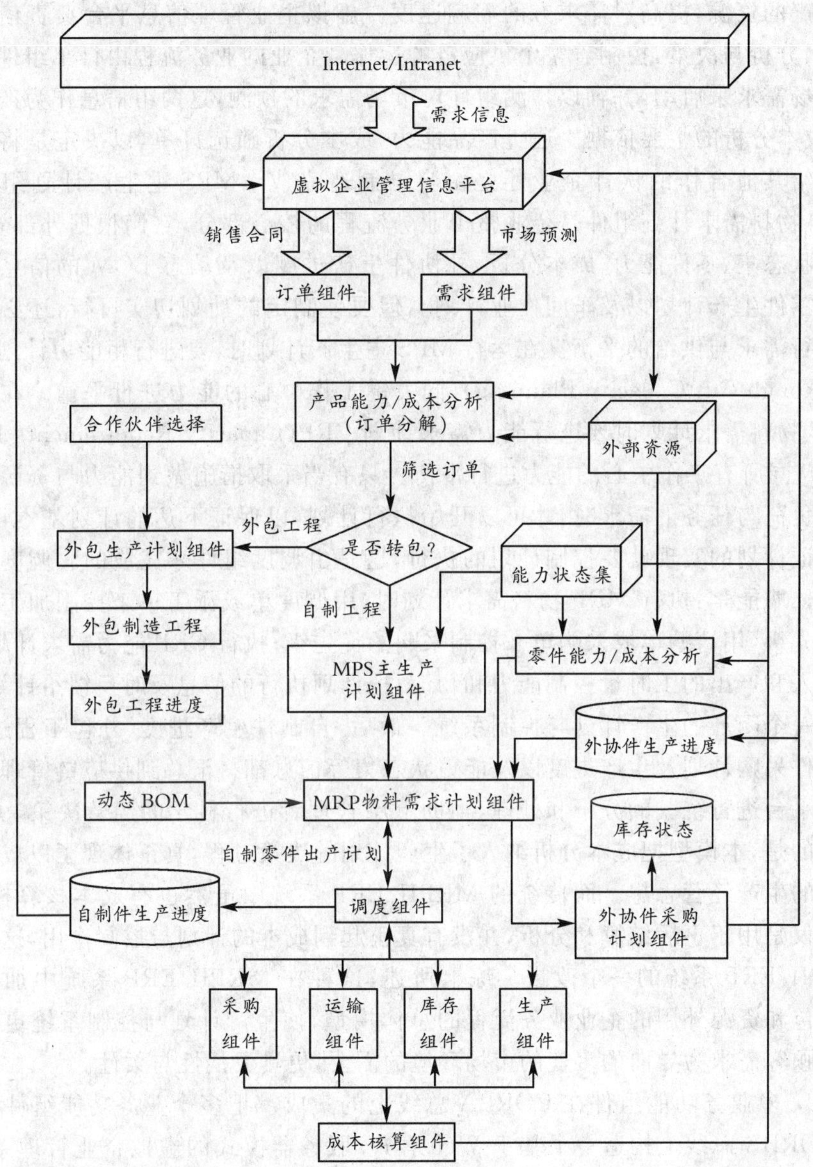

图 10－3　虚拟企业业务流程的总体模型

在虚拟企业环境下，企业间的信息可以通过 Internet 传递，上、下游企业间的供需信息可以直接从不同企业的网站上获得。处于虚拟企业中的企业不是被动地等待需求方提出订货要求再来安排生产，而是主动通过 Internet 了解下游企业的需求信息，提前获取它们的零部件消耗速度，这样就可以主动安排好要投入生产的资源,提高对需求方的响应速度。虚拟企业管理信息平台负责信息的汇总、分析与决策,控制着整个供应链的运作。企业的业务流程由订单组件描述的市场需求来启动,并辅以预测组件对市场需求的预测,这两组信息作为产品能力/成本分析的主要依据。通过产品能力/成本分析筛选订单,以决定是将订单外包给其他合作的伙伴企业还是由自己制造完成。MPS 主生产计划组件和 MRP 物料需求计划组件是企业整个业务流程的核心部分,它们根据外部资源、能力状态集、零件能力/成本分析、外协件生产进度以及动态 BOM 的信息制定自制零件生产计划以及车间作业计划。但要使制定的计划切实可行,还必须反复进行需求与供给的平衡。在运行 MPS 主生产计划时,要进行粗能力计划 RCCP(Rough Cut Capacity Planning),同关键工作中心的能力进行平衡。在运行 MRP 物料需求计划时要进行能力需求计划 CRP(Capacity Requirements Planning),同所有工作中心的能力进行平衡。只有当采取措施做到能力与资源可以满足负荷与任务的需求时,才可以开始执行计划,以保证下达的计划基本可行。要保证计划的实现就要控制计划的执行,这是由调度组件来完成的。调度组件的具体职能是:执行 MRP 物料需求计划时,用调度单或派工单来控制加工生产的优先级,用请购单或采购单来控制采购的优先级;执行 CRP 能力需求计划时,用投入和产出的工时量控制能力和物流;把计划执行的信息及时反馈给计划层,形成一个闭环的生产计划与控制系统。最后,自制件生产进度、外包工程进度、外协件采购计划及生产进度以及能力状态集等信息都将汇总到供应链管理信息集成平台进行统一的分析和处理,辅助上层管理者进行科学的经营决策。值得一提的是,本模型把成本分析纳入了生产计划的决策过程,真正体现了以成本为核心的生产经营思想。而传统的 MRPII/ERP 系统中虽然也有成本核算模块,但仅仅是用于事后结算和分析,并没有真正起到成本的计划与控制作用,这是对 MRPII/ERP 系统的一个改进。综上所述,这种在 MRPII/ERP 系统中加入业务外包和资源外用的企业业务流程的总体模型,使生产计划与控制系统更能适应以顾客需求为导向的多变的市场环境的需要,更具灵活性与柔性。

4. 多业务功能组件在 CORBA 总线上的集成　把多个业务功能组件插装到 CORBA 总线上构造一个基于 Web 客户/服务器模式的虚拟企业管理系统,其基本实现思路如下:

(1)对虚拟企业管理系统进行分析和建模,确定结盟范围内的整个供应网络模型,包括实体模型、单元模型和系统模型。确定客户方和服务器方以及它们各自需要完成怎样的工作,相互之间需要传递怎样的信息。重点是要理清业务流程,使用 IDL 语言描述系统中各个业务功能组件对象的接口。

(2)考虑客户方采用什么样的调用策略。如果采用静态调用,将系统的 IDL

文件通过IDL2Java编译器进行编译，生成相应的桩和构架文件。如果采用动态调用，则需要将IDL文件载入到接口库中。

(3)实现系统中各个业务功能组件的业务逻辑。

(4)编写服务器方主程序，用于创建服务方对象实现的实例，并向ORB内核注册，同时等待接收来自客户方的调用请求。

(5)编写客户方Applet，用于获取服务器方初始对象实现的引用，与用户进行交互，并根据用户指令向服务器方发出调用请求，将返回结果显示给用户。

(6)将客户方Applet和服务器方主程序分别与桩和构架联编，生成相应的软件包，分别发布到各个服务器和客户机上。

通过上述步骤开发出虚拟企业管理系统中的各个业务功能组件，这些组件都是遵循面向对象的程序设计思想，按照CORBA规范实现的，可以很容易地插装到CORBA软总线上。对已有的遗产系统进行深入细致的分析和研究，对其提供的业务功能实体进行封装，也能快速地开发出便于组装的各个业务功能组件。

10.2　异构系统的集成

对于动态联盟企业之间的信息集成，不可能要求各个结盟企业配备同样的信息系统。就是在同一个企业内部也存在着若干个信息系统，如MRPII/ERP系统、PDM系统、CAD系统、财务系统、办公自动化系统等，形成一个个“信息孤岛”。因此如何快速有效地集成这些异构系统已经成为企业信息化道路上碰到的最大问题，迫切需要得到解决。以下将从企业信息系统集成中最具典型的MRPII/ERP系统与PDM系统之间的集成问题出发，初步探讨一下基于CORBA技术的异构系统之间的集成问题。

MRPII/ERP系统在企业中辅助制造资源管理和经营管理决策，而PDM系统则辅助设计人员进行产品的设计和工艺的制定。设计人员在进行产品设计和工艺制定时如果能够及时获得企业资源的使用状况，无疑会对设计的综合优化带来好处。而设计部门产生的产品结构信息、加工工艺信息也正是管理决策系统所需要的基础信息。根据这样的需求分析，我们建立了组件对象模型，并做成产品结构组件、工艺规划组件和资源组件3个组件来处理这两大应用领域之间的信息共享和交换。

产品结构组件的IDL简化描述如下：

```
interface ProductStructureAgent {
```

```
boolean transferBOM (
    in sequence<string> parentPart,
    in sequence<string> childPart,
    in sequence<short> childNum);
};
```

该描述略去了一些信息转换的异常处理，其中的3个参数分别代表父项代码、子项代码和子项数量。

PDM系统经过内封装将产品结构信息表达为约定的数据形式，由产品结构组件调用MRPII/ERP系统的内封装以MRPII/ERP的内部表示形式写入相应的库。对于工艺规划组件，也具有相仿的形式，即PDM系统经过内封装将工艺信息表达为约定的数据形式，由工艺规划组件调用MRPII/ERP系统的内封装以MRPII/ERP的内部表示形式写入相应的库。

资源组件主要将MRPII/ERP系统封装的资源管理服务结合其他领域应用的需要组织起来。虽然从PDM与MRPII/ERP集成的角度来看，资源组件主要是资源使用状况的浏览查询服务，但考虑到MRPII/ERP系统随着基于过程的产品开发管理方法的引入，也将资源的动态申请及释放服务包含在资源组件中。图10-4所示的是参照统一建模语言UML（Unified Modeling Language）的表示方法，略去对象的属性与操作，而着重于结构的企业资源对象模型图。

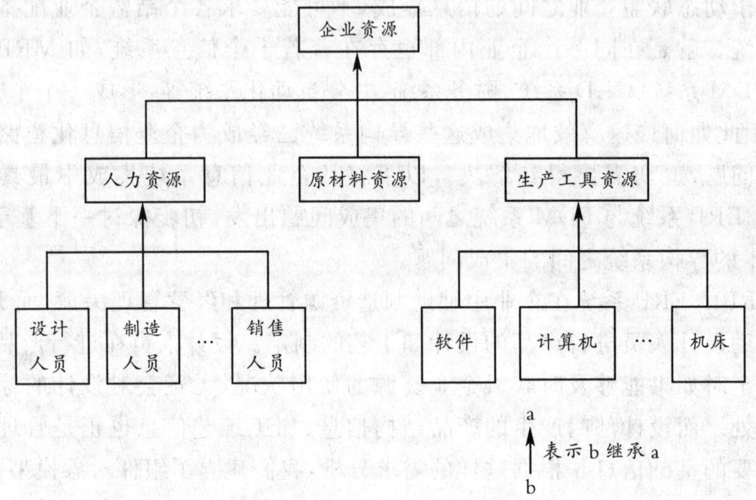

图10-4　企业资源对象模型

下面是企业资源模型中的生产工具资源的IDL简化描述，其中的3个操作分别处理生产工具的查询、申请和释放。

```
typedef sequence<string>stringSeq;
typedef sequence<stringSeq>string2Seq;
interface ProductionToolResource : EnterpriseResource {
attribute double Cost;//成本
  attribute Date import_date; //引进日期
  attribute double now_value; //当前价值
  unsigned short queryPTool_baseinfo (in stringSeq items,
                                      in stringSeq conditions,
                                      out string2Seq results);
//以上 3 个参数分别表示查询项、查询条件和查询结果
  unsigned short requestPTool (in string toolID,
                               in string processID,
                               in unsigned long roleID,
                               in Date borrow_date,
                               in Date prereturn_date);
//以上 5 个参数表示工具号、申请过程号、申请人员角色号、借用日期和预计归还日期
 unsigned short setReleaseDate (in string toolID,
                                in Date releaseDate,
                                in string szProcessID,
                                in unsigned long roleID);
//以上 4 个参数分别表示工具号、实际归还日期、申请过程号和申请人员角色号
};
```

在确定了企业应用的组件对象模型及业务功能组件的主要内容之后，应针对具体的应用系统实现其封装，从中抽取需要的服务，对于个别应用系统不能提供的服务，可通过外围扩展实现。

10.3　系统的主要技术特点

本章的主要目标是利用 CORBA 技术、组件技术和 Web 技术来构建一个敏捷化的虚拟企业管理系统。“敏捷化”要求企业的业务流程能够根据市场和竞争环境的变化灵活地重组和调整，并且为了一个共同的目标能够和其他企业结成一个临时联盟，以充分利用其他企业的制造资源，扬长避短，提高自身的竞争力。

敏捷化对管理信息系统的支持技术提出了更高的要求，它要求的是能够快速灵活地集成分布、异构的复杂系统。为了实现这个目标，本章探讨一种基于组件技术和CORBA技术的企业应用的开发和集成方法，即先将企业业务流程中的业务功能实体按照组件设计的思想封装成业务功能组件，再将这些组件插装到CORBA总线上，CORBA平台提供了协调这些组件运作的底层服务机制，组件之间相互配合共同完成企业的业务活动。为了满足当今Internet应用迅速增长的需要，设计一种CORBA－Web集成模型，该模型采用当今流行的三级应用结构，结合Web数据库的访问技术，给出了一种在Internet上开发CORBA应用系统的软件体系结构。针对虚拟企业管理系统分布、异构的特点，使用Java语言作为系统的主要开发语言，充分利用Java移动代码"一次编译，到处运行"的特点，实现平台无关性，促进异构系统的集成。结合目前MRPII/ERP系统的业务流程特点详细探讨基于组件技术和CORBA技术的虚拟企业管理系统的实现思路，并针对当前企业中最具典型的MRPII/ERP系统和PDM系统之间的集成，探讨企业异构系统之间集成的初步构思。

具体有如下一些技术特点：

1. 适用于分布、异构环境下应用系统的集成　虚拟企业管理系统的集成框架是建立在CORBA平台和Web技术基础上的。CORBA平台是一个完整的、开放的、标准的分布对象计算体系，而Web技术提供了一个统一、方便的对象访问和数据建模平台，通过它我们可以访问由大量MIME类型的超媒体对象链接交织而成的信息空间。两者的结合解决异构平台之间的异地合作问题，为分布异构应用系统之间的信息集成提供信息标准。不同企业异构的信息系统通过Internet和CORBA实现互操作。在系统中同时运行HTTP协议和IIOP协议，HTTP协议用于下载Web页面、图像文件和组件包，IIOP协议则用于客户机和服务器上CORAB对象之间的通信。CORBA使用IDL封装企业业务逻辑形成业务功能组件，CORBA/IIOP则充当插装总线使这些组件对象通过ORB内核彼此通信，并通过JDBC或其他中件访问后端的DBMS系统。

2. 具有良好的可重用性和可重构性　采用CORBA技术和组件技术开发虚拟企业管理系统，由于是以业务功能组件作为开发单位，整个开发过程模块化、流程化，能显著降低开发难度，使开发流程更加清晰，可以很方便地装载或卸载其中的一些组件模块而不影响系统的整体运行，从而有效降低系统管理和维护的成本，能够很好地适应新环境下企业业务流程快速变化和调整的需要，使企业的应用系统具有良好的可重用性和可重构性。

3. CORBA技术和Web技术相互取长补短　CORBA技术和Web技术各有优缺点，两者的结合具有很强的互补性。CORBA对象粒度大，而Web对象粒度小(Web对象主要是指静态的各种MIME类型的资源);Web空间中的对象标识URL全局唯一,而CORBA对象引用可以是非透明和局部唯一的;Web适合于处理非结构化的数据,它能够轻易地把大量不同类型的数据和信息资源组织起来,以简单统一的方式供终端用户访问,而CORBA较适合于处理结构化的数据以及具有复杂逻辑的分布式交互操作;Web与Java移动代码的结合可以很容易地实现企业内部甚至全球范围企业之间的分布式应用对象的计算平台,用Java语言编写的分布对象可以从宿主Web服务器上按需下载到客户机,可以在Web服务器之间实现迁移,以提供均衡负载和动态容错的功能,其便捷性和广泛性正是CORBA系统所缺乏的;另外,目前Web正在向第三阶段即对象化的Web(Object Web)发展,对象化的Web其基本思想是构造一个以相互关联的、能对HTTP请求作出响应的资源对象组成的Web信息模型,CORBA平台正是集成这些分布式资源对象的最佳平台,CORBA技术将加速对象化Web的发展。虚拟企业管理系统采用CORBA－Web集成模型可以很好地满足分布、异构的集成环境。

第11章　自组织理论在虚拟企业中的应用

自组织理论(包括协同论、耗散结构理论、超循环理论)认为,系统是一个与环境有物质、能量和信息交换的开放系统。在随机涨落的影响下,其模式从低级到高级的演化过程是一种必然的从无序到有序的熵减过程。自组织理论为人类向大自然学习,指导人类行为,研究仿生制造系统等活动提供理论依据。本章探讨自组织理论在虚拟企业中的应用,为进一步研究虚拟企业系统的发展提供新的科学依据。

11.1　协同理论在虚拟企业协调发展中的应用[82]

11.1.1　引言

尽管人们早就从不同的角度提出并研究系统中的协同性,建立了一些经验科学,但真正对协同现象的定量研究还是现代科学发展的结果。把这些问题归纳进行研究并提出一套普遍适用的理论的是著名物理学家赫尔曼·哈肯(Harmann Haken)教授。他在吸取平衡相变理论和非平衡相变理论的基础上,总结了提炼处理激光系统自组织过程的理论和方法,创立了一门别具一格的新学科——协同学(Synergetics)。

协同学是一门研究开放系统通过内部子系统间的协同合作形成宏观有序结构的机理和规律的学科,把一切对象看成由组元、部分或子系统构成的系统,这些子系统彼此间通过物质、能量、信息交换等方式相互作用,使整个系统形成一种新型结构并具有整体效应,其目的是建立一种用统一观点处理复杂系统的理念和方法[42]。

协同学丰富和发展了现代系统理论,为进一步研究虚拟企业系统的协调发展提供新的科学依据,协同理论为虚拟企业发展提供启示。

11.1.2　虚拟企业的协调发展需要宏观调控

协调发展的虚拟企业是一个协同系统,其系统的形成得力于自组织过程,出现何种结构和功能则是由人的随机行为决定的。国家政策是人们行为的指导,它能引起虚拟企业总体行为的变化,使系统产生微小涨落。当处在临界状态时,这种微涨落会变为巨涨落，从而形成一种新的结构和功能。国家政策作用相当重要，由它引起的涨落所决定的结构和功能直接对系统的发展和命运起作用。当系统稳定时，国家政策则成为一种干扰因素，不易影响系统结构的更新。这表现在一旦某一政策或决策引起的巨涨落出现，虚拟企业将出现新的结构和功能，但这种结构和功能有一定的延续性和稳定性，不会因其他涨落而改变。政府应从以下方面参与虚拟企业的发展：

1. 国家发展战略的支持　虚拟企业的应用与推广必须与整个国家的经济战略融合在一起，它的实施是国民经济发展的一项内容，同时国家发展战略也指导、促进、支持虚拟企业的实施。

2. 制定配套的政策与法规　鼓励应用虚拟企业模式的方针、政策和法规，强化经济法制，制定综合信息交换标准。

3. 完善社会主义市场经济体制　保证企业充分的独立自主权，在建立联盟时不受人为因素的干扰。

4. 加大投资力度　加速国家信息基础设施的建设，扶持虚拟企业的试点工作，资助有关虚拟企业的基础理论研究。

5. 培育市场需求　政府采取适当措施培育市场需求，通过市场拉动与技术推动相结合，促进虚拟企业的研究、应用和推广。

11.1.3　合作是虚拟企业的本质内涵

按照哈肯的观点，协同是系统中子系统的联合作用，子系统间在演化过程中存在着连接、合作、协调、同步行为，即存在协同，“协同学是一门关于合作的学说”(哈肯语)。任何一个系统，如果子系统只有独立、竞争，没有合作，不受系统总体约束，则会变得单调乏味，最终走向土崩瓦解。

由于企业自身资源的有限性，有必要借助其他企业的优势资源进行弥补。虚拟企业必须针对市场机遇，能迅速实现(企业内部或若干企业联合的)资源的有效集成而组建虚拟企业。虚拟企业以敏捷制造为基本特征，是 21 世纪企业的主要组织形式，它以企业间的合作与联盟伙伴关系网为主要形态。和传统的工作方式相比，虚拟企业强调“动态”和“联盟”，“动态”反映市场和竞争环境不断变化的特点，“联盟”代表一种通过紧密合作去响应变化的新型企业组织模式。虚拟企业的概念要求结盟企业能以一种更加主动、更加默契的方式进行合作，要求主生产厂家和它的供应商与销售商结成一个直接面向市场和用户的联盟企业，它们应能像一个企业内部的不同部门一样主动、默契地协调工作，实现双赢(Win-Win)。虚拟企业具有可重构、可重用和规模可变(Reconfigurable，Reusable，Scalable，即 RRS)的特性。

11.1.4 开放对虚拟企业运营的作用

根据协同理论可知，系统只有开放，与外界交流物质、能量、信息，系统的熵才能减少，才能走向有序。即使是有序的系统，如果没有交换，也将走向混乱。虚拟企业的开放是虚拟企业系统高效运营的关键，其开放不仅包括物质、能量与外界的交流，还包括信息、技术的交流，这样才能使虚拟企业的结构更完善，效率更高。虚拟企业开放最本质的特点是"借势"——借用其他企业优势，借用外部资源的对象可以是供应商、研究机构、顾客，甚至竞争对手，可以将研究、开发、推广有机结合起来，以形成足够的竞争优势，减少投资风险，加速实现企业的市场目标。强调通讯的连通性和跨组织的参与性，通讯的连通性指企业内部跨团队、企业间跨组织的通讯和交流，跨组织的参与性指跨企业参与经营活动。

市场和企业是连续协调机制的两个端点，作为组织间协调方式的虚拟企业则介于两者之间，虚拟企业是一种半企业半市场的组织形式，是企业功能的外部市场化和市场交易的内部企业化，这种"准市场性企业"使企业进一步向市场开放，进一步走向市场。

11.1.5 关注虚拟企业各要素非线性关系

虚拟企业系统各要素之间存在着复杂的非线性相互作用，各要素之间不是简单的因果关系、线性依赖关系，而是既存在正反馈的倍增效应，又存在负反馈的限制增长的饱和效应。系统内复杂的相互作用可能产生协同效应，形成循环，推动虚拟企业向有序化发展，也可能产生消极效应，互相牵制，形成恶性循环，甚至导致原来某些有序结构的消失，使系统后退到混乱的平衡态上。如果虚拟企业各合作伙伴及其所属部门、层次之间协同作用，相互配合，使虚拟企业系统具有原来各单一企业所不具有的新功能，这时系统将不再是子系统的简单相加，各合作伙伴共同把利益之饼做得更大，实现"1＋1＞2"的综合绩效。

在管理虚拟企业系统时，不能仅看到线性作用的反馈，更要看到各种因素之间是以一种非线性关系相连接的。正是这种非线性作用，才使虚拟企业能稳定地发展。

11.1.6 运用协同学建立虚拟企业目标函数

协同学研究优化问题时是以系统熵的最小化和系统有序的最大化为目标函数，利用协同学理论可以建立虚拟企业目标函数。

虚拟企业的有序性包括三个方面：

1. 空间结构的有序性　合作伙伴间的协同、各部门间的协同、各层次间的协同、虚拟企业与外部环境的协同、规章制度与法律的协同等，这类协同关系用 $\{x_i \mid i\in I_x\}$ 表示，x_i 是系统的状态变量 $(q_1, q_2, \cdots, q_n)$ 的函数：

$$x_i = fx_i(q_1, q_2, \cdots, q_n) \qquad (i\in I_x) \tag{11-1}$$

2. 时间序列的有序性　虚拟企业发展速度的合理性、目标的动态一致性、虚拟企业系统的随机波动和长期目标的协同、合作企业发展与虚拟企业总发展的协同等，这类协同关系用$\{y_i = i \in I_y\}$表示，y_i 是系统的状态变量$(q_1, q_2, \cdots, q_n)$的函数：

$$y_i = fy_i(q_1, q_2, \cdots, q_n) \quad (i \in I_x) \tag{11-2}$$

3. 系统功能上的有序性　各合作企业间资源分配的协同、利益分配的协同、投入与产出的协同、群体决策的协同、不同文化间的协同、员工的协同能力等，这类协同关系用$\{z_i | i \in I_z\}$表示，z_i 是系统的状态变量$(q_1, q_2, \cdots, q_n)$的函数：

$$z_i = fz_i(q_1, q_2, \cdots, q_n) \quad (i \in I_x) \tag{11-3}$$

式(11-1)～(11-3)为虚拟企业系统熵变方程，当系统有序性增加时，(x_i, y_i, z_i)减少，即系统熵降低。记 S 为虚拟企业总熵变，则 $S = S(x, y, z)$。于是虚拟企业优化模型为

$$\min S(x, y, z) \tag{11-4-1}$$

运动方程：

$$q_j = h_j(q_1, q_2, \cdots, q_n) + R_j(t) \quad (j = 1, 2, \cdots, n) \tag{11-4-2}$$

序参量方程：

$$q_i = h_i(a_1, a_2, \cdots, a_L) \quad (i = 1, 2, \cdots, L) \tag{11-4-3}$$

模型中的运动方程是协同学中的基本方程——朗之万方程，h_j 为 n 维非线性函数，R_j 为随机力。

解联立方程(11-1)～(11-3)及(11-4-1)～(11-4-3)，先用绝热消去法从运动方程中求出$(q_1, q_2, \cdots, q_n)$，确定序参量。再用历史资料拟合序参量方程，找到各控制参数 a_i 与序参量的对应关系。然后按流程图 11-1 进行迭代求解。

从给定的控制参数向量$\{a_i^0\}$出发，经过 m 步迭代，求出最小的熵值，退出过程，解集$(a_1^m, a_2^m, \cdots, a_L^m)$、$(q_1^m, q_2^m, \cdots, q_n^m)S$ 为最优解，虚拟企业处于最优状态，即有序程度达到最大。

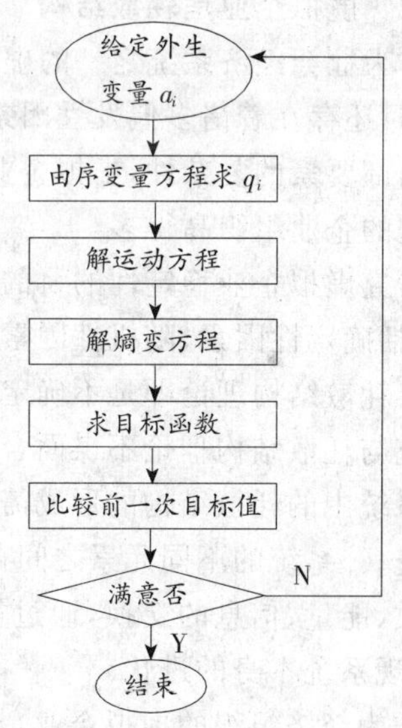

图 11-1　虚拟企业优化模型求解流程图

11.2 耗散结构理论在虚拟企业稳定发展中的应用

11.2.1 耗散结构理论及其意义

早在青年时代，比利时物理学家普利高津就对物理和化学研究中的时间不可逆转现象表现出极大兴趣。经过20年的研究，于1969年提出耗散结构理论，用以解释与热力学第二定律有关的分子热力学现象。该理论的核心就是，一个远离平衡态的开放系统是以耗散结构的形式存在和演化的。形成耗散结构要满足三个边界条件：①系统开放——与环境有物质和能量的交换；②远离平衡态——环境因素与系统内部因素能随时间而改变；③非线性正反馈——系统因素的相互作用能够加强，并达到新的稳定状态。

现代控制理论对于确定性和随机性经济系统的调节和控制，已有一些较成熟的方法，但对具有不确定性经济系统的控制和调节，特别是当经济系统的不确定性占压倒优势时，现代控制理论的方法就表现出很大的局限性。

耗散结构理论填补了存在于动态经济分析中的这一空白。耗散结构理论与现代经济分析结合，为经济系统的演化提供坚实的理论基础，为"演化"和"实存"之间架起了桥梁，也为科学制定宏观经济政策提供了理论依据。

11.2.2 虚拟企业是耗散结构

作为社会经济系统之一的虚拟企业，其内部存在着确定性因素和随机性因素，同时还存在着诸多偶发性因素(或称不确定性因素)。由于虚拟企业自身性质和内部要素的复杂性，虚拟企业在具体的经营活动中所面临的不确定性比其他类型的企业组织高得多。

研究虚拟企业稳定性的目的，在于控制虚拟企业运行过程中的非稳定性因素(包括确定性因素、随机性因素、不确定性因素)，促使虚拟企业稳定发展，恒常运行。耗散结构理论即是不确定性经济系统的控制和调节理论，虚拟企业稳定性研究与耗散结构理论不谋而合。

系统中的耗散结构的形成需要两个条件：①系统必须是远离平衡状态的开放系统；②系统的不同元素之间存在非线性机制。只有这样，才能与其他系统进行物质、能量、信息的交换，通过震荡——稳定——再震荡——再稳定的矛盾运动，实现系统本身的进化。

作为经济组织的虚拟企业，相对于社会政治、经济、法律、文化诸环境是开放的，彼此存在经常性的物质、能量、信息的交换，通过吐故纳新维持自身的有序状态，形成进化机制。

在经济系统中，虚拟企业是相对独立的，是远离相对稳定的上层建筑的最活

跃的元素。由于适应性的特点，反映其规律的运行机制相对于社会经济机制也是一个变量。虚拟企业的整体结构功能并非各组成部分的简单相加，而是相互作用，形成整体大于部分和的机理。盟员各方的优势互补促进虚拟企业的成功发展，反过来又刺激盟员各方对虚拟企业进行管理和投资。客观上虚拟企业本身就具备耗散结构形成的条件，虚拟企业是耗散结构。

11.2.3　虚拟企业稳定发展的耗散结构理论解析

通常意义上的稳定性是一个模糊的概念，在耗散结构理论中，它被清晰化为两个核心的概念：突变和演化。基于耗散结构理论，虚拟企业的稳定发展是通过变化表现出来的，影响变化的因素主要来自系统的内部和环境两方面。变化的方式有突变和演化，一系列突变的积累形成演化，虚拟企业的变化是通过演化获得的，其稳定性表现在这些演化的趋势中。

耗散结构理论的基本思路，是寻求系统在非平衡态下形成稳定有序结构的条件和机理，研究虚拟企业稳定性就是分析其进化机制的问题，这涉及到其结构功能关系中的耗散结构。利用耗散结构理论，从系统的角度对虚拟企业稳定性现象进行描述和因素分析，能够提供一个新的视角，用比一般系统论更有规律的思维方式考察这一复杂的经济行为。

1. 熵流——由环境输入到系统内部，使系统有序度增减的物质、能量、信息流。对虚拟企业而言，熵流具体表现为来自虚拟企业盟主和东道国政府的相关因素影响，它是虚拟企业产生突变的外部因素。

2. 涨落——系统内部各因素自发产生的对于原始状态的偏离，分为微涨落和巨涨落两种。微涨落的产生在系统内部是无时不有的、普遍存在的。当外界因素超过一定范围后，一些微涨落被正相关作用放大为巨涨落。虚拟企业的相对不稳定现象可视为微涨落，绝对不稳定现象可视为巨涨落，巨涨落是导致企业突变的内因。

3. 突变——环境熵流和系统巨涨落之间相互作用，在较短时间内，系统的组织结构和功能发生不完全可控的改变。突变的结果是出现新的处于绝对稳态的耗散结构。虚拟企业的解体、盟员企业间的兼并即为突变。

突变具有以下两个基本特征：

(1)突变的发生有其客观必然性　耗散结构理论表明，环境熵流和系统涨落之间有着很强的相互作用，只有当熵流的状态参量保持在一个很小的范围内时，系统才能处于一种结构和功能都不发生改变的耗散结构中。时间的不可逆转性(由过去走向未来的单向发展)，导致环境因素及其状态值显著改变。耗散结构不可能处于永恒不变之中，它会因突变而在功能和结构上发生改变，虚拟企业寿命周期的存在是一种客观必然。

(2)系统在突变时呈现较强的自组织性 ①自组织的结果导致某种新的绝对稳态的耗散结构的产生。绝对稳态是环境熵流在一个绝对下的区间内波动,系统内只存在微涨落,该状态是耗散结构在两次突变之间的状态。具体表现为企业呈现较强的规范性和秩序性,对于内外因素的变化,虚拟企业不必改变组织结构和功能就能作出处理,这是从静止的角度对企业行为所作的考察。②自组织的过程和结果的不完全可控。并不是所有的环境因素和系统因素都可以人为控制,内外因素之间相互作用的机理是不清晰的,其结果是无法精确预测的。

具体判断虚拟企业是否发生突变,要看其原有的经营秩序是否在一定程度上被打乱;是否出现生产方面的停产或严重事故;是否出现对产品的制造产生重大影响的技术创新;是否制定了实施新的营销计划;企业人员是否出现重大改组;盟员各方对管理模式的认同是否发生严重分歧;虚拟企业的资金构成、利润分成是否出现全面调整。

4. 演化——耗散结构的组织形态和功能在较长时间内所表现出的变化过程和趋势,是耗散结构有序度的变化过程。演化由一段段的绝对稳态和突变组成,根据系统有序度呈现的趋势,演化的方向分为进化演化、退化演化和模糊演化三种。①进化演化。耗散结构的有序度在变化中基本呈上升趋势。进化演化是虚拟企业的最佳状态,演化的结果是企业不断发展壮大,逐渐达到或接近预定目标,这是联盟各方的共同愿望和目的。②退化演化。耗散结构的有序度在变化中基本呈下降趋势。退化演化是虚拟企业运营的"恶性循环",具体表现为:联盟各方合作不力,关系紧张,利益分配不合理,企业内部充满矛盾;资金匮乏,周转困难;技术设备落后,效率低下;产品市场占有率小,质量差;企业文化不兼容,缺乏沟通和融洽。退化演化的结果是虚拟企业出现兼并和解体,这是虚拟企业应竭力避免的。③模糊演化。耗散结构的有序度在变化中并不呈现明显的上升或下降趋势。这是虚拟企业所处的通常状态,企业谈不上岌岌可危、危如累卵,也谈不上朝气蓬勃、欣欣向荣。虚拟企业有很多需要改进的环节,对于外部因素的影响较敏感,运营起伏性较大。

用耗散结构理论将虚拟企业的稳定性概括为突变和演化两个具体概念,其逻辑主线为:虚拟企业——耗散结构——突变和演化——促进进化演化——避免退化演化。

11.3 超循环理论在虚拟企业进化机理中的应用

11.3.1 超循环理论与虚拟企业的进化

作为自组织理论的重要组成部分,由 Manfred Eigen 于 20 世纪 70 年代创立的超循环理论(Hypercycle Theory),是从生物进化演变机理中研究得出的一种具有一定普适性的自组织理论。所谓超循环就是以循环作为亚单元,并通过功能连接所构成的再循环,通过循环过程的进行,使系统具有自组织所需的全部性质,使系统能够稳定、相干、自我优化地进化。对于虚拟企业来说,无论是内部的生产经营活动,还是为适应社会环境而进行的组织、结构变化都是一种超循环进化行为。

根据超循环理论,虚拟企业的进化必须具备三个条件:

1. 代谢作用　一个能够进化的系统必须通过新陈代谢来维持自身存在和自身结构。由于存在着热力学上的不断增熵作用,进化系统必须不断以新生的部分代替衰败死亡的部分才能保持系统和生命的存在。代谢作用是生命的基本特征。虚拟企业必须能够进行动态的调整,才能使整体以最佳状态面对市场。

2. 自复制特性　进化系统之所以能够在变化的时空中维持自身的存在和种族的原有特征,是因为它们具有遗传或自复制能力。自复制对于任何选择进化都是十分必要的。没有自复制,进化就失去了基础,选择也失去了对象。自复制特性反映了虚拟企业的健壮性(robustness)。虚拟企业的健壮性指的是虚拟企业在组建时和组建后抵御环境变化和扰动的程度,也就是在一定范围内对不同生产或服务目的的适应能力。健壮性虽然常常与虚拟企业的敏捷性相矛盾,但它不是敏捷性的反概念。我们在追求虚拟企业具有较高的敏捷性的同时,还应追求较好的健壮性。

3. 突变性　如果一个系统在演变过程中只是自我复制,便谈不上进化,事实上在系统的循环演变过程中的差异式突变是进化发展的催化剂,是形成新的有序的源泉。

超循环理论注重的是各种个体所构成的因果关系,在因果之间的多重相互作用下建立起一个宏观的功能组织,它包括了自我产生、自我选择以及通过自我进化达到高度有组织的水平,在这种水平上的体系可以摆脱其在起源时所需的先决条件,并能够在一定程度上按照自己的利益改变生存条件。这种由因果关系所构成的循环,是一种新的内部关系。

超循环理论特别强调了在进化过程中物种之间所应具有的协作关系,这一点有别于达尔文进化论中生物进化的重要原因在于各种变异类型物种之间的生存竞争和自然选择、淘汰的观点。超循环理论认为进化选择的目标是信息,是利于系统生存的优势信息、优势功能结构和合理状态。竞争是存在的,但竞争的目的并不在于“击败对手”,更重要的在于创造,建设性地形成合理的新事物。竞争选择的结果也并非仅仅是淘汰,更为重要的是优势互补的综合超系统的建立。一个生存群体中的各系统可以经过竞争形成淘汰和选择,还可以进入一种超系统综合的发展。当几个系统各自的产出表现为一个对其他系统更为有利的结果，并且这种利它的关系可以形成一个多单元的因果循环时，系统就会形成彼此相互依赖、不可分割的更大规模的超系统，这一观点对于虚拟企业的组建和发展具有实际的指导意义[43]。

11.3.2 虚拟企业的细胞式结构模型

细胞是组成生命的基本单元，不同物种的细胞虽然形态各异、大小不同，但是所有细胞都有着统一的内部基本结构。组织和结构决定着系统的功能和特性。正是由于细胞具有特定的结构和组织，才有了生物进化的功能。细胞的内部结构是非常复杂的，但其基本的组织结构由胞核、胞质和胞膜三部分组成。胞核含有遗传物质基础——DNA 等核酸，对生物的遗传起着重要的作用。胞质中含有许多“颗粒”——细胞器，大量的生化反应和能量的形成在此进行。胞膜的主要功能是沟通细胞内外的联系。

根据虚拟企业的基本特征和性能要求并参照细胞结构，可以建立虚拟企业的细胞式网络化结构模型[43]，如图 11-2 所示。其中，盟主型企业占据胞核位置，其他盟员型企业以网络化结构占据胞质位置，计算机网络、通讯、交通等支撑条件占据胞膜的位置。

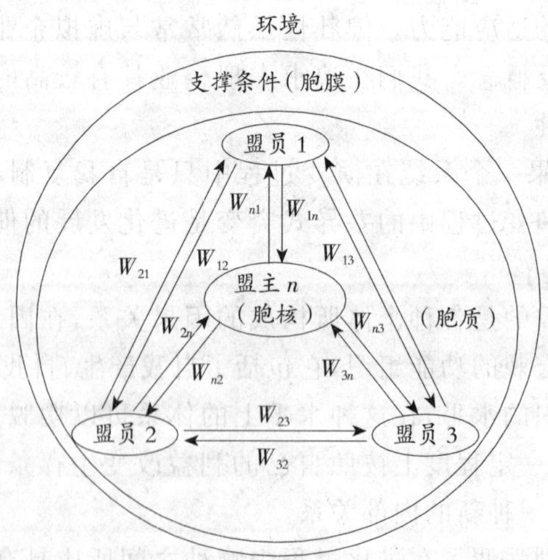

图 11-2 虚拟企业细胞式结构

盟主型企业与盟员型企业的地位是平等的，它们在虚拟企业的共同约定和计算机网络等条件支撑下协同合作，为了虚拟企业的统一目标而完成各自的任务。各组成企业的利益是根据各自占有生产资源的情况和完成生产任务的质量、数量和重要性来分配的。这里的生产资源是指为完成虚拟企业的共同目标所必需的资源，主要包括人、物理资源（如资金、设备、厂房、土地等）、信息资源、技术资源和品牌资源等。需要注意的是，这里所说的企业与进化模型中所提的企业概念不同，它是面向单一生产经营活动的基本组织单元(Basic Organization Unit，BOU)。一个实体企业可能包括多个属于同一虚拟企业的BOU，也可能包括属于不同虚拟企业的多个BOU(这里只考虑同一虚拟企业的BOU)。即使在同一虚拟企业中，如果由同一个实体组织进行的生产和经营活动不同，也将其划分为不同的BOU。虽然它们的规模不同，大的可以是一个企业集团，小的可以由几个人组成，但其性质不仅可以是实际意义的生产组织，还可以是拥有虚拟企业所需资源的商业性企业、学校和科研机构。每个BOU所进行的活动应是为达到虚拟企业的共同目的所必需的。一般来说，盟主型企业拥有虚拟企业的核心资源，因而它在虚拟企业中所起的作用和重要性也要大于其他盟员型企业，正像细胞中胞核所起的作用那样。

11.3.3　虚拟企业的进化重组机理

虚拟企业的重要特征在于它的动态性，即能够随着市场需求的变化进行快速的进化重组，包括盟员型企业的更换，盟主型企业的更换，甚至整个联盟的解体与重组。

虚拟企业是面向任务或过程的，在任务或过程本质没有变化时，联盟的上述变化只是新陈代谢和自复制特性的反映。与一般的自组织过程一样，超循环的进化过程也是渐进中存在着突变的。突变始于随机过程，而这些随机过程在一定的机制作用下可以导致必然进化的结果。一个系统的突变表示在进化过程中能够表征该系统的某个特征值的变化率超过了它的“阈值”，因此研究某系统的进化机理，首先要研究能够反映其本质的特征值。

虚拟企业是一个能够进化的自组系统。在上述结构模型下，各成员之间耦合关系的某种综合可以作为该系统的一个特征值。因为两个成员之间的关系主要反映在资源上的依赖，即为了完成联盟的共同目标而相互依存的关系，令关联度 w_{ij} 表示 j 成员对 i 成员的依赖程度，且 $0\leqslant w_{ij}\leqslant 1$。依据 j 成员在完成虚拟企业中的活动时所需资源被 i 成员占有的独有程度和重要性来取 w_{ij} 值。若 j 成员所需的任何资源不被 i 占有，则 $w_{ij}=0$；若 j 成员所需的某种资源被 i 单独占有，则 $w_{ij}=1$。

根据以上对联盟成员和 w_{ij} 的定义，w_{ij} 应具有以下性质：①$w_{ij}w_{ji}=0$，即 w_{ij} 和 w_{ji} 至少有一个为0。②若 $w_{ik}\neq 0$，则必有 $w_{ij}=0(j\neq k)$，即任一联盟成员只制约其他某一个联盟成员的资源。若几个联盟成员占有另外一个联盟成员的资源完全相同，只需研究其中一个联盟成员即可。经过以上对联盟成员及其关系的约定和构造，即可得到某联盟成员对另一个联盟成员的资源起制约作用的关系特性。这样一来，若用顶点表示各盟员，弧表示盟员之间的关系，则针对联盟中主要的生产经营活动:设计→制造→销售来说,可将所有盟员之间的依赖关系用只有一个根(root)的有向树进行简洁的表示[43],如图 11-3 所示。

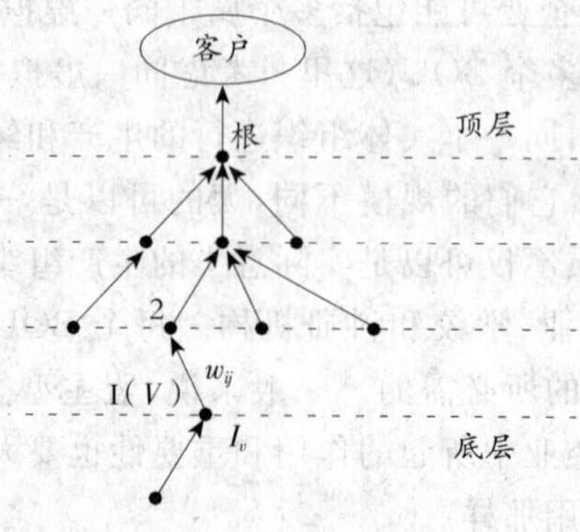

图 11-3 盟员关系

w_{ij} 表示两个盟员之间的依赖关系,不能代表某成员在整个联盟中的重要性,另设重要度 I_v 表示 v 成员在整个联盟中的重要程度,$0\leqslant I_v\leqslant 1$。由有向树的性质可知,树中任一顶点均有且只有一条通往根的有向道路。令 L_v 为 v 顶点到根的道路,如图 11-3 中箭头所示。设 i 为 L_v 中由 v 顶点向上数起的第 i 个顶点,则 w_{ii+1} 为 L_v 上第 i 个顶点对其上一个顶点的关联度,$1\leqslant i\leqslant m-1$。$m$ 为 L_v 上的顶点数。L_v 有以下性质:①L_v 是所有 w_{ii+1} 的增函数;②当某个 w_{ij} 为 0 时,所有途径 w_{ij} 的道路上 w_{ij} 以下各层的重要度均为 0;③只有当 L_v 上所有 w_{ij} 为 1 时,I_v 才为 1。

根据以上性质建立 I_v 与 w_{ii+1} 的几何平均关系模型:$I_v=\sqrt[m-1]{\prod_{i=1}^{m-1} w_{ii+1}}$。$I_v$ 可作为虚拟企业进化重组时的参考参数,I_v 最大者为盟主,并根据虚拟企业的具体情况确定评价阈值。当某 I_v 小于该阈值时被联盟淘汰,并进行一定的调整,若有必要虚拟企业可寻找新的盟员。当一定数量盟员的重要度 I_v 均小于阈值时,虚拟企业便解体。

虚拟企业细胞结构模型及盟员间关系模型可为虚拟企业的进化提供重要的量化参考依据。

第12章　虚拟企业结构化模型

动态联盟的企业模型涉及各个伙伴企业的模型(伙伴企业重组后参与动态联盟的部分),虚拟企业的模型(即动态联盟部分)以及基于公共信息网络而建立的全球化伙伴网之间的合作关系,既要支持动态联盟的建立和运行,又要支持动态联盟的敏捷RRS特征等,还要有效支持VE经营过程优化与仿真活动、生命周期的企业特性分析(敏捷性、VE运行特性)、合作方式的确定及联盟伙伴企业的企业过程重构(BPR)、企业基于模型的利益/风险分配格局的确定等。随着计算技术和信息技术的快速发展,运用结构化分析方法,建立虚拟企业模型成为学术界的热点。本章在有关研究成果的基础上[44~48],系统总结和探讨虚拟企业模型的构建理论和方法论。

12.1　多智能体模型

12.1.1　多智能体在虚拟企业中应用的可行性与有效性

有关Agent的各项研究在国内外异常活跃,然而其概念仍没有统一而明确的定义,不同领域的研究人员赋予Agent不同的结构、内容和功能,相应地,一个Agent可以指一台机器人,一个专家系统,一个过程、模块或一个求解单元,等等。多智能体是由多个自治Agent组成的集合,具有解决问题能力,能相互交互达到全局目标。应该指出的是多智能体体现了一种协同作用、优化作用,而不是其组成Agent的功能的简单相加。多智能体应用的根本原则是,在追求全局目标的同时,实现自治Agent的最大自治性。在虚拟企业中,由于每个成员企业都是自治的企业实体,用Agent表示虚拟企业的每个成员企业,与代表制造车间或制造单元相比有更大的自治能力,更容易发挥多智能体的特长,将多智能体用于虚拟企业比将其应用于制造单元或制造车间具有更强的合理性。由于虚拟企业环境多为分布式、异构的制造环境,传统的企业信息系统已经不适合其中出现的新的需求,而多智能体恰好能满足虚拟企业的这些特殊需求,特别是在以下方面:①自治性及自主性;②用于协调的新的通讯方式及信息表达模式;③基于协商、合作的新的规划方法学;④将智能与管理应用相集成。

在动态联盟中，Agent 被认为是一个实体，其状态属性包含规则（Rule）、行为（Acting）、决定（Decision）、能力（Capability）和关联（Relation）等。Agent 具体可以用一个八元组表示：

$$\text{Agent}=(m,k,a,i,l,s,r,g)$$

其中，各组元素分别代表方法、知识、属性、推理机制、语言、消息传递操作、消息接受协议和全局知识（相对于组元 k 表示的私有知识）等功能成分。典型的 Agent 组成为：

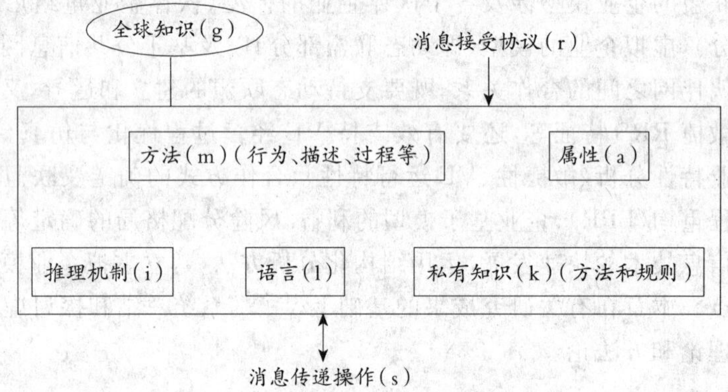

由一组相互之间能进行通讯和合作的智能 Agent 组成的多智能体系统，能有效地支持虚拟企业的全生命周期，特别是以下方面：①支持虚拟企业的创建（以静态或动态的方式）；②支持虚拟企业中信息的传递；③支持虚拟企业中各自治企业之间进行协商以达成全局生产规划；④支持分布式控制及在虚拟企业中对订单进行监控、管理与跟踪等。

12.1.2 基于多智能体的虚拟企业体系结构

使用多智能体构建虚拟企业参考体系结构时，主要考虑两种类型的 Agent，即功能 Agent 与通讯 Agent。

1. 功能 Agent 功能 Agent 将虚拟企业的各自治成员企业封装起来，实现一定的生产功能。考虑三种类型的功能 Agent：①管理 Agent。管理 Agent 负责协调整个虚拟企业的生产经营活动。管理 Agent 代表这类企业，该企业接受客户方的订单，并负责将产品提交给客户，它同时也可能承担一定的生产任务与后勤任务。它是虚拟企业的发起者，自始至终管理着虚拟企业中各种各样的活动。②生产 Agent。生产 Agent 代表虚拟企业中的各类生产企业，它通过与管理 Agent 的协商，接受生产任务，并通过与其他 Agent 之间的合作，完成虚拟企业所需的最终产品。③后勤 Agent。后勤 Agent 代表提供各种后勤活动及操作（如运输）的企业。它负责各生产企业之间原材料、半成品及成品的传送，每个后勤 Agent 都对应于给定的后勤服务。当然，每个企业在各个虚拟企业中的角色并不是固定的，一个企业在某一虚拟企业中承担管理 Agent 的角色，在另一个虚拟企业中可能承担的是生产 Agent 或后勤 Agent 的角色。

2. 通讯 Agent　通讯 Agent 是一种特殊类型的 Agent，用来向功能 Agent 提供服务。通讯 Agent 为有参加虚拟企业愿望的企业 Agent 提供注册/注销服务，建立具有合作与交互愿望的 Agent 网络，供建立虚拟企业使用，且所有愿意参加虚拟企业的 Agent 将自己希望被其他 Agent 了解的信息传递给该通讯 Agent，通过它，可以很容易地找到具有给定类型或相应能力的 Agent 所处的位置。通常，通讯 Agent 按地域划分，在同一地域内有一个通讯 Agent，不同地域的通讯 Agent 相互联系，使本地域 Agent 不仅能了解本地其他 Agent 的信息，也可以了解外地 Agent 的信息。另外，通讯 Agent 还能够跟踪生产 Agent 及后勤 Agent 的活动，并将生产 Agent 及后勤 Agent 的信息提供给其他虚拟企业的管理 Agent。但是，通讯 Agent 并不执行虚拟企业中实际的产品生产活动。通讯 Agent 采用建立网络资源库的形式实现。由以上 Agent 构成的虚拟企业体系结构如图 12-1 所示。

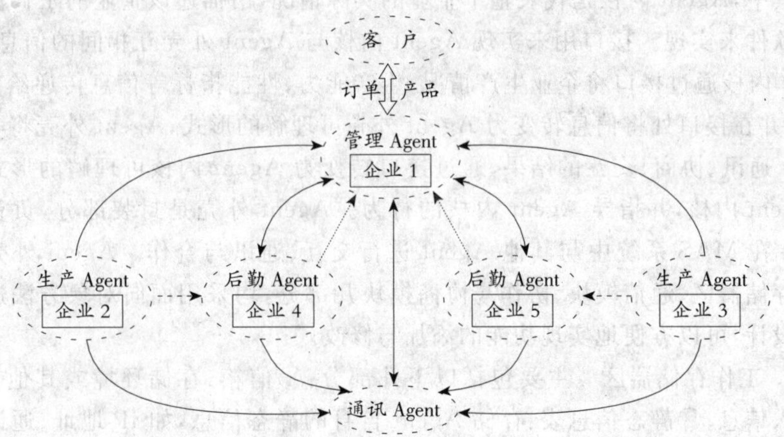

图 12-1　基于多智能体的虚拟企业的体系结构

12.1.3　Agent 通用框架

使用多智能体实现虚拟企业体系结构，首先要对组成虚拟企业的各自治成员企业进行 Agent 封装。为了提高 Agent 的通用性，给出 Agent 通用框架，它是一个三元组的结构：<Agent 内核，接口，Agent 外壳>（如图 12-2）。

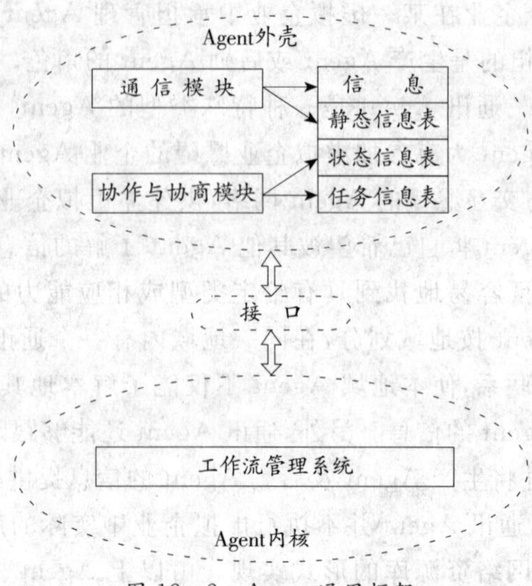

图 12-2 Agent 通用框架

其中，Agent 内核是代表整个企业的实际情况，由描述该企业的工作流管理系统软件来实现。接口用来实现 Agent 内核与 Agent 外壳互相间的信息传送：Agent 内核通过接口将企业生产情况、生产能力、性能指标等信息传递给 Agent 外壳，并在接口处将信息转变为 Agent 外壳可理解的形式；Agent 外壳将与其他 Agent 通讯、协商、交互的结果，通过接口转变为 Agent 内核可理解的形式传递给 Agent 内核，并指导 Agent 内核的行为。Agent 外壳是封装部分，负责实现 Agent 在 MAS 系统中与其他 Agent 进行交互、通讯与合作。Agent 外壳分为工作存储器区、通信模块、协作与协商模块几部分，均采用面向对象方法进行组件化设计，可以方便地实现功能的添加与修改。

1. 工作存储器区　主要包括以下几部分：①信箱：存储环境或其他 Agent 的输入信息；②静态信息表：存储 Agent 自身的静态信息，如 IP 地址、通讯协议及本身性能等；③状态信息表：保存 Agent 正在进行的任务和有关 Agent 与其他 Agent 合作状态下的信息（目前的能力、负载等）；④任务信息表：存储有关 Agent 能直接或间接执行的任务信息，包括任务队列、合同集与协同议程表。

2. 通信模块　接收环境或其他 Agent 输入的信息，并发送处理后形成输出信息。

3. 协作与协商模块　使用协同议程表，同步和协调本 Agent 与其他 Agent 之间的协作行为和相互作用；负责任务队列中领域任务的分解与分布；通过管理一个合同集以某种高层协议（如合同网），采用协商和谈判方式，在 Agent 之间进行任务承揽和任务分布;负责消解 Agent 间资源、任务结果等的冲突。

12.1.4 多智能体模型描述虚拟企业生命周期

虚拟企业生命周期主要包括 4 个阶段:创建、构造、运行及解体,使用多智能体描述的虚拟企业全生命周期如图 12-3 所示。

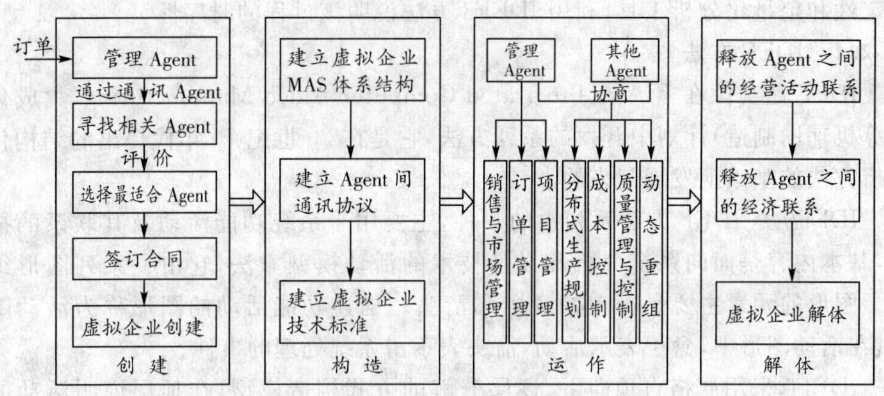

图 12-3 多智能体模型描述的虚拟企业全生命周期

1. 虚拟企业的创建 管理 Agent 在虚拟企业的创建中起重要作用。虚拟企业创建过程如下:①管理 Agent 把握潜在的市场机遇及接受客户订单;②管理 Agent 通过通讯 Agent 寻找有合作意向的 Agent(包括生产 Agent 及后勤 Agent);③管理 Agent 对提出申请的 Agent 进行评估;④管理 Agent 进行生产规划,任务分配,并制定利益分配及风险分担原则,通过与其他 Agent 协商,签订生产合同,包括生产的产品数量、质量及交货期等。

2. 虚拟企业的构造 ①使用由通讯 Agent、管理 Agent、生产 Agent 及后勤 Agent 组成的多智能体系统建立虚拟企业的体系结构;②建立虚拟企业之间的通讯协议;③建立虚拟企业的技术标准,包括数据交换、数据管理及信息系统的建立以及 Agent 之间的接口等。

3. 虚拟企业的运作 这是虚拟企业成功的关键。在虚拟企业的运作阶段,具体活动包括:①Agent 活动之间的交互与协调;②虚拟企业的销售与市场管理;③虚拟企业的订单管理;④虚拟企业的全局规划、生产规划及控制;⑤虚拟企业的成本控制;⑥虚拟企业的全面质量管理与控制;⑦虚拟企业的项目管理;⑧虚拟企业的动态重组。

4. 虚拟企业的解体 ①释放 Agent 的经营活动联系;②释放 Agent 之间的经济联系。

12.2 IDEF模型

利用IDEF0功能模型对虚拟企业的组织设计过程进行建模研究，给出各阶段定性和定量化分析工具，利用IDEF3方法说明该过程的时序性。

12.2.1 IDEF方法

IDEF是美国在ICAM(Integrated Computer Aided Manufacturing，集成化计算机辅助制造)计划中开发的系列方法，它是在20世纪70年代提出的结构化分析方法的基础上发展起来的。

IDEF0是IDEF方法系列中的一种，主要用于系统功能活动及其联系的描述，基本内容是面向系统分析和设计技术的活动模型方法，它由一系列图形组成。图形的元素主要是简单的盒子和箭头。描述功能活动的图形称为活动图形，在活动图形中，盒子表示活动，箭头表示由系统处理的事件。

IDEF0采用严格自顶向下、逐层分解的方式构造模型，在顶层说明活动的主要功能，然后不断分解得到逐层有明确范围的细节表示，每个模型在内部是完全一致的，可以从每张图形的结点号看出。顶层图形结点号为A0，在A0以上只用一个盒子代表系统内外关系的图，编号为A0。A0下面分解依次为A1、A2、A3、…，把A1再进行分解为A11、A12、A13、…，IDEF0图作为一种功能模型，主要描述系统的功能活动及其联系。

IDEF3也是IDEF方法系列中的一种，它主要强调过程描述获取，能有效解决IDEF0不能反映时间和时序的问题。IDEF3的图中每一个有编号的盒子代表一个行为单元UOB(Unit of Behavior)，分别代表一个现实过程，其定义与IDEF0中的描述相同。联结盒子的箭头表明所述过程阶段的先后关系，带有“X”、“&”等记号的小盒子表示一个“交汇点”，J1、J2、J3、…表示交汇点号。交汇点完成以下过程的描述：一个过程可以分叉或分为两个以上的过程路径；两个或两个以上分叉汇合成为一个过程路径。

12.2.2 虚拟企业的组织设计过程模型

运用IDEF0方法建立虚拟企业的组织设计过程模型，如图12-4所示。

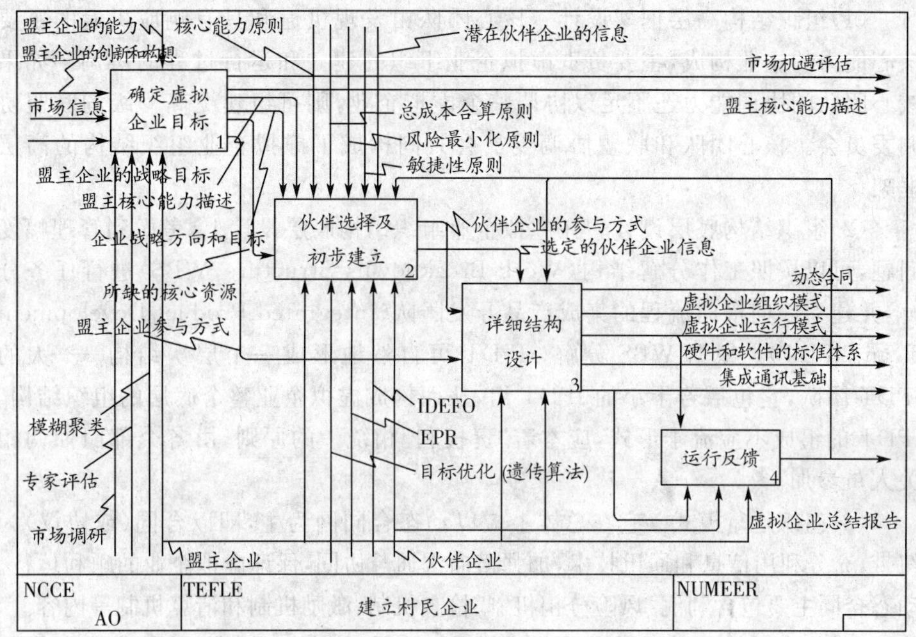

图 12-4　虚拟企业组织设计过程的 IDEF0 模型

该过程模型包括四个阶段：

1. 确定虚拟企业目标阶段　这个阶段主要是根据企业的战略目标和市场信息，识别和寻求机遇，并最终确定虚拟企业的目标。在此，通常采用市场调研和专家评估的方法对机遇进行分析和评估，并确定响应机遇所需的核心能力。与此同时，考虑自身的主要目标，以确定是否需要以虚拟企业形式响应市场机遇。

2. 伙伴选择过程及虚拟企业框架的初步建立阶段　这个阶段主要是根据虚拟企业的目标进行伙伴选择，并开始构建虚拟企业框架。在伙伴选择过程中应遵循下述原则：①核心能力原则。为实现这一原则，首先需要对伙伴进行核心能力的识别和评估；②总成本合算原则。虚拟企业总的实际运作成本(包含联结成本)应不大于个体独立完成的全部所有内部费用；③敏捷性原则。即要求伙伴企业对来自联盟外部或联盟伙伴之间的服务请求具有一定的快速反应能力；④风险最小化原则。所选择的伙伴能够最大程度回避或减少虚拟企业整体运行风险。根据以上原则，伙伴选择过程可以归为一个多目标优化，并采用遗传算法(基因算法)进行求解。

3. 详细结构设计阶段　这一阶段主要是设计虚拟企业的组织结构和运行模式。

(1)组织结构高层框架设计　核心团队由发现机遇和具有响应机遇的主要核心能力的企业构成,主要负责虚拟企业组织的建立和运行过程的协调。如果核心团队的协调能力还不足以协调整个虚拟企业,则可组建更高一级的联盟协调委员会。核心团队和联盟协调委员会共同构成了虚拟企业组织结构的高层框架。

(2)组织结构底层设计　在虚拟企业组织结构底层设计上,考虑到管理幅度问题,可以按照工作分解结构(Work Breakdowns Structure,WBS)进行任务分解,并建立面向横向流程的集成产品开发团队(Integrated Product Development Team,IPDT)。根据 WBS 分解,IPDT 可自然地形成一个层次结构——大的 IPDT 团队,它包括若干小的 IPDT 组,从而构成虚拟企业整个底层的组织结构。IPDT 的组成不应流于形式,应本着"责权利"相统一的原则,由各个部门抽调相关人员参加。

(3)组织运行模式　它在总体上应以动态合同网为主,即以合同(或协议)为纽带,充分利用信息和通讯技术,加强横向沟通与协同,保证虚拟企业的顺利运行。动态合同主要包含利润/风险分担机制、检查机制、激励机制和清算机制等内容。

(4)信息系统与通讯基础的集成设计　信息系统与通讯基础的集成是保证虚拟企业成功运行的一个关键技术要素,需要强调的是,这种集成必须建立在企业之间信息集成的基础上。一般地,企业之间的信息集成有两种方式:一是点—点集成;二是建立在统一信息平台上的集成。具体选择哪一种集成方式,需考虑它们的协作费用。假设协作费用与信息交流数成正比,则两者的协作费用相差悬殊;在采用点—点集成方式时,如果各个伙伴的设计平台不统一,数据转换将非常复杂,应采用统一信息平台式集成。在统一信息平台上,各个参与企业的信息集成又可采用两种方法:①采用统一设计平台。如采用统一的 PDM 技术,建立统一的数据存取模型;②采用数据接口协议转换。即各企业可采用各自擅长的设计工具,把相关数据通过接口协议转换成统一格式,以实现数据共享。

4. 组织运行反馈阶段　虚拟企业组织的成功需要解决伙伴之间的许多差异,如企业文化差异、管理体系差异、信息系统和通讯基础差异等,同时核心能力的集成也不可能一步到位,所以在虚拟企业组织运行的过程中仍然可能存在很多问题,组织运行反馈就是为了妥善解决这些问题。一般存在两种可能:一种是选择的伙伴企业达不到联盟的要求,所以需要进行伙伴企业的再重组,甚至重新选择伙伴;另一种是联盟的组织模式或运行模式存在缺陷,需要进行调整。上述四个阶段构成了一个完整的闭环过程,通过此过程,可以完成对虚拟企业的组织设计工作。

IDEF0 图作为一种功能模型,主要描述系统的功能活动及其联系,这些功能也是建立虚拟企业组织需要重点考虑的。为了进一步明确该过程各阶段的时序性，运用IDEF3对虚拟企业组织设计过程进行再次描述，如图12-5～12-8所示。

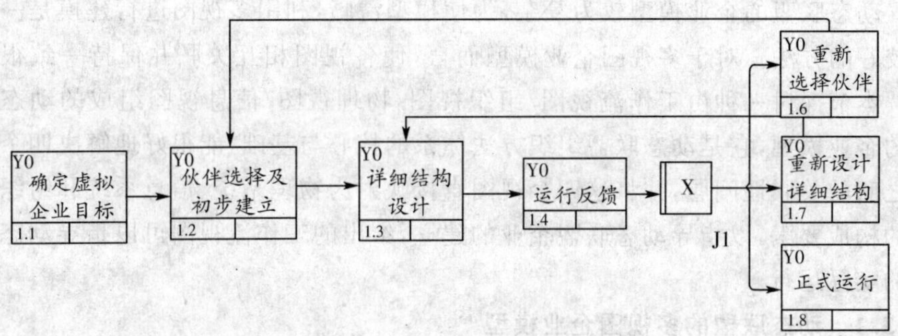

图12-5 虚拟企业组织设计过程的IDEF3模型

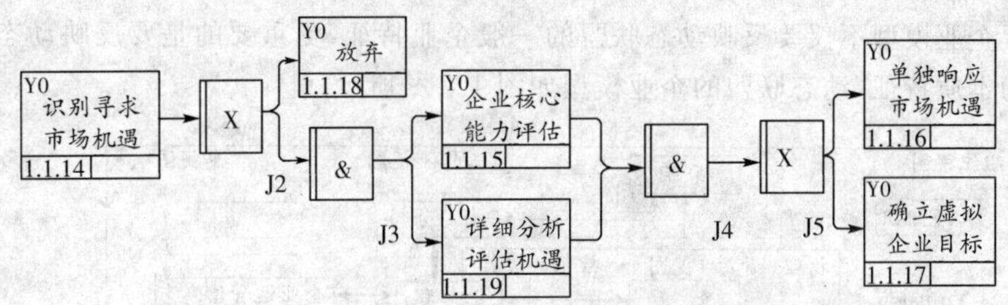

图12-6 “确定虚拟企业目标”UOB的分解

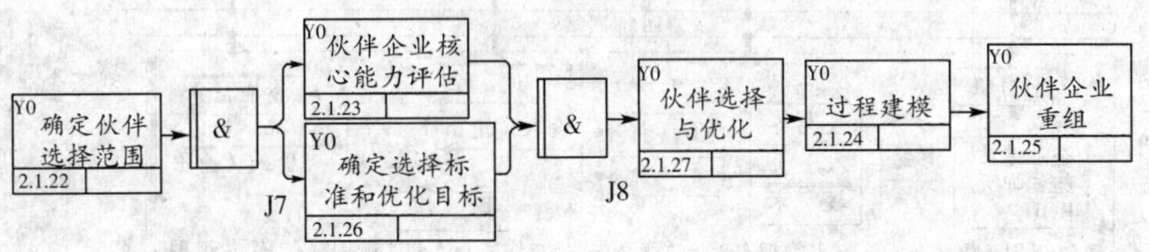

图12-7 “伙伴选择及初步建立”UOB的分解

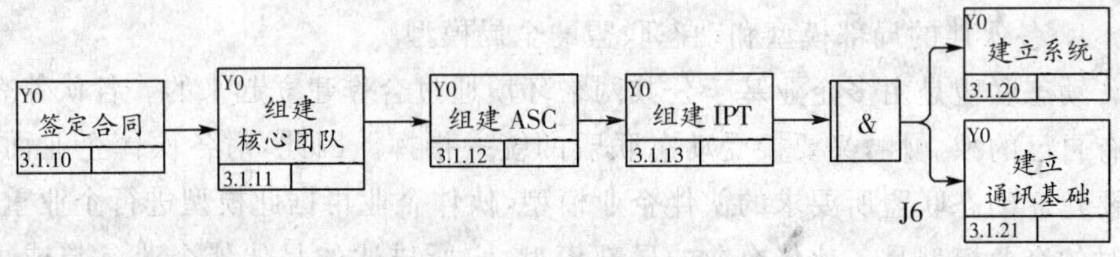

图12-8 “详细设计”UOB的分解

12.3 面向对象的多视图模型

动态联盟的企业模型较为复杂,为使模型清晰,利用多视图进行建模是一种比较好的方法。对于多视图企业模型而言,使各视图相互关联并保持一致很重要。本节探讨一种由工作流视图/组织视图/物理视图/信息视图组成的动态联盟的企业模型,它是动态联盟组织方法体系的核心与基础,能很好地解决四个视图之间的关联性问题,并将这四个视图直接映射为物理系统、信息系统和组织系统的构成要素,以指导动态联盟企业的建立,给出的工作流视图可以指导动态联盟的实际运行。

12.3.1 动态联盟的多视图企业模型

动态联盟的企业模型是以形式化或信息化的形式对动态联盟进行抽象化的描述,是分析、仿真、优化动态联盟企业的功能、过程、活动和行为的基础。动态联盟企业模型不仅要反映动态联盟的一般企业特征,更重要的是要反映动态联盟的本质特征,动态联盟的企业模型如图 12-9 所示。

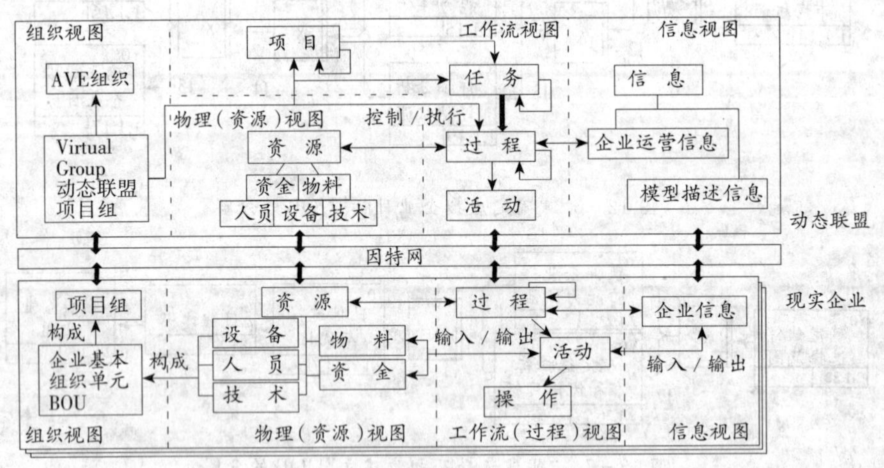

图 12-9 动态联盟的企业模型

1. 各伙伴的局部模型和动态联盟的全局模型

动态联盟是由多企业基于公共网络环境通过合作建立起来的。各伙伴企业既有自己的独立性,又要接受动态联盟的统一指挥。因此,对各伙伴企业而言,需要建立动态联盟所要求的伙伴企业模型,伙伴企业再据此模型进行企业重组。此时的企业模型是各伙伴企业的局部模型,它所描述的是伙伴企业参与或可能参与动态联盟的部分。各伙伴企业通过合作形成的动态联盟具有不同于各伙伴企业的运行模式，它所涉及的是多个企业之间的合作、协调、控制及约束关系，描述这一部分的模型称为动态联盟的全局模型。动态联盟的全局模型是以快速响应机遇为目标的，因此可以说，动态联盟的企业模型是由一个全局模型加上若干个局部模型构成的。

2. 动态联盟企业模型的四个视图

动态联盟及其伙伴具有一般企业的共同特征。一般认为一个企业是由三个基本系统构成的，即物理系统、信息系统和组织系统。物理系统（即一个企业的物理方面）包括企业所在的地理位置、拥有的资源（含资金、人员、厂房设备、物料和技术储备等）、资源的配置与布局等；信息系统（即一个企业的信息方面）包括各种计划、指令、约束控制与反馈信息以及物理系统各要素之间的信息及其处理关系等；组织系统用于规定企业中人员部门之间的关系以及各自的职能、职责等。一般来说，建立一个企业就是要建立这三个系统。当三个系统建成后，为了使它们之间能够协调运行以实现企业目标，在三个系统之外，还需要有一个指导协调的系统，我们称它为工作流。因为企业是通过一系列过程来实现企业目标的，融入组织信息的企业工作过程的详细描述就是工作流。工作流是企业的运行模式，即企业是在工作流的控制下实现三个系统之间的协调运行的，如图12-10所示。对企业进行建模就是要对这四个方面进行描述和说明，形成四个视图，即：物理（资源）视图是对企业物理系统的设计、分析和实现的模型描述和说明；信息视图是对企业信息系统的设计、分析和实现的模型描述和说明；组织视图是对企业组织系统的设计、分析和实现的模型描述和说明；工作流视图是对企业运行系统的设计、分析和实现的模型描述和说明。

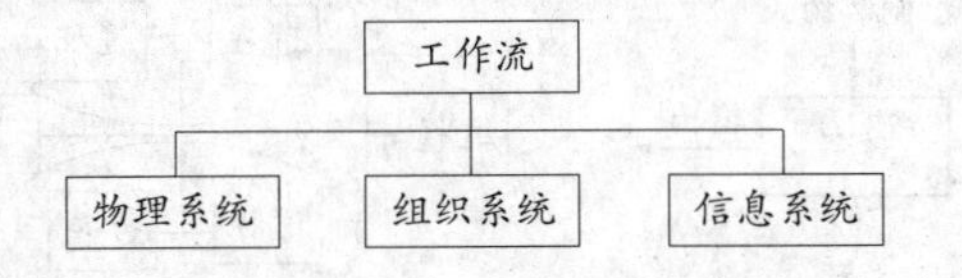

图12-10　工作流与组织、物理及信息系统间关系

3. 动态联盟企业模型是面向对象的模型

所谓对象就是具有独立功能性的实体，其内部结构及工作过程被封装/隐藏起来，实体本身能依据外界条件的变化作出相应的反应。各伙伴企业参与动态联盟的过程、组织、资源等都具有对象的特征，即其内部结构可由各伙伴企业来决定，而其外部特性则需要达到动态联盟的要求。为参与动态联盟，各伙伴企业需准备好自己的资源、过程、组织和信息，以供动态联盟的盟主企业选择、调用、重组，进入动态联盟。通过因特网，各个伙伴企业（现实企业）加入到虚拟企业，其提供的对象成为虚拟企业的对象。动态联盟通过因特网可以控制各个伙伴企

业的资源、过程和组织。除动态联盟本身的对象外，虚拟企业的对象不一定改变其对应的现实企业对象的物理含义及位置，即这些对象只是从逻辑上归动态联盟调度，并成为其一部分，而实际运行仍在原企业中完成。另外，动态联盟企业模型的对象本身具有物理性、信息性、功能性和组织性，从而保证不同视图之间的联系。

12.3.2 动态联盟企业模型各视图的构成要素

1. 工作流视图的构成要素

动态联盟是以企业的优化经营进而达到迅速响应机遇以赢得竞争为目的的。企业经营优化首先是企业过程的优化，机遇是通过一系列过程实现的。物理系统、信息系统和组织系统都应以企业过程的优化为前提来进行设计与实施。因此，过程建模是建立工作流视图的核心内容。按 CIM－OSA 观点，过程是一系列活动的有序集合，而活动又是由一系列功能操作来实现的，功能操作是不可分的最小单位。因此，过程、活动和功能操作是过程模型的三个基本构成要素，如图 12－11(b)所示。在一定的支撑和约束/控制下，过程实现了将输入转换为输出。

过程具有功能性，过程的功能性就是任务。所谓任务就是将具有相关性、相似性和可集成性的过程合并成具有职责性的功能单位。任务是由各伙伴企业的组织完成的，通常有两种方式：一种是组织直接完成任务，这类组织多是企业内部组织或内部组织的组织；另一种是组织通过项目的方式承接任务、完成任务，这类组织通常是相互具有一定独立性的企业组织。所谓项目是指通过一定约束控制的一系列任务的集合。因此，任务和项目是工作流视图的另外两个构成要素。如图 12－12 为过程、任务、项目之间的关系示意图。

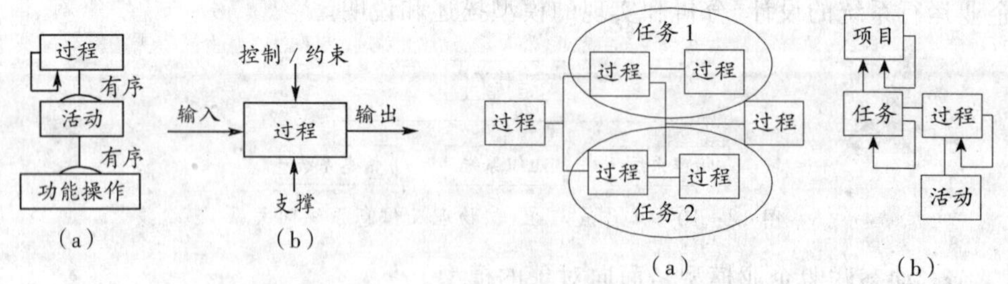

图 12－11 过程的组成　　图 12－12 过程、任务及项目的关系

2. 组织视图的构成要素

组织是为产品实现过程服务的，组织优化是实现企业优化经营的保证。动态联盟的组织具有三个层次的可重构性：伙伴企业的组织、伙伴企业间合作、动态联盟的组织。伙伴企业内部组织既有与任务/机遇无关的稳定性的组成，又有动态可调性的动态管理实体。一个企业不依赖于任务的稳定的基本管理实体称为基本组织单元(Basic Organization Unit，BOU)，而随任务产生或解体的可由

BOU重组的动态组织管理实体称为多功能项目组Team。不同伙伴企业的动态管理实体之间根据产品实现过程的需要，可选择某一种合作方式（如供应链、转包加工、插入兼容、合资经营和虚拟公司等）而建立动态合作关系，形成合作实体，并在动态联盟中形成新的组织，这种组织称为动态联盟项目组（Virtual Group，VG）。动态联盟按需要进一步建立组织对这些合作实体进行管理，从而形成由各伙伴企业组织构成的，但又独立于伙伴企业组织的动态联盟的组织机构。因此BOU、Team、VG以及VE组织成为组织视图的构成要素。

3. 物理（资源）视图的构成要素

动态联盟的物理视图主要是指资源、资源布局与配置以及物流、资金流等的描述。资源及其布局与配置反映企业中静态资源的信息，而物流、资金流等反映企业流动资源的信息。一般而言，企业资源可分为五类：物料（如产品零部件及原材料等，是企业的流动资源）、资金（企业的流动资源）、生产设施/设备/能力单元（企业的静态资源）、技术（企业的有形及无形资源）、人员（企业的静态资源）。物流和资金流反映流动资源的变迁过程，例如，原材料经铸锻工艺变为毛坯，经机械加工变为零件，再经装配变为部件和产品等。物理视图的物流可由工作流得到。因此，物料、生产设施/设备/能力单元、资金、技术和人员等成为物理视图的基本构成要素。

4. 信息视图的构成要素

动态联盟的信息视图主要描述四个方面的内容：①企业各种活动所产生的信息，主要包括企业运营所需要的技术文件、文档、计划/命令单、报表等；②建模过程中经抽象概括所产生的术语的定义与描述，如模型中各对象之间的联系等；③资源视图中各种资源所对应的信息实体及其联系，不同企业的同一类资源很可能具有不同的信息实体描述；④信息流，反映信息的处理流程等。除此之外，广义的信息视图还要包含动态联盟企业模型本身所蕴涵的信息，即模型描述信息。

12.3.3　动态联盟企业模型各视图及其关联关系

动态联盟企业模型工作流视图就是利用过程、活动、项目和任务等基本对象，以企业优化运营为目标，对动态联盟企业运行系统的各个方面进行设计，从虚拟企业的过程优化设计开始，到对现实企业的相关过程/活动提出重组要求，最后以任务/项目方式建立各个现实企业之间的合作关系。为保证动态联盟企业运行系统的顺利实现，动态联盟企业模型组织视图进一步利用企业基本组织单元、多功能项目组、动态联盟项目组等，按照工作流视图的要求，将各现实企业的静态组织和动态组织联结在一起形成动态联盟组织。动态联盟企业模型物理视图则是对工作流视图中所需要的各种资源，利用基本资源对象进行描述和落实，建立供动态联盟企业调度的资源及资源利用模型。动态联盟企业模型信息视图的建立，一方面要保证参与动态联盟各企业之间通讯、交流与协商的信息的通畅，另一方面也要保证各现实企业现有信息系统之间的信息交换方式与途径的顺利实现。

可以看出，动态联盟企业模型各视图之间是相互关联的。从工作流视图而言，如图 12－11(b)所示，其过程有输入、输出、支撑、控制/约束以及执行者，其中输入过程可以是物理视图的物料、资金、技术以及相关信息等；输出的过程可以是物理视图的资金、物料、技术、生产设施/设备以及信息视图的文档、报表等；支撑的过程则主要是物理视图的技术、人员和生产设施/设备；控制/约束的过程则主要是信息视图的计划、命令单；执行者的过程可以是组织视图的某一组织等。

从组织视图而言，企业的组织是由物理视图的资源构成的。伙伴企业的 BOU 是由物理视图的不同人员和不同设备，有时又携带一定的技术构成的。换言之，BOU 是企业资源可重组的基本单位。

从物理视图而言，物流、资金流均通过过程完成物料和资金的变迁。换言之，物流和资金流可以从过程的输入/输出关系中获得。物理视图描述了不同企业的资源实体，而对应不同企业资源实体的“型”则需要在信息视图中加以描述。从信息视图而言，信息流也是经过过程处理后实现变迁的。

从动态联盟和伙伴企业考虑，它们有各自的组织、工作流、物理和信息视图，它们之间也是相互关联的。动态联盟的过程由伙伴企业的过程实现，动态联盟的组织则由伙伴企业的组织组成，动态联盟的资源就是各伙伴企业的资源，如图 12－13 所示。

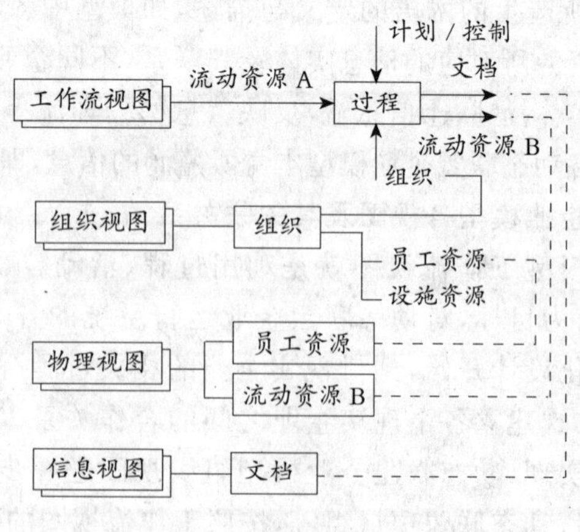

图 12－13　各视图间关联关系

工作流视图和组织视图可以是主动的，即在建立工作流视图或组织视图的过程中可引出物理视图、信息视图的有关构成要素或对象。因此，物理视图和信

息视图完全可依据过程视图的需要建立相应的对象。当然，物理视图和信息视图也可独立进行建模。

12.3.4 动态联盟企业模型化思路

动态联盟企业模型的模型化思路示意图如图12-14。

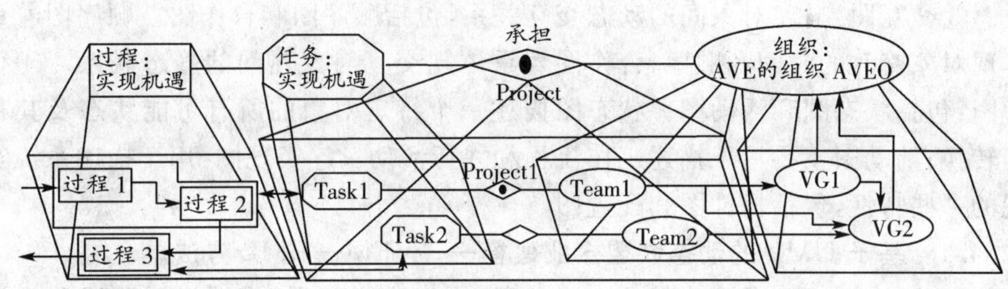

图12-14 动态联盟企业模型化思路示意图

动态联盟企业模型按如下思路进行模型化：

1. 通过对实现机遇的过程进行分解，建立过程模型，然后通过合并、重组，形成任务模型；也可以通过对实现机遇的任务进行分解，建立任务模型，然后通过细化任务的实现过程，形成过程模型。

2. 可由粗至细地建立动态联盟的组织。开始时，动态联盟的组织是一系列位于企业抽象层次上的Team集合，随着企业建模的深入，其Team描述也逐渐细化：确定企业的BOU组成，通过合并重组形成动态联盟的企业组织VG及VE组织，建立任务与组织之间的联系，形成工作流视图。任务与组织之间的联系反映了组织承担任务的情况，也可以通过分解使描述逐渐细化。在这种联系的建立过程中确定项目及其子项目的配置。工作流视图(任务与组织联系)的建立过程也包含伙伴企业组织选择及确定的内容。

12.4 UML模型

统一建模语言UML是一种可视化的面向对象的建模语言，具有严格定义的抽象语法和语义。它的定义采用了四层元模型体系结构，由下至上分别为元元模型层、元模型层、模型层和用户数对象层，这种体系结构为定义复杂模型的精确语义提供了基础。它融入了信息系统建模领域的新思想、新方法和新技术，其作用不限于支持面向对象的分析与设计，还支持从需求分析开始的软件开发的全过程。UML具有较好的扩展性，它定义良好、功能强大，是为大众所接受的统一建模语言。

UML具有比其他面向对象方法更强的建模能力，擅长并行、分布式系统的建模。UML是一种图形化的建模语言，以用例图、静态图、交互图、行为图和实现图五类图为主要内容。①用例图：从用户角度描述系统功能，并指出各功能的操作者。②静态图：包括类图和包图。类图描述系统中类的结构以及类之间的关系，类实例化的产物就是对象；包图是多个类的集合形成的一个更高层次的单位。③交互图：描述对象间的动态交互关系，包括顺序图和合作图。顺序图着重体现对象交互的时间和顺序；合作图着重体现交互对象之间的静态联系。④行为图：包括状态图和活动图。状态图描述一个特定对象的所有可能状态及其相互转换；活动图主要用于描述工作流程和并行活动。⑤实现图：用于描述系统实现的一些特性，包括构件图和配置图。

12.4.1 基于UML的动态联盟企业建模——VEM—UML方法

VEM的建立过程通常分为三个阶段：需求定义阶段、设计说明阶段和实施描述阶段。为了管理不同建模阶段的VEM，VEM—UML引入Model版型需求模型、设计模型和实施模型，它们分别表示不同建模阶段的动态联盟模型。VEM—UML将一个VEM划分为一个全局模型包和若干个伙伴模型包，全局模型包包含描述该动态联盟的工作流、资源、组织和信息的模型元素，每个伙伴模型包对应一个伙伴企业，包含描述该伙伴企业的资源、组织和信息的模型元素，全局模型包依赖于各个伙伴模型包。VEM—UML相应地引入Package版型全局模型包和伙伴模型包，分别表示包含全局模型和伙伴模型的元素包。从不同的描述角度，VEM—UML将全局模型包和伙伴模型包分别划分为工作流模型包、资源模型包、组织模型包和信息模型包。

1. VEM—UML的工作流模型包

VEM—UML的工作流模型包包含所有描述该动态联盟的工作流程的模型元素。UML活动图提供描述工作流的基本机制，如果要使用UML活动图来描述动态联盟的工作流程，需要解决下列问题：

(1) UML活动包容了企业建模理论中的过程和活动，而按照大多数企业建模理论的观点，动态联盟的工作流模型需要严格区分过程和活动的概念，而UML活动图则不严格区分过程和活动的概念。

(2)动态联盟工作流模型中的过程和活动，需要指明其输入对象、输出对象、控制对象和支持对象，UML活动和UML活动图并不能清晰地描述这些联系。

(3)动态联盟工作流模型需要描述过程或活动间的层次联系、逻辑联系、信息联系、控制联系和物流联系等，UML活动图则仅支持对活动间层次联系、逻辑联系的描述，而不支持对信息联系、控制联系和物流联系的描述。

为解决这些问题，VEM—UML扩展UML元模型，增加了元类VE—Process和元类VE—Activity，它们用UML类图描述的抽象语法，如图12-15

所示。UML 元模型定义其中的元类、Transition、StateMachine、SimpleState、SubStateMachine、ActionState、ActivityState 和 ActivityModel。元类 VE－Resource。元类 VE－Organization 和元类 VE－Information 是 VEM—UML 的资源模型、组织模型和信息模型定义的基本元类。

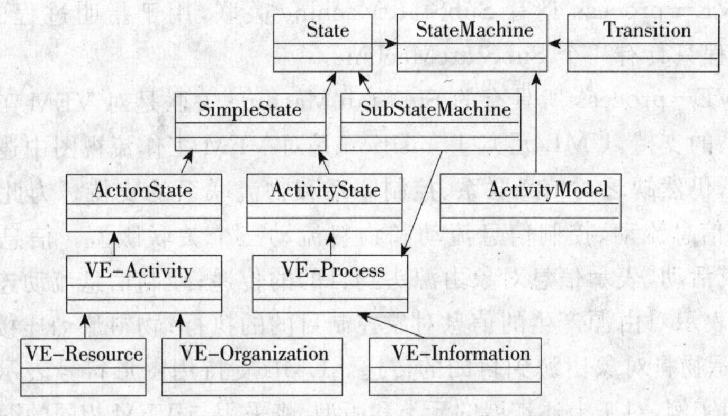

图 12－15 元类 VE－Process 和元类 VE－Activity

元类 VE－Activity 是 UML 元类 ActionState 的一个子类。除了有从其父类 ActionState 继承的属性之外，还有一个 type 属性，用于描述活动的类型，type 的可取值包括生产型活动、决策型活动和信息型活动等。生产活动是制造企业最常见、最普通的一种工作流程，它表示企业中实际的物质生产活动。生产活动所处理的对象主要是物料，以生产型活动为主的工作流程反映企业中的物流；决策型活动是企业领导执行的一类活动，它往往决定整个工作流程的走向；信息型活动是进行各类信息的生成、处理和维护，为其他类型的活动提供信息服务的活动，信息型活动所处理的对象主要是信息，以信息活动为主的工作流程反映企业中的信息流。

除了从其父类继承的关联外，元类 VE－Activity 还包括资源输入、资源输出、资源支持、信息输入、信息输出、信息控制和组织支持等关联。资源输入主要用于描述生产型活动中的物料输入，通常一个活动可以处理多种物料；资源输出主要用于描述生产型活动中的物料输出，通常一个活动可以同时输出多种物料；资源支持主要用于描述活动中所使用的设备，一个活动的执行可能需要多种设备；信息输入主要用于描述信息型活动中的信息输入，一个活动可能需要多种信息输入；信息输出主要用于描述信息型活动中的信息输出，一个活动可以同时输出多种信息；信息控制主要用于描述控制活动执行的信息，它是一种特殊的输入信息，不为活动所改变，一个活动可以由多种控制信息控制；组织支持主要用于描述执行活动的组织单元，一个活动可以由多个组织单元协同执行。元类 VE－Activity 的上述关联为描述动态联盟工作流模型与其他模型的联系提供基本机制。

元类 VE－Process 是 UML 元类 ActivityState 的一个子类。除了有从其父类 ActivityState 继承的属性外，元类过程还有一个 type 属性，用于描述过程的类型，type 的可取值包括生产型过程、决策型过程、信息型过程和复合型过程等。元类 VE－process 具有 SubStateMachine 关联，用于指明过程的细化，通常，一个过程只具有一个 SubStateMachine。

元类 VE－process 所具有的 SubStateMachine 关联是对 VEM 工作流视图中层次联系的支持，UML 元类 Transition 是对 VEM 工作流视图中逻辑联系的支持，但是，仍然缺乏对信息联系、控制联系和物流联系的支持。为此，VEM—UML 引入信息流动、控制信息流动和物料流动三个关联版型。信息流动连接两个过程或活动，表示信息对象由源头到目的的传递；控制信息流动连接两个过程或活动，表示对由源产生的信息对象控制目的的执行；物料流动连接两个过程或活动，表示物料对象由源到目的的传递。UML 支持用图形符号表示模型中元类和版型的实例，对于上述扩展的元类和版型，将采用与 VEM 相同的图形符号。

2. VEM—UML 的资源模型包

动态联盟企业包含多种资源，如物料、人、设备和软件等，这些资源在动态联盟企业活动中扮演着不同的角色，而且它们的属性也有很大差别，因此，需要对动态联盟企业资源进行分类，VEM －UML 将资源分为物料类资源和支持类资源。为了建立动态联盟企业资源模型，VEM －UML 在 UML 元模型中增加了一些新的元类，包括 VE－Resource、能力集、资源实体、资源型、物料类资源、支持类资源、功能类资源、辅助类资源、人资源、软件资源和设备资源等。用 UML 类图描述的抽象语法如图 12－16 所示。

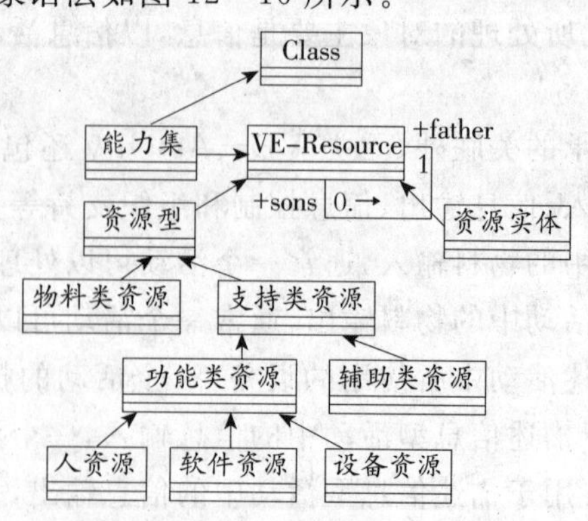

图 12－16 资源模型包的相关元类

元类 VE—Resource 是对所有企业资源在语法上的抽象，它是 UML 元类类(Class)的一个子类，除了继承 UML 元类 Class 的属性和关联之外，它的关联还包括活动关联、父资源类关联和子资源类关联，其属性还包括能力集等。资源类的父资源类关联和子资源类关联描述了资源类之间的分类关系，VEM—UML使用关联版型资源分类描述这种分类关系。关联版型资源分类是一个有向关联，它由子资源类指向父资源类4。关联版型资源分类必须遵守下列约束条件：

(1)只能连接资源元类及其子元类(包括资源实体、资源型、物料类资源、支持类资源、功能类资源、辅助类资源、人资源、软件资源和设备资源)的实例。

(2)如果一个资源分类关联连接的父资源类是A，子资源类是B，A是元类MA的实例，B是元类MB的实例，则在元模型中MB是MA的子类。VEM—UML资源模型实质上是由VE－Resource元类及其子元类的实例和资源分类关联构成的UML类图。

动态联盟企业中存在着大量的资源类，使用上述方法进行资源建模会遇到一个问题：一幅UML类图中包含太多的资源类，从而导致UML类图过于庞大，资源类间的关系过于复杂，使该资源模型难于阅读。VEM—UML使用UML包支持资源模型进行层次化管理。VEM—UML引入包版型VE－Resource包、能力集包、物料类资源包、辅助类资源包、人资源包、软件资源包和设备资源包，来管理不同的企业资源包、类、关联和资源分类图等模型元素。上述资源模型相关包都包含在VEM—UML资源模型包之中。

3. VEM—UML的其他模型包

VEM—UML的组织模型和信息模型都使用UML类图来描述。VEM—UML引入元类VE－Organization和元类VE－Information，它们是UML元类Class的子类，组织模型和信息模型类图中的所有类分别是元类VE－Organization和元类VE－Information的实例。另外，VEM—UML引入元类BOU、Team和VG来描述VEM中的组织概念。

12.4.2　VEM到UML的映射机制

首先，VEM工作流模型映射为UML包，并且用扩展的包版型工作流模型包表示。VEM工作流模型中的所有模型元素经映射后，存储在工作流模型包中。然后，将VEM工作流模型的每个工作流图映射为UML的活动图。VEM工作流图中的所有模型元素经映射后，被包含在与之对应的活动图中。

对于VEM工作流图中的模型元素，采用下述映射方法：

1. 将VEM过程Pi映射为元类VE－Process的实例VU(Pi)。如果描述VEM过程Pi的工作流图为WFD(Pi)，与WFD(Pi)对应的UML活动图为AD(Pi)，则将AD(Pi)赋予VU(Pi)的SubStateMachine关联。

2. 将VEM活动Ai映射为元类VE－Activity的实例VU(Ai)，并相应建立VU(Ai)的资源输入、资源输出、资源支持、信息输入、信息输出、信息控制和组织支持等关联。

3. 将 VEM 活动/过程之间的逻辑联系，映射为 UML 元类 Transition 的实例。

4. 将 VEM 活动/过程之间的信息联系，映射为 UML 元类 Association 的实例，并用信息流动版型表示。

5. 将 VEM 活动/过程之间的控制联系，映射为 UML 元类 Association 的实例，并用控制信息流动版型表示。

6. 将 VEM 活动/过程之间的物流联系，映射为 UML 元类 Association 的实例，并用物料流动版型表示。

12.4.3 VEM－UML 动态联盟企业建模实例

"某型号直升机设计与制造的动态联盟"是由某直升机研究所发起的为设计和制造国产某型号直升机而建立的敏捷性虚拟企业，它的成员包括某直升机研究所、某发动机设计所、某发动机制造公司、某航空动力公司和某两家飞机制造公司等共六家伙伴企业。

该 VEM 包括一个全局模型包和六个伙伴模型包。全局模型包包含一个工作流模型包、一个资源模型包、一个组织模型包和一个信息模型包，分别存储描述该动态联盟的工作流、资源、组织和信息的模型元素。六个伙伴模型包分别对应六个伙伴企业，每个伙伴模型包包含一个资源模型包、一个组织模型包和一个信息模型包，分别包含描述该伙伴企业参与该动态联盟的资源、组织和信息的模型元素。

模型十分庞大，这里仅给出其全局模型包中工作流模型包的最顶层的活动模型，如图 12－17 所示，图中每个过程都是 VEM—UML 元类 VE－Process 的实例。

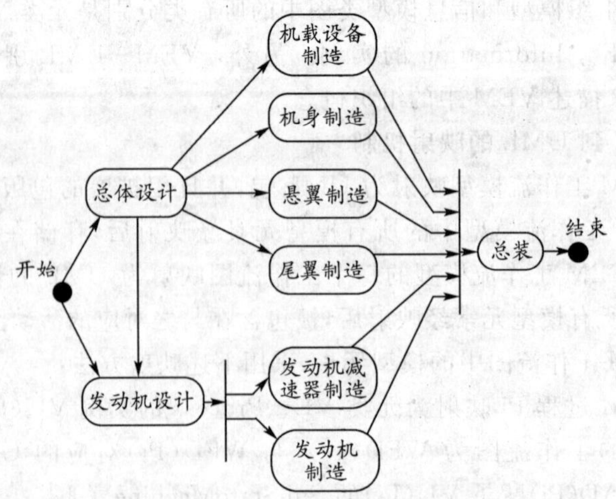

图 12－17 全局工作流模型的最顶层活动模型

以总体设计过程为例，它是 VEM—UML 元类 VE－Process 的一个实例，其 type 属性为复合型过程，其 SubStateMachine 关联指向一张活动图，这张活动图更详细地描述了总体设计过程。该过程的组织支持关联指向承担者(某直升机研究所对象)，该对象是 VEM—UML 元类 VE－Organization 的一个实例，存储在全局模型包的组织模型包中，该对象的一个关联指向伙伴模型包(某直升机研究所)。而这个研究所存储了该直升机研究所参与该动态联盟的所有资源、组织和信息对象。

12.5 Petri 网模型

Petri 网是于 1960 年提出的研究系统及其成员间相互关系的数学模型。它是一种形式化的建模方法，既有严密的数学基础，又有直观易懂的图形表示。对 Petri 网表示的系统，可以进行活性、可达性、有界性、冲突、死锁等分析，分析方法有可达树方法、关联矩阵方法、不变量分析方法等。

Petri 网作为一种可视化的建模工具，既能静态反映模型的联接，又能反映系统的动作和过程，其描述和分析虚拟企业的建立过程具有简洁、严谨、直观的特点，能帮助决策者作出科学的决策。

虚拟企业的建立过程如图 12－18 所示。

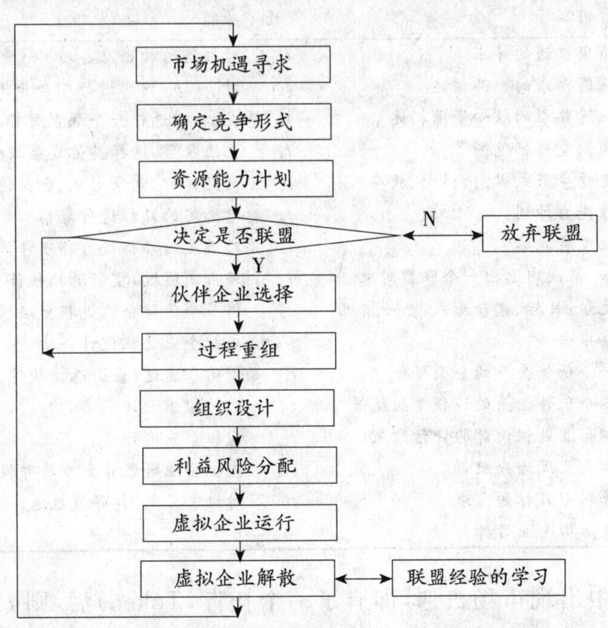

图 12－18　虚拟企业的建立过程

采用谓词/变迁网的定义式，结合谓词/变迁网的性质和特点，把图 12－18 所示的虚拟企业过程描述为如图 12－19 所示的 Petri 网。

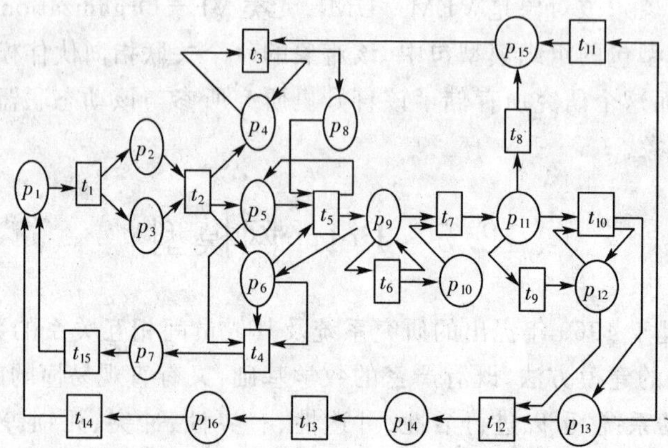

（注：p_1，p_{15} 中有一个托肯（Token），虚拟容量都为 1）

图 12－19　虚拟企业建立过程的 Petri 网模型

图 12－19 中谓词库的存放内容和变迁功能如表 12－1 所示。

表 12－1　Petri 网模型变量说明

库所	存放内容	变迁	功能
p_1	对市场机遇的寻求	t_1	对机遇的初始准备
p_2	对机遇要求的产品描述	t_2	对 p_2、p_3 内容进行综合分析
p_3	对机遇要求的核心资源描述	t_3	在 p_4 中选择一个联盟目标
p_4	联盟侧重目标范围	t_4	无法联盟，选择其他发展战略
p_5	确定竞争形式纵向、横向、放弃	t_5	确定目标、竞争形式、企业情况
p_6	资源能力计划	t_6	对选定的目标进行考察
p_7	其他发展战略	t_7	对选定的目标进行各项评价
p_8	从 p_4 范围内选出一个联盟对象	t_8	评价未通过，重新选择伙伴企业
p_9	三元组：目标、竞争形式、企业情况	t_9	将多个伙伴企业过程重组
p_{10}	考察报告	t_{10}	虚拟企业过程设计评估
p_{11}	对一个伙伴企业的全面评价	t_{11}	评估未通过，重新选择伙伴企业
p_{12}	对多个伙伴企业的过程重组结果	t_{12}	进行组织设计
p_{13}	虚拟企业过程设计的评估结果	t_{13}	虚拟企业运行
p_{14}	虚拟企业风险分配	t_{14}	虚拟企业解散并向市场寻找新的机遇
p_{15}	选择联盟目标的需求	t_{15}	时机未成熟，再寻找机遇
p_{16}	完成虚拟企业目标		

1．当 p_1 中出现市场机遇，即有了一个托肯（Token）后，则 t_1 活动满足条件，可以触发。在 t_1 中进行两项工作：①对市场机遇要求的产品进行描述，主要考虑产品的自然特性；②对市场机遇所要求的核心资源进行描述。

2. 当 p_2、p_3 都有了内容后，就使 t_2 有了触发条件，并产生两种结果：①通过竞争形式分析和资源能力计划，确定放弃联盟，即 $C(p_5)=\{$放弃$\}$；p_4 中联盟目标集合为空，即 $C(p_4)=\Phi$，则活动 t_4 便具备了触发条件，放弃联盟，选择其他发展战略；触发 t_{15}，说明时机未成熟，再寻找机遇。②通过资源能力计划进行差距分析，确定采用纵向或横向联盟，考虑联盟侧重范围。p_4 中包括所有可选择的联盟对象，p_{15} 中有一个表示选择联盟目标需求的托肯，p_4 和 p_{15} 使活动 t_3 触发，选择一个伙伴，使 p_8 具有一个托肯并同时使 p_4 再具有一个托肯，p_8、p_5、p_6 使活动 t_5 触发。

3. 活动 t_5 触发，组成三元组存入 p_9 中，同时使 p_5 和 p_6 再具有一个托肯。p_9 使活动 t_6 触发，对选定的伙伴企业进行考察，并把考察报告放入 p_{10} 中，同时 p_9 再具有一个托肯。p_9 和 p_{10} 使活动 t_7 触发，对当前的伙伴企业进行全面评价，产生两个结果：①此伙伴企业不符合条件，使 t_8 触发，p_{15} 产生一个表示选择联盟目标需求的托肯，然后重新选择伙伴企业；②伙伴企业符合条件，触发 t_9，将多个伙伴企业过程重组，把重组结果放入 p_{12} 中，同时触发 t_{10}，进行虚拟企业过程设计评估，把评估结果放入 p_{13} 中，则产生两个结果：a. 评估结果未通过，将触发 t_{11}，使 p_{15} 产生一个表示选择联盟目标需求的托肯，再选择伙伴企业；b. 通过评估结果，与 p_{12} 一起触发 t_{12}，进行组织设计。

4. 进行虚拟企业利益和风险的分配。在明确伙伴企业的责任和义务的基础上，运行虚拟企业，即触发 t_{13}，完成虚拟企业的目标。最后解散虚拟企业，即触发 t_{14}，再次寻找市场机遇，开始新一轮循环。

第 13 章 虚拟企业模式在我国的运用

虚拟企业这种网络组织形式能充分利用现有的外部资源,实现社会资源的优化配置,是激活存量资产的有效方式,也是避免重复建设和经营定位雷同的有力措施,对我国的经济发展与企业改革有着十分重要的意义。虽然我国企业的信息化程度较低,但只要选择符合自身特点的方式方法,组建虚拟企业也并非没有可能。当新的市场机遇出现时,企业如果能够快速而低成本地组建虚拟企业,依靠有效的机制来维持其运转,就能把握商机,增强竞争优势,为我国企业的发展带来新的契机。

13.1 建立具有我国特色的虚拟企业模式

对虚拟企业这一新的经营模式,不能简单地照搬照抄国外现有的成果,应结合我国经济发展状况和企业的实际情况,学习国外虚拟企业的成功经验,吸取失败的教训,灵活运用,创造具有我国特色的虚拟企业模式,充分发挥虚拟企业的巨大优势。

在我国,如何实施虚拟企业是虚拟经营策略讨论的重点。工业企业具有生产和技术上的优势,国际竞争实际上就是技术竞争,工业企业的虚拟经营有利于国内产业结构的调整;外贸企业有长期的对外经营的经验,熟悉国际市场,拥有广阔的外销渠道和大量的外贸人才;国有大中型企业具有一定的经济规模、实力和综合优势,能适应国际市场上高水平技术管理的竞争;乡镇企业适应性强,政策灵活,能在国际市场上开展全方位、多元化、多渠道、多层次的虚拟化经营。

针对国情和我国企业所具有的长处和优势,以共同发展为目的,建立各种形式的联盟,形成具有中国特色的虚拟企业是一种可行的战略选择,具体可以实行两种模式:“核心能力”模式和“虚拟联合体”模式。

13.1.1 “核心能力”模式

虚拟企业的建立以核心能力为基础,但从我国企业发展现状来看,主要有以下几点缺陷:生产集中程度低,加上高负债,核心能力被瓦解,负竞争部分增加;低水平重复建设,加上资源浪费,形成核心能力的资源基础被削弱,限制和约束了企业的竞争力；“企业办社会”造成核心能力生长和发育的障碍；政府主导及企业市场行为的扭曲，严重阻碍核心能力机制的健全。“核心能力”模式要求我国建立虚拟企业前，先要培养核心能力，进行企业组织结构的调整，进而实施虚拟化战略。

1. 核心能力的开发　美国著名战略学家泊拉哈德(C. K. Prahalad)和哈默(Gary Hamel)将核心能力解释为“一组先进的和谐组合”[49]，它是一组技能和技术的集合，而不是一两项分散的单项技能或技术，既包括科学技术，也包括管理、组织及营销等技能。

发展核心能力就是要建立新的核心能力，或把潜在的核心能力转化为现实的核心能力。核心能力是企业的资源，其开发是跨技术、跨部门的战略性行动，必须由企业的领导层组织实施。只有企业的高层人员才能确定公司未来的发展方向，明白应建立什么样的核心能力，如何为了构建核心能力而有效地组织和协调各职能部门的活动。

(1)明确战略意图　企业在全面分析市场未来发展趋势的基础上，寻找适合自身发展的商机，确定企业的战略目标。即确定公司应发展的核心能力，核心能力的技术内容以及如何将核心能力实现为核心产品。

(2)建立战略结构　企业根据既定战略意图，确定未来公司内部各种资源的分配原则，协调管理人员的工作，使企业内部各部门之间的关系清晰明了。必须打破传统业务单位之间的界限，设立项目组来平衡内部资源并吸收外部可用资源。

(3)战略实施　企业根据既定战略意图和战略结构，具体组织对核心能力的开发，并对开发过程进行管理和控制。

必须注意核心能力和核心产品在概念上的区别。核心产品是核心能力的载体，是一种或几种核心能力的物质体现，也是核心能力的市场表现。核心产品是最终产品的重要组成部分，是联系核心能力和最终产品的纽带。公司通过核心产品的生产，将其他生产过程虚拟化，可以防止技术秘密的扩散，把核心能力保持在公司内部。

为了说明核心能力、核心产品和最终产品的关系，泊拉哈德(C. K. Prahalad)和哈默(Gary Hamel)将企业比作一棵大树，树干和大树枝是企业的核心产品，小树枝是各业务单位，树叶、花、果实是最终产品，而提供营养的根系则是核心能力[36]。

2. 组织结构再设计　随着核心能力培育计划的制定，在建设和发展核心能力的过程中，会面临所需要的各种要素或专长不同程度的贫乏，其要素的获得通过两种途径：①积累，单纯依靠企业自身长期的技术、人才等资源的集聚和发展；

②集中,通过兼并或收购快速实现技术和人才的组合以尽快完成核心能力的培养。采用第一种方式时,由于发展核心能力所需的技术、人才、资产不可能集中于少数几个部门,而是分散在整个企业内部,所以必须通过组织结构的再设计为核心能力的建设创造条件。可以通过建立虚拟团队或项目组,将所需的资源集中起来加以利用,使组织结构由严格的等级制向虚拟网络转变。采用第二种方式时,需要将引进的技术、人才资源与企业内部资源进行整合,重新设计组织结构,在这种虚拟网络结构中,需要对项目组进行充分的授权,废除传统的命令—控制式的管理体制,充分发挥每个人的创造性,使其对资源分配的有效性和产生的最终结果全面负责。

核心能力要素的整合是原有企业核心能力范围的扩展以及通过优势互补确定新竞争优势使核心竞争力发展壮大的过程。如果把核心能力开发的每一阶段比作"采购",那么组织结构的再设计和整合就是"生产","生产"出的产品就是核心能力,没有"生产","采购"过来的各种要素就失去了意义。完成核心能力分析和要素的"采购"后,要特别注意进行组织结构的再设计,使潜在的竞争优势能够实现。

3. 核心产品的开发　核心产品是介于核心能力与最终产品之间的中间产品,它是核心能力的物质体现。当前的市场竞争与其说是产品竞争,不如说是核心能力的竞争。企业通过自行设计和生产核心产品,可将核心能力保持在公司内部,避免技术秘密的扩散。如果企业只有核心能力,而不进行核心产品的生产,则很难维持其核心能力。如果企业把全部能力用于生产制成品,核心产品依靠外部购买,即便在最终产品市场上暂时击败竞争对手,但其经营活动对其他公司的依赖性较强,易受其他公司的控制,最终产品便不会具有延续发展的能力。

核心产品的发展可以借助下游合作伙伴的销售渠道和通过品牌虚拟化来实现,使其回避最终产品的市场竞争获取可观的"虚拟市场份额",其获得的收入和经验又可以加快企业核心能力的发展。最终产品在市场上建立垄断地位会受法律和市场销售渠道等多方面因素的制约,而核心产品的市场份额不受限制,可以自由发展。

4. 虚拟化战略实施　国有大型企业通过强强联合,共同贡献优势,经过核心能力的发展,形成新的具有竞争优势的核心能力,再通过核心产品的加速生产,企业的规模和实力得到快速扩张,为与国际跨国公司抗衡打下基础。在核心能力和核心产品达到国际先进水平后,在全球范围内寻找合作伙伴,与其建立虚拟企业,并进一步发展核心能力,掌握市场主动权,迅速占领国际市场,逐步发展为世界级跨国公司。

随着国有大型企业的发展壮大,借助下游合作企业的销售渠道和品牌来拓宽核心产品的市场，将销售部门虚拟化。同时把最终产品的部分生产部门虚拟出去，让承担专业化零部件生产的小企业进行加工，提高我国大中小企业间的专业化协作水平，把中小型企业网罗在自己周围，提高行业资产运营的集中度，克服重复建设、资源浪费等缺点，这与目前进行的国企改革战略相吻合。

13.1.2 “虚拟联合体”模式

1. 国有大中型企业　对国有大中型企业实施虚拟化分为两步：①不同企业强强联合，发挥核心能力；②与国外大型企业共同贡献优势，在国际上立足。与世界级跨国公司相比，中国企业的实力单薄。如果中国企业与世界上大公司联盟，有被兼并的危险。各种不同类型的国有大中型企业应各自贡献优势：以对外贸易为主的大型企业可以与国内以生产技术为主的大型企业结成联盟，后者保证前者的出口货源，前者为后者提供信息、金融、销售、运输等服务；以生产技术为主的公司可以与外贸部门建立虚拟企业，减少海外营销的费用。经过一段时间的发展后，企业规模和实力得到快速扩张，在实力达到国际水平时，在全球范围内寻找合作伙伴，与其建立虚拟企业，迅速占领国际市场。

2. 中小型企业　对于中小型企业，可以实施三步走战略：①形成虚拟联合体；②形成准虚拟企业；③组建虚拟企业。国内中小型企业实力和规模很小，资金匮乏，面对条块分割、部门封闭的状况很容易重蹈“小而全”、“大而全”的低层次重复建设的老路。按照传统经营思路，很难在市场上取得竞争优势。需进行优化组合，形成虚拟联合体。即以产品为纽带，以市场、效益为核心，把一些没有市场、效益不佳，甚至濒临倒闭却有较好生产设备和较强生产能力的企业“网罗”在自己周围，使这些被联合的部门车间由生产型转化为生产经营型。同时为不同的核心企业提供中间产品，形成事实上的“一仆多主”。核心企业和被分割企业的车间都不是真正的具有法人资格的实体，被分割的车间仍隶属于原母体企业，这种联合体不改变核心企业与一个个车间及母体企业之间的产权和财务隶属关系，故称为虚拟联合体。其实质是以适销对路的产品为龙头，把一些结构相似、功能相似和利益一致的企业组成跨行业、跨部门的联合体。这种联合是建立在相互利益一致基础上的联合，能避免联而不和的状况发生。它是一种“虚”而有实的联合，与当前发达国家有相同的一面，又具有中国特色。“虚拟联合体”的组建最好有中介机构，以起到促进、强化作用。中介机构应充分掌握市场信息，了解各地区、各部门、各行业中诸多企业的现状，通过创造性思维和行动，促成企业“虚拟联合体”的实现。

随着虚拟联合体的发展，各企业逐渐将其非核心部门、车间剥离，重点发展与虚拟联合体产品有关的行业、部门，同时进行内部创新和产品升级，在此基础上扩大规模、壮大实力，使自己重点发展的核心能力逐步壮大，原来虚拟联合体的"仆主"关系演变为合作、联盟的关系。各企业之间利益共享、风险共担、相互平等。由于这种由虚拟联合体发展而成的合作伙伴关系与纯粹虚拟企业伙伴关系不尽相同,因此可称为"准虚拟企业"。

各企业形成"准虚拟企业"后,合作伙伴关系有了更大的发展空间。各合作方可利用"准虚拟企业"之间与虚拟企业相比更稳固、坚实的关系,抓住机遇,快速发展核心能力。随着规模和实力的进一步扩大,与其他企业建立更多的伙伴关系,并注意搜寻符合虚拟企业要求的合作伙伴,待核心能力达到国际先进水平,合作伙伴关系具备时,正式组建虚拟企业。

13.2　虚拟企业对我国企业管理理念的借鉴

虚拟企业强调在合作中形成竞争优势,它的建立以信息化、市场法制化和结构扁平化为前提。其经营理念对我国企业管理水平和企业竞争力的提高具有重要的借鉴作用。

13.2.1　在联盟中强化组织学习,增强自身竞争优势

在激烈变动的竞争环境中,竞争优势往往不再仅仅是产品的成本和质量,更重要的是企业的创新能力,而创新能力往往要通过在动态联盟中强化组织学习来获得。

当联盟建立后,组织边界便具有可渗透性,这为双方公司提供了了解对方的一扇窗口。合作伙伴可以学到对方融化在组织之中的知识,得到新的组织知识和技能。管理阶层必须利用合作关系增加内部资源以增强公司的竞争优势。

决定公司从联盟中获益大小的一个重要因素是该公司向合作伙伴学习能力的高低。研究表明,日本公司常常更加努力地向合作伙伴学习,西方公司则很少认真地向日本公司学习;西方公司常常将联盟看作是纯粹的成本和风险分担的措施,而不是一种向竞争对手学习的机会。联盟伙伴的竞争应是学习能力和学习效益的竞争,合作的最终目标是通过联盟提高企业自身的竞争能力。善学者胜,应是联盟成功的"宗旨"。

我国企业在与国外企业合作过程中,大多缺乏学习国外先进技术的长期目标,满足于引进资金以及在"国外进口、国内组装"中赚取差额利润,很少把同外商的合作作为观察和了解对方,学习对方的组织模式和管理技能这些"隐含性知识"的机会。基于此,我国企业必须在合作中强化组织学习,获取最大化的知识和信息效应。

13.2.2　发展知识联盟,提升企业自身核心能力

通过缔结以创造知识为中心内容的知识联盟,可以获取其他组织的隐含性

知识，与其他组织合作创造新的交叉知识，这有助于企业更新自身的核心能力，创造新的核心能力，增强企业的竞争优势。以知识的不断创新为目标的知识联盟，能够适时调整联盟中各成员的关系，促进不同价值观、异文化的融合，推动企业的创新。

在知识联盟中不能仅强调单方面的知识流动，即由处于优势地位的发达国家的企业单方面向处于劣势地位的发展中国家的企业提供知识。在经营能力和经营资源对等的动态联盟中，企业间的知识流动应以水平式的双向或多向流动为特征。在与国外企业合作时，我国企业要不断积累自身的特殊知识，在知识的双向流动中建立持久的伙伴关系，相互合作创造新知识。

在知识联盟中应建立长期的合作信任关系，不能把联盟看成是一次性的知识交易，而应是基于长期合作的知识分享。隐含性知识的转移比较复杂，需要双方人员的密切交流，新知识的产生需要彼此分享知识，知识联盟则更需要相互信赖。

在知识经济时代，企业合作的动机不能简单追求资源互补，应注重获取知识形态的核心能力。因此在建立国际联盟过程中，应努力从国外企业中获取新知识，与自身的核心能力相融合，以实现战略合作的升华，这也是提高企业国际竞争力的根本所在。目前国内企业仍热衷于较为传统的联盟形式，而其他形式的知识联盟（如产学研合作）和技术联盟仍处于起步阶段，有待进一步规范和发展。我国企业管理者应对动态联盟有充分的认识，积极发展各种形式的知识联盟，增强企业的长期竞争优势。

13.2.3　明确虚拟企业的合作边界，保护自身的核心能力

动态联盟对增强企业的竞争优势有巨大的推动作用，但也为竞争对手提供以很低的代价进入市场、获取新技术的机会。从某种程度上说，日本企业的强大竞争力是通过与美国企业结盟培育发展起来的。通过结盟，美国企业促进日本企业技术的升级换代，向日本企业提供进入美国市场的销售渠道。美日企业间的合作在短期内增加了美国的盈利水平，但长期却使美国企业“空心化”，在全球市场上失去竞争优势。这表明，企业在缔结联盟的过程中存在极大风险，会失去自身的技术和市场，进而获益甚少。处于技术劣势的企业在熟悉生产工艺的全过程、完全掌握生产经营的诀窍后，可能脱离联盟而单独经营，以获取更大利益。

我国企业在与国外企业合作时，不善于在虚拟组织的管理中保护自身利益。在合作过程中，不知不觉将自己的竞争优势拱手让人。我国传统的景泰蓝制作工艺和陶瓷绘画技术就是在所谓的“合作”中，毫无保留地泄漏出去的。因此在合作过程中，我国企业应强化商业机密和知识产权保护意识，注重维护自身的合法权益。

13.2.4 循序渐进推动动态联盟合作关系的发展

虚拟企业的联盟关系是逐步发展的，通常是随着初次合作项目的顺利进行，相互有了进一步的了解后，再进行其他项目的合作，再运用新的合作方式扩大合作领域。IBM公司先与东芝公司合作开发静态随机记忆芯片，再与西门子公司一起研究动态随机记忆芯片后，才与东芝、西门子组成三方联盟共同开发新的256兆位存储芯片的。福特汽车公司和日本马自达汽车公司也是在相互销售对方汽车后，进一步在生产、设计等方面进行广泛的合作。

在与国外企业缔结技术联盟的过程中，不必急于求成，应逐步由联盟的初级形式向高级形式过渡。可将合作方式逐渐向零部件生产技术的二次创新、R&D联盟合作创新发展；逐步将研究开发协议"松散型"合作关系，向联合组建高科技企业"紧密型"的合作关系推进。在合作过程中应逐步培养"感情"，增加双方的信任度，不必在一开始就对联盟关系抱太多不切实际的幻想，急于求成的结局往往是"欲速则不达"。

13.2.5 在动态联盟中建立"共享愿景"

影响动态联盟稳定性的因素很多，其中最主要的是双方合作过程中的短期行为导致联盟关系的瓦解。在联盟中双方的增值结构总是不对称的，双方的收益结构有一部分是能共享的，其他部分则不能共享。共享收益与独立收益存在此消彼长的关系，一方或双方有牺牲共同利益而让独立利益最大化的动机，从而造成双方关系的紧张。广州汽车集团和法国标致在合作过程中，法国标致公司在提供零部件时，面临两种选择：或者把转移价格定得很高，从而单独在法国获利；或者把价格定得较低，同广州汽车集团共享利润。法国标致选择了前者，结果造成合作关系紧张，最终导致双方分手。

在虚拟企业合作过程中必须树立愿景目标，不应只追求短期的财务绩效。曾风靡我国企业界的横向联合，也主要因为在合作过程中缺乏长期战略目标，短期行为严重，使这种横向联合最终难以发展为动态联盟。在合作中，成员企业间的收益总是不均衡的，这需要双方着眼于长期的战略利益，求同存异，减少短期利益冲突。通过建立共享愿景，促进联盟关系的发展，在合作过程中强化各自的竞争优势。

13.2.6 建立合理的联盟治理结构，保护合作各方利益

虚拟企业中伙伴在合作过程中很难避免机会主义行为，如合作一方在保护自己知识不泄露给对方的同时又努力学习对方知识，或在学到对方的知识和能力后马上终止合作。这极易导致联盟关系的不稳定，更谈不上通过合作创造更大收益了。一些海外企业为了进入我国市场而与国内企业合作，其动机主要是企图获取如何开拓我国市场的隐含性知识，而其自身却不愿将核心技术转让给

我方企业，导致我国“市场换技术”战略的失败。针对该类合作中的机会主义，应选择合理的治理结构加以防范。可在合作协议中对外方企业的技术转让加以明确界定，经常举办“面对面”的交流为我方企业提供更多的技术学习机会。动态联盟中的治理结构对合作各方的利益保护都是至关重要的。

13.2.7　推进企业信息化建设

在企业经营管理中应运用计算机等现代化信息技术，完善网络建设，建设企业 Intranet 和 Extranet，实现信息共享。在以财务管理为核心的管理系统的基础上，开展企业资源管理，实现基础管理、研究与开发的信息化。借助企业资源计划(ERP)、计算机集成制造系统(CIMS)、计算机辅助设计(CAD)、计算机辅助制造(CAM)、计算机辅助工艺流程(CAPP)，建立企业研发链、生产制造链、供应链、客户链等支撑系统，实现企业人力、物力、财力、技术资源的优化。通过加强企业间的供应链管理(SCM)、客户关系管理(CRM)，密切企业与供应商、销售商的联系，跟踪技术、客户、市场，确保对市场变化的及时了解、迅速反应和竞争强势。经常组织人员学习优秀企业的先进经验，掌握出色的解决方案，推动企业信息化向深度和广度发展。

13.2.8　提高虚拟制造的应用程度

以企业的需求为动力，发展我国的虚拟制造技术。通过政府政策和计划的协调，深入开展成组技术、及时化生产技术、并行工程的研究与应用，利用工业工程思想和分布式网络化研究中心，组织各地区的科研力量集中突破与虚拟技术密切相关的技术(如媒体远程技术、网络技术、工程数据库技术、灵境技术等)，为虚拟制造功能的实现提供有力支撑。

13.2.9　实施电子商务发展战略

在汽车、银行、软件、出版物、音像制品等比较适合电子商务发挥长处的领域推行电子商务，在获得经验的基础上带动其他企业。对经济比较发达、信息化程度相对较高、对电子商务有需求和能产生效益的地区，鼓励它们发展各种形式的电子商务，发挥示范效应，并向其他地区推广普及。在推广中可采用电子商务与传统商务相结合，逐步提高电子商务的比重。

由于 Internet 是为交互操作而开发的，TCP/IP 协议用于科学家们交换研究信息，TCP/IP 和 UNIX 源代码的公开性和一些不安全的加密算法，以及开放与共享的网络目的，导致电子商务交往的安全问题。目前解决电子商务安全问题的措施，主要有访问控制、授权、身份认证、防火墙、加密存储与传送、内容控制、数据备份等。电子签名和认证是网上比较成熟的安全手段，在我国大多处于对 SSL 协议的应用上，而对 SET 协议的应用试验则刚刚成功。要完全实现 SET 协议安全支付，应建立全国统一的 CA 认证中心，可考虑电信网和广电网作为基本网络平台,因为它们具备相当的技术基础。以此作为基本网络平台,鼓励竞争,提高效率,消除垄断带来的弊端。

13.2.10 促进产学研的紧密结合

产学研各交易主体之间应充分沟通。国有大企业和高校对专利技术、科技成果在原理可行性、市场价值等方面的认识上基本趋同,这是良好合作的基础,双方应加强信息交流,共同削减沟通成本。

从高校方面说,科技成果在技术上应与企业生产接轨,完善专利的工程化开发工作,不要留下技术隐患,注意与企业现有技术平台的衔接,加强专利的技术经济分析工作。

政府有关部门应与高校一起,消除国有大企业在运用国内自主专利技术和科技成果方面的种种障碍。高校专利技术在向国有大企业推广过程中所遇到的一些不正常的"路障",应随着企业改革的逐步深化而逐渐被清除。

从某种意义上说,市场经济是信用经济,产学研合作同样必须建立在一个良好的信用基础之上,否则高昂的风险成本将使合作无从谈起。产学研各方是有不同利益需求的交易主体,其合作交易的客体——科技成果又是一种特殊商品,其价值认定、交易谈判和合作运营所涉及的环节较多,时间周期较长,有赖于合作各方强化契约意识和信用意识,共同创造互信氛围,才能有效降低风险成本。

高校应对科技开发机构进行功能再造,塑造高素质的交易主体——具有企业家素质的科研工作者,其科技成果的产业化才会有较大的成功率。如果科研人员不能兼有企业家素质和科学家素质,则必须让有杰出经营才能的人员加入课题组。几种类型的人才凝聚成一个利益共同体,形成强大的合力,才能使产业实体走向良性循环。科技开发机构应研究如何对专利技术进行工程化开发,开发之后如何进行宣传以推向市场,指导生产企业有效地吸收、消化成果并顺利地完成产业化过程,还要根据市场需求引导研究方及直接投资方共同研究开发适销对路的产品。需要给这些机构投入相当数量的启动资金,在这些机构中安排高素质的科技经营人才,这样才能够真正地将专利成果的开发、经营工作有效地运作起来。

第 14 章　虚拟企业案例研究

近年来，国内外企业界的管理新策略层出不穷，从柔性制造到企业再造，从团队理论到扁平组织，从虚拟制造到企业资源规划，从及时生产到智能管理，各种新方法、新模式竞相出台，掀起一波又一波的世界性管理新热潮。特别是有效集成上述管理策略的虚拟企业理念已渗透到各类企业管理之中，不少企业自觉或不自觉地运用“虚拟企业”战略，取得了巨大成功。由于虚拟企业模式可以全面整合其他企业管理模式，各类虚拟企业、半虚拟企业如雨后春笋般不断涌现，纷纷建立起的企业联盟构成一道亮丽的风景线。然而，有关研究表明，虚拟企业失败的比例也较高。本章搜集和整理国内外一些成功和失败的案例，以期为企业家和研究人员提供总结成功经验、汲取失败教训的素材。

14.1　国外成功案例

案例 1　沃尔玛与宝洁公司的战略联盟[50]

世界最大的零售商沃尔玛(Wall-Mart)和世界最优秀的日用消费品制造商宝洁公司(P&G)从 1991 年起开始合作。P&G 派专人到沃尔玛的店铺帮助进行预测需求和顾客偏好的调查，而沃尔玛各店铺的库存维持量、库存情况、销售情况的数据每天都通过 EDI 直接传输到 P&G 的地区流通中心，双方建立了自动发货和产品类别组合改善的系统。通过合作，沃尔玛的库存周转率增加了两倍，成本得到下降。P&G 也大大提高了产品周转率，还利用沃尔玛的其他营业促销活动获利。

案例 2　思科系统公司的虚拟企业模式[51]

作为全球最大的网络互联设备供应商，思科系统公司也是互联网商业的卓越实践者，基于互联网进行虚拟结算和虚拟制造，创立了“虚拟企业”的成功模式。

对于思科系统公司来说，充分利用互联网来管理和运作企业，是增强企业竞争力，给企业带来巨大财富的有效手段。它成功地开发和应用了全新的基于互联网的企业管理和生产系统——“虚拟结算”和“虚拟制造”系统。

在大型企业中,企业管理层制定经营策略、投资计划和资金运作方式等关键性政策的一个重要基础是定期汇总的企业结算数据。一般企业往往每隔几周甚至更长时间才能够完成一次结算工作。对于大型跨国公司来说,企业的部门和分支机构多,这个周期往往更长。企业管理层只有在一次结算完成后才能了解到前一时期企业的经营策略和运作方针是否成功,以及企业有什么地方出了问题。所以,在企业管理层采取措施之前,一个问题可能会在企业中存在几个月甚至更长时间,而企业管理层针对这些问题制定或修改的经营策略也会相对滞后。

"虚拟结算"利用网络将企业的各个部分连接在一起,把企业各部分的经营数据通过网络汇总到一起进行处理和结算。由于网络的高度实时性,这种结算工作可以很快完成,而不是像原来那样每隔很长时间才能进行一次。这种快速结算的能力将使企业管理层迅速地发现问题、掌握机会。它可以使管理者洞察企业运营的每一方面,对企业进行整体性的运营管理。如果让企业的雇员根据其授权了解这些数据,那么他们会更积极主动地执行企业的策略。这样,公司整体效率便得以提高。

在传统的企业管理模式下,企业内部的零部件采购、产品生产和销售等各个部门难以高效地配合工作。当零部件库存、产品订货等重要信息不能很好地在各个部门之间传递的时候,就很有可能出现零部件缺货或者产品积压等问题,这不仅会降低企业的生产效率,而且将明显增加生产成本,使企业在市场竞争中处于劣势。采用"虚拟制造"技术利用了网络的巨大优势,大大简化了生产管理和决策工作。

"虚拟制造"就是将大型企业分散在世界各地的众多部门虚拟成一个单一的大工厂,使得管理决策层可以在全局范围内轻易地管理和控制企业的生产。而这一切对企业雇员和客户来说是完全透明的,企业员工只需负责自己的工作,客户也只接触到一个统一的企业和完整的产品形象。

利用"虚拟结算"和"虚拟制造"系统,不仅可以在企业内部实时共享和交换信息,而且可以在企业与零部件供应商和销售商之间建立快速的信息共享和交换通道,使得从原材料采购到产品销售的整个企业运作过程变得畅通无阻。

"虚拟结算"和"虚拟制造"系统在思科公司的成功运用,极大地提高了思科系统公司的生产效率。原来需要 15 天时间才能完成的订货单结算工作,在使用"虚拟结算"系统后当天就可以做出详细的报告,第二天就可以完成对主要客户的全面分析。

"虚拟结算"使思科系统公司能够随时跟踪其全球范围内各种产品的销售及运行情况,及时抓住商业机会,走在竞争对手前面。

思科系统公司的成功,使"虚拟结算"和"虚拟制造"受到了广泛关注。人们越来越认识到，网络应用对未来企业的发展至关重要。

思科系统公司在 2000 财年第一季度的出色表现为我们提供了互联网经济时代的范例。在这个财季，思科公司的营业收入达到 38.8 亿美元，比上一财年同季增长 49%。这份报告公布后，思科公司的股票价格强劲上涨，11 月 23 日的市场价值达到 3010 亿美元，成为继微软和通用电气之后第三个市场价值超过 3000 亿美元的公司，在纳斯达克股票交易市场上跃居第二位。在亚太地区市场上，思科系统公司新财年首季营业收入比上一财年同季增加了 60%，是它在全球增长最快的区域市场。这些态势表明，思科系统公司正在席卷全球的互联网经济中确立卓越地位。

案例 3 麦当劳、可口可乐、迪斯尼的联盟

横扫世界市场的"三剑客"——麦当劳、可口可乐和迪斯尼被一只看不见的手拉在了一起，这只手无所不在，触及联合使用商标协议、联合开拓市场、联合开发新项目等领域。但这只手随时可能消失，一切全由利润决定。

可口可乐公司也向其他餐馆供应饮料，但它与麦当劳的关系不仅仅是卖方与买方的关系。由于可口可乐公司在世界许多国家都建立了销售网络，销售可口可乐的国家比有麦当劳的国家多两倍，所以搭乘可口可乐公司的"快车"，麦当劳也迅速向世界各国进发。从与各国银行的关系到生产装备的设计，可口可乐公司董事会和麦当劳公司的董事会经常进行广泛的联络，以协同行动。两公司的结盟没有任何的书面协议为依据。据可口可乐公司新董事长艾弗斯特说，他们靠的只是"一种共识和相互信任"。这种合作可以追溯到麦当劳 50 年代刚刚诞生之时。那时麦当劳的老板雷·克罗克第一个重大成功就是说服可口可乐公司的一个名叫普拉迪的年轻人向他提供可乐。

1997 年，麦当劳公司和迪斯尼公司开始了长达 10 年的正式联盟。到目前为止，联盟已取得了初步的胜利。迪斯尼公司推出一部没有任何新意、且制作粗糙的电影《会飞的橡胶》，然而多亏麦当劳的大力推销，使该儿童片的票房收入不菲。麦当劳还开始一项更大胆的行动：推销电影《善恶大决战》。迪斯尼公司为这部电影投入了 1 亿美元，由布鲁斯·威利斯主演。麦当劳在全世界的 2.35 万家连锁店将同时售票，并推出一款令人耳目一新的"太空餐"。

迪斯尼还时不时给麦当劳的员工们以意想不到的温情与惊喜。在奥兰多一座还没有对公众开放的迪斯尼动物王国乐园内，麦当劳的员工们被给予提前参观的特权。麦当劳也投李报桃，欣然赞助其中一个景点——恐怖园的建设。在动物王国乐园的外面，麦当劳餐厅展示着迪斯尼世界的各个有趣的动物及场景，员工们则身着有麦当劳标志的制服，快餐厅的中央还有一个巨大的可乐瓶在自动分发可乐。

可口可乐与迪斯尼的联系可能是这个三角关系中最薄弱的一环，但他们仍然有不少密切的合作。自1995年以来，可口可乐一直是迪斯尼乐园唯一的饮料供应商。可口可乐还帮助迪斯尼开拓海外市场。虽然迪斯尼有包括柯达和IBM在内的十几个大公司伙伴，以及无数的小公司伙伴，但是这并不影响与可口可乐的合作。

自从麦当劳与迪斯尼公司签订协议以来，还没有讨论过协议。协议的不固定性也正是其魅力所在，该聚则聚，该散则散，来去自由。这三个公司都强调，对联盟的控制权取决于各个国家的管理人员。他们认为，在一个自己没有经验的行业内投资是浪费资本。

案例4　Rosenbluth 国际联盟[32]

美国 Rosenbluth 旅行社为虚拟企业提供了成功的范例，它借助高效的信息技术和通讯技术以及分布在37个国家中的34个合作伙伴网络，能够提供全球服务。在取消美国航班价目表规定，引入计算机辅助订座系统后，美国市场上的价目表出现了很大差异，Rosenbluth 旅行社通过旅行代理人预定旅行的份额有了大幅度提高。Rosenbluth 旅行社专门为旅客分析订座系统中可供选择的航班价目表和时刻表，针对顾客特点提供最佳方案。Rosenbluth 在此起到信息代理人和信息服务部门的作用。这里，高效的信息逻辑是基础，即每天更新价目表，跟踪预定航班价目表的变化，在线存取价目表及通讯联系等。在美国国内业务大幅度增长后，各分支企业的战略瞄准在国际市场中的地位和权限。购买其他旅行社的做法很快被抛弃了，这种做法需要很大的投资和较长的时间。由于担心一些国家会对美国企业持保留态度，Rosenbluth 国际联盟的驻地设在费城，其首要目标是，根据当地专家的经验，在全球范围内为顾客提供最佳服务，除原来34家伙伴企业外，还与40多个国家的1 300个旅行社建立了联系。

遍及世界的伙伴通过订座系统保持联系，所有的伙伴可调用专门的程序系统，如面向费用的方案比较、面向顾客的评价程序、与 Rosenbluth 国际联盟有特别价格协议的宾馆预订报告系统等。瑞士的合作伙伴 Danzas 根据 Rosenbluth 国际联盟在瑞士顾客的要求，可在短时间内修改订票。Danzas 通过网络使用全部顾客的信息，24小时无偿热线服务由所有联盟伙伴共同提供。

Rosenbluth 国际联盟的这种合作非常稳定，由于国界划分，这些伙伴很少为自己的市场相互竞争。

案例5　Rauser 广告公司[32]

位于 Reutlingen 的软件制造商 Rauser 广告有限公司，被认为是德国虚拟企业的先驱。公司的主要工作是为广告部门和社会工作部门制作软件。公司由5人组成，在 Reutlingen 工作，另外有70多名员工，遍布全世界，根据项目任务组成虚拟团队。每个团队成员为完成任务而积极活动，在 Reutlingen 根据订单制定包括任务和时间表的详细方案。各个任务按工作合同形式安排，效益、质量、时间、范围都明确规定，不管是通过图形设计还是程序设计。报酬根据项目总经费确定。计算机、调制解调器、数据线路信箱同时也是通讯手段，人们几乎从不会面，采取远程工作。项目和开发部门的领导，在 Reutlingen 这个中央驻地协调遍布世界各地的程序员、图形设计员、对话设计员、声响和音乐创制人员、测试人员的活动。远程工作人员有充分的自由，自行决定工作地点和时间。例如，一个程序设计员在佛罗里达海滩工作，而一个绘画者在土耳其工作。重要的是，以尽可能高的质量准时完成各个工作模块，如对话、音乐、图形等。

案例 6　耐克公司[53]

耐克公司是世界驰名的体育用品制造商，然而实际上它只生产其中关键的产品部分——耐克鞋的气垫系统，其余几乎 100%的业务都是由外部供应商提供的。耐克公司把主要力量集中在新产品的研发和市场营销上，制造上采用"多层伙伴"策略，按不同合作对象的特点，采取不同的合作方式，这使得耐克公司的产值以 20%的年递增率增长。在 7～8 年的时间内，耐克为其股东赚取了 31%的利润。

案例 7　波音公司[54]

波音公司波音 777 客机的无样机设计和生产制造成功是虚拟模式的典型案例。波音 777 飞机的零部件超过 400 万个，其中有 13 万个外形设计和加工借助信息技术，世界各地的供应商利用专用电话线，每天 24 小时进行波音 777 零部件的设计制造。波音及其他公司可用因特网与供应商安全共享设计细节、制造规程、管理实况和财务的虚拟数据，这些公司在制造过程中就设计特征与客户进行沟通。继计算机辅助设计之后，各公司又在虚拟工厂内进行数字化预装配，通过有效路径、机床编程和控制参数实现精益制造，再用激光、金属基底和粉末喷射等计算机辅助设计直接制造部件。这种横向网络化的信息传递和控制，大大减少了"物流"传递的制造成本，实现资源的最佳配置，生产出高质量高技术产品。

案例 8　康柏公司

康柏公司为迅速攻进不熟悉的个人电脑市场，获得竞争优势，一开始便与数十家知名的软硬件公司结成动态联盟。康柏电脑的大部分零件均采取外包加工的生产方式，本身仅具备快速的研制能力和行销网络。如此轻巧的高弹性组合，使得康柏迅速夺取个人电脑市场，成为全球第一品牌。

14.2 国外失败案例

案例 1 通用公司与大宇公司联盟

美国通用汽车公司与韩国大宇公司结盟时，前者打算利用韩国廉价的劳动力生产一种低成本的汽车以对抗日本公司，后者想通过加强出口成为主要的汽车制造商。开始两者的目标是一致的，但随着韩国经济的发展，原来所具有的低成本出口优势消失了，大宇公司的目标发生了变化。同本国的竞争对手一样，大宇公司也转向受保护的有利可图的国内市场。双方的合作关系随之破裂。

案例 2 ICI 公司与伊尼城公司的结盟

1984 年，ICI 公司与伊尼城公司结盟，共同生产销售 PVC 产品。双方利益的共同点是想在产业内以有序的方式降低过剩的生产能力，但双方的目标是冲突的。对伊尼城公司来说，PVC 是其核心业务的一部分，因而希望扩大投资。对 ICI 公司来说则不然，塑料制品不是它的核心业务，其主要目标是想在亏损状况中做些挽救工作，对扩大投资并不感兴趣。随着矛盾的不断激化，ICI 公司退出联盟，联盟体宣布解散。

案例 3 Spartan Stores 的连锁经营[53]

Spartan Stores 是一家杂货连锁店，在开始“供应商管理库存”计划一年后中止了努力。该计划失败的一个重要原因是，零售商在订货工作上所花的时间没有比实施计划前少，他们没有充分信任供应商而是对库存和“供应商管理库存”所涉及货物的发货进行监控。一有出现问题的迹象，零售商就进行干预，同时供应商也没有多做工作来减轻零售商的担忧。问题并非来自供应商的预测，而是由于供应商没有能力进行产品促销，因为这是连锁店的业务范围。由于供应商不能恰当解决促销问题，需求高峰时期的发货数量经常少得令人难以接受。此外，Spartan Stores 的人员感到，“供应商管理库存”计划所实现的库存水平并不比公司精心管理的传统供应商计划低。

必须注意的是，Spartan Stores 与部分供应商之间的“供应商管理库存”计划是成功的，这些供应商都拥有较好的预测技术。Spartan Stores 准备连续补充计划，这样，库存水平的变化会自动引发对某些供应商的固定订货批量。

案例 4 IBM 的虚拟经历[53]

当 IBM 在 1981 年末决定进入个人计算机市场时，该公司没有适当的部件来设计和制造个人计算机。IBM 没有花费时间来发展这些能力，而是从外部购入大部分个人计算机部件。微处理器是由英特尔设计和制造的，操作系统由当时位于西雅图的名为微软的一家小公司提供（它就是现在大名鼎鼎、以 Windows系统几乎垄断全球PC操作系统的"微软公司")的。因此,IBM才能在跟随其他公司之后,利用自身的技能和资源进行设计之后的15个月内将计算机推向市场。在随后的3年内就取代苹果(Apple)公司成为个人计算机的第一大供应商。至1985年,IBM的市场份额超过40%。但当竞争者康柏(Compaq)公司能利用同样的供应商进入市场时,IBM公司战略的弱点很快就暴露出来。当IBM公司试图引进具备所有权的新的设计和OS/2操作系统的PS/2计算机生产线时,其他公司没能随后跟进,原有的个人计算机体系依旧在市场上占据统治地位。到1995年底,IBM的市场份额下降到8%,落后于市场领先者康柏公司10个百分点。

案例5 Mips的ACE联盟[57]

1991年Mips公司与6家半导体厂商建立基于Mips微处理器架构的ACE虚拟企业,该联盟创立之初,成员公司达21家,之后又迅速膨胀,至7月拥有60多家成员公司,10月则拥有近200家成员公司。由于关键成员DEC和Compaq的退出,以及核心企业Mips公司管理企业能力的欠缺,组织体系中缺乏相应的专职处理虚拟企业事务的机构,加上最高层领导在处理虚拟企业与合伙事务方面缺乏经验,难以协调为数如此众多的成员间的关系,导致ACE财务状况恶化,R&D经费削减,技术优势削弱。最终,Mips公司被迫解散ACE联盟,Mips公司自身也被SiGraphics兼并。

14.3 国内成功案例

案例1 无锡高科设计制造公司的虚拟策略[58]

无锡高科设计制造公司只有8名员工和几间办公室,既无厂房又无设备。但成立半个月以来,已经接下几十万元的订单,各种模具和零件产品源源不断地下线,它采取的就是"虚拟企业"的新经济模式。

最近,一家企业发来一批零件订单,高科公司只负责设计,委托模具厂制造模具,零件加工厂生产产品,最后高科公司把成品交给客户。在客户看来,这些产品就像是高科公司自己生产的。其实,大部分工序都由"盟友"完成,"盟友"包括IBM、UGS等国际知名公司,上海交大、南开大学等国内著名科研院所和一批设备先进的厂家。

通过互联网外包业务,高科公司使不少企业与科研院所的闲置设备重新运转起来。高科公司认为,传统企业无论大小,设计、制造一条龙,但我们却不在乎设施的完备,任何资源只要为我所用,就是公司的一部分。从大范围看,美国的设计能力强,中国的劳动力低廉,柬埔寨的出口纺织品不受配额限制,世界各地的生产要素各具优势；从小范围看，国内许多地方资产闲置，有待利用。如果能够跨地区跨行业重组这些资产，就能获得巨大成功。有了互联网，各种复杂的设计模型都可以通过网络传输，以此实现大规模外包。

这种“外包加工”的做法其实早已有之，但传统企业一般只是外包少量工序，而实行“虚拟企业”策略的高科公司则把大部分甚至所有工序都外包出去。

案例 2　华晨集团公司的虚拟运作[58]

位于沈阳的华晨集团公司于 2000 年推出新研制的“中华”牌轿车是我国汽车工业虚拟运作的典范。华晨集团公司是整个虚拟运作的协调者，其核心能力是构想与集成，从设计到零部件均采用外包的形式予以解决，这些设计公司和零部件企业都是全球一流的企业，在自己的领域具有绝对的核心能力。整车的组装由公司控股的沈阳金杯客车有限公司完成。

该车在设计理念上打破国产品牌必须 100%自主开发的观念，坚持“拥有知识产权、合作设计”的原则。“中华”牌轿车于 1997 年开始开发，华晨公司经过多方比较，最后选择意大利都灵的朱加罗设计公司进行车型设计，通过英国 MIRA 公司进行样机试验，同时得到德国宝马公司的无偿技术援助。该车零部件全部参照宝马轿车的标准，关键零部件采取以国产件为主体的全球采购。开发初期，华晨公司与全球 50 家大汽车零部件企业的前 10 名签订零部件开发和生产供货协议。同时强调造型要符合文化习惯，外型设计要稳重大方，满足国人的审美观念。

中华轿车本着“开发制造整车自主知识产权，技术质量水平与国际同步，适合中国国情，国人消费得起”的方针，充分利用国际分工合作，采取虚拟企业模式，历时 3 年完成。它的市场定位为适用公务、商务、经营的中高档轿车。整车制造成本与国际著名汽车公司同档次车相近，市场售价在 15 万元到 25 万元之间，分为豪华级、华贵级、标准级三个档次，比国内同类合资车型售价低 30%到 50%，2001 年投入批量生产，2002 年产量达 5 万辆。它是国人拥有 100%整车和主要配套件知识产权的民族汽车品牌。

案例 3　中科大讯飞信息科技公司的虚拟联盟[59]

位于安徽省合肥市的中科大讯飞信息科技公司于 2000 年组建“中文语音技术创业联盟中心”，该中心是讯飞公司凭借其具有自主产权的核心技术——讯飞汉语语音合成技术而成为盟主，与中国科大、中科院声学所、中科院自动化所、社科院语言所、深圳华为公司、IBM、Inter、Etouch、Analog Device 等近百家单位的科研人员，基于“项目型合作”团队方式结成的动态联盟。

该中心没有固定科研人员，从各合作单位选拔科研人员基于项目成立临时研究小组，利用通讯网络和研讨会把小组成员“虚拟”在一起，成员相互学习、共同研究，进行知识交流与合作，创造新知识，研制新产品。公司给予每位成员充分的权力，成员具有独特的技能、团队合作的精神、创新性冲动，成员间信息沟通方便，不断弘扬知识合作的文化氛围。

中心自成立以来，已推出 LMA 语音合成器、KD2000 中文语言合成系统、博思智能中文平台等近 10 种产品，为公司带来巨大经济利益，支撑公司核心技术的持续创新的发展。

案例 4　小天鹅公司的动态联盟[60]

位于江苏省无锡市的小天鹅公司从 20 世纪 90 年代起与近 10 家国内外同行先后结成战略联盟，以虚拟企业的形式为自身的发展提供了广阔的空间。

与荷花的合作：小天鹅与荷花的合作是建立在一个标准之上的。如果有两个标准，对荷花不公平，对消费者也不负责任，因此，小天鹅与荷花达成共识：标准只有一个，就是满足用户需求。另外，由于使用一副模具，生产出的产品外观相同，会导致市场冲突，因此双方约定，小天鹅牌的双桶机不在湖北等荷花热销的市场露面，此举赢得了荷花员工的信任和当地政府的好感。1998 年和 1999 年，与小天鹅结盟的新乐、沙东、荷花税利都突破了千万元，创造了这些企业建厂以来最好的纪录，而小天鹅也壮大了自己的力量。

与宝洁的合作：宝洁和小天鹅是多年的合作伙伴，实践证明洗衣机和洗衣粉不能相互取代。如今，在中国名牌大学的生活区里，“小天鹅—碧浪”洗衣房为莘莘学子提供着便捷经济的服务。宝洁在推出新一代碧浪洗衣粉前及时通报小天鹅公司：使用新一代洗衣粉洗衣时，如果浸泡一段时间，洗涤效果会更佳。小天鹅根据这个信息及时开发了具有预洗功能的多款新颖洗衣机与新一代碧浪相匹配。双方不定期地确定统一促销策略，协调使用不同的传播手段，发挥不同传播工具的优势，例如：宝洁请小天鹅通过电视广告、产品派送，向消费者推荐碧浪洗衣粉；小天鹅通过宝洁找到了开发更贴近消费者的洗衣机的依据，双方从促销宣传转向了更深层次的合作。

与荆州的合作：荆州洗衣机厂有一套向国外定制的双桶生产设备，造型新颖，但苦于缺少巨额后续资金。小天鹅与荆州友好协商，买回模具且以租赁的形式委托荆州洗衣机厂加工小天鹅洗衣机。这对荆州洗衣机厂是个很好的发展机遇，如今小天鹅在荆州已逐步建立了平等互利、相互尊重的正常交流协调制度，荆州洗衣机厂从此走出了低谷。

与罗兰的合作：长春罗兰一开业就委托小天鹅管理。罗兰董事长认为，罗兰是个好项目，但只有尽快进入市场，这个项目才能充分发挥效益。鉴于这一情况，公司果断决定创造一切条件向国内洗衣机行业的佼佼者无锡小天鹅公司靠拢。经过一年多的合作，小天鹅在长春实现了无阻力管理。罗兰的产品已进入国内 245 个城市的 1696 个商店进行销售。

与科龙的合作：小天鹅与科龙两大家电行业巨头结盟的突破点是通过电子商务采购系统，进行共同采购。双方共同推出由双方合作、第三方独立经营的易达世和易连网，同时兼容 B2B 和 B2C 模式。这两个网中，科龙和小天鹅资源共享，逐渐实现共同采购，以降低采购成本。仅从采购费用的角度，这种模式将为厂家节约 10%～15%的采购费用，为供应商增加 20%～35%的供应量。

小天鹅通过战略联盟把各企业的技术和管理优势组合成一种新的、更强大的协同优势。按照市场订单，快速组织多企业制造，不仅减少大量制造费用支出和资金占用，还充分利用了他人的劳动和要素投入，将制造中的质量、交货时间等风险分散到各参加者，最大限度地缩小了制造产品规模而自已则集中精力设计产品，并以产品品牌等开拓市场，以虚拟企业的形式组成联合舰队，提高了市场经营效益和企业内部管理效益。

案例 5　海尔集团整合全球资源[61]

2001 年，海尔集团实现全球营业额突破 600 亿元，出口创汇突破 4.2 亿美元，同比增长 50%，被《福布斯》杂志评为世界十大白色家电制造商的第六位，据欧洲 Euromonitor 的统计显示，海尔冰箱在全球冰箱品牌中排名第二，海尔洗衣机名列第三。海尔的目标是创世界名牌，围绕创世界名牌的目标，海尔集团坚持创新，创业 17 年来保持了年均 78%的增长速度。随着中国加入 WTO，海尔制定了迎接挑战的"三步走"竞争战略：第一，通过整合全球资源来实现国际化；第二，在国际化的基础上实现在国际市场上的品牌本土化；第三，依托本土化，寻求与国际对手建立竞争合作的关系，改变过去你死我活的关系。海尔整合全球资源，已经实现五个全球化：设计的全球化、采购的全球化、制造的全球化、营销的全球化和资金运作的全球化。

设计的全球化。海尔在国外一共有 8 个设计中心，主要在美国、欧洲、澳大利亚、日本、韩国等发达国家。整合这些国家非常优秀的资源为海尔所用，帮助海尔提高世界竞争力。

采购的全球化。海尔每天采购的原材料和零部件有 26 万种，如果要靠人工来控制是几乎不可能的，必须通过计算机进行管理。海尔通过互联网在全球范围内进行网上招标、网上采购，采购到对海尔最有利的资源。另一方面，海尔通过全球采购，寻求到最好的分供方与其一起进行产品的前端设计。让分供方不只是供货，还要参与产品的前端设计。比如说，海尔的钢材分供方优化后只有三大家：日本的新日铁、韩国的浦项和上海的宝钢。不锈钢的优化分供方是德国的克鲁伯和日本新日铁的合作，就不只是提供质优价廉的钢板，这只是次要的，重要的是，他们要不断地到海尔的设计室一起进行研究，提供更新的材料，共同设计出更好的产品。所以全球采购不再是停留在采购一个质优价廉的零部件，而是和全球最好的分供方建立一个战略联盟关系，目的还是盯住市场，也就是海尔的分供方不只是盯住海尔，也要盯住海尔的用户。

制造的全球化。海尔现在在海外建立了 13 个工厂，其中在美国和巴基斯坦各有一个工业园。在这些地区的本土化制造使海尔可以以最快速度满足用户的需求。

营销的全球化。海尔现在在海外有 40000 多个营销网点，海外销售公司有 12 个。营销的全球化，海尔有三个基本原则：互动、发展、创新。也就是海尔在美国的一些好的销售经验可以被欧洲的网点学习，欧洲的好的经验可以被中东的网点采纳。

和全球竞争对手从竞争关系变为竞争合作关系实现本土化，海尔认为，在互联网时代，企业生存的关键就是速度。海尔竞争合作的目的就是和他们一起获得市场竞争所需要的速度，应该达到电子商务所要求的速度。比方说与爱立信的合作，在手机上，是竞争对手，但在蓝牙技术上是非常好的合作对象。海尔在日本和一家全球知名的电器跨国集团签订一个全面合作的协议，将利用它的网络，全面负责海尔产品在日本市场上的宣传和销售，但用的品牌是海尔。如果在过去，这是不可思议的。

海尔认为，加入 WTO；企业只有主动迎接挑战，才能在挑战中发现自身的不足，才能寻求和发现机遇。2001 年，海尔进入金融业，搭建了海尔的金融框架，包括入主青岛商业银行，控股鞍山信托、长江证券，成立保险代理公司、人寿保险合资公司、财务公司，以及成功在香港借壳上市，为进入国际资本市场奠定了基础。

案例 6　同济大学现代制造技术研究所的桌面视像会议系统[62]

同济大学现代制造技术研究所与香港理工大学制造工程系、中国科学院沈阳自动化研究所现代制造 CAD/CAM 开放实验室联盟成立虚拟小组，以国际互联网为基础，利用电子邮件、万维网和桌面视像会议系统共同讨论设计的问题。

在虚拟小组中，Microsoft 公司的 Netmeeting 桌面视像会议系统被作为小组成员联系的工具。Microsoft Netmeeting 提供了一个完整的、基于国际互联网的视像会议方案，它具有以下功能：①连接（connect）：Microsoft Netmeeting 为用户注册提供了多个服务器，能够观看到当前已注册的用户名列表。“连接”为虚拟小组成员召开视像会议提供了连接方法。②音频与视频（audio & video）：声音和图像连接到参加会议的每一位成员，这使视像会议如同通常的面对面工作会议一样。③共享与协作（share & collaborate）：应用共享能在会议期间与其他成员共享一个已启动的应用程序，在计算机屏幕上所看到的运行结果与其他人看到的完全一样。④白板(whiteboard):像办公室内的白板一样,会议参加者可以在白板上作出各种解释。由于白板上的文本和图形可以存储在一个文件内,会议结束后仍可查看它们。⑤笔谈(chat):由于网络带宽的限制,同时传送声音和图像常常有不同时的现象。“笔谈”可以作为会议成员交谈的补充工具。⑥文件传送(filetransfer):“文件传送”能在会议期间把文件传送给参加会议的其他成员,会议结束后,每个人都能得到最新的会议文件。

香港的小组成员在 AutoCAD 中绘制的零件图形存储在他们的万维网服务器中。这些图形或者以 AutoCAD 的文件格式(DWG),或者以通用的格式(DXF)存在。其他地点的小组成员可通过浏览器(如 Netscape)浏览香港的网页,并可把所需要的 CAD 图形下载到本地计算机上。

如果上海、沈阳和香港的小组成员要一起讨论设计中的问题,则可通过电子邮件约定举行工作会议的时间。各方在约定的时间启动 Netmeeting 桌面视像会议系统,并使用“connect”项进行连接;接着启动 Windows 版本的 AutoCAD 软件,打开要讨论的 CAD 图形,并用“share & collaborate”项将它设置为共享。这时,在各地的计算机屏幕上都显示相同的 CAD 图形。如同面对面的工作会议一样,大家可以提出自己的意见,共同修改图形,并用白板作出各种注释。

案例 7　中港集团二航局的设计施工总承包联合体[63]

中港集团二航局在承建润扬大桥项目时,借鉴现代国际工程管理模式,首次在公路桥梁建设中引入“带案招标”建设模式,结成富有成效的“中字号”设计施工总承包联合体,创造了多个建筑企业动态联盟的奇迹,为我国建设高技术含量的公路桥梁工程闯出一条新路子。

二航局从我国建筑业的第一集团军中,选择同济大学为锚踮基础结构设计单位,清华大学为设计复核单位,长江水利科学院为封水防渗与深井降水设计单位,中国水利水电基础工程局为地连墙施工单位,“中水”与葛洲坝工程局为封水防渗帷幕施工单位,武汉冶金勘测设计院为深井降水与软基处理施工单位,上海岩土工程院为监测单位。二航局通过凝聚这些中国相关专业一流队伍的合力,在集约与集合中形成整合优势,在开拓与创新中造就国际一流的工程建设队伍。

二航局作为联盟的“盟主”,具备总揽设计施工的领导能力,以及“诚、信、仁、德、智”的协调能力。成立以局主要领导为首的专家小组,选派擅长特大桥技术与管理的副局长担任项目经理,局副总工程师任项目总工程师,运用系统原理、信息原理和统筹原理,协调运作,使联合体各方从磨合到默契,用 164 天时间创造世界罕见的矩形地墙“壁合一体”的奇迹。

案例 8　中创软件的“国际化共享战略”[63]

实施“国际化共享战略”,组建广泛的软件企业动态联盟,是国内软件企业迎

接WTO机遇和挑战的必然选择。中创软件率先实施了"国际化共享战略",获得了巨大成功。

中创软件与国际大型IT企业广泛合作,跟踪国际先进信息技术的发展,提高软件产品的市场竞争力。它与IBM、Oracle、惠普、英特尔、微软等多家国际著名企业建立了良好的联盟与合作关系,受益匪浅。IBM每年为中创软件提供的技术培训达数百人次,中创软件与惠普建立联合实验室,实施电子商务策略。

中创软件与国外大学和科研院所合作吸引外籍技术人员或研究生来华参加工作,为他们制定了详细的工作计划,这为中创软件了解国外最新的信息技术和管理经验开辟重要渠道。中创软件特别重视引进那些了解国际信息技术动态的留学生,逐步建立起一支具有国际背景的知识团队,加速企业的国际化进程。

通过实施"国际化共享战略",中创软件在知识、技术、管理和机制等方面迅速与国际接轨,提升了企业的核心竞争力,成功完成美国公司关于图形处理方面的项目,被国家863计划列为全国软件产业国际化示范骨干企业。

案例9 圣象公司的"虚拟经营模式"[64]

赫赫有名、挥斥方遒的圣象公司,居然没有一间属于自己的厂房,没有一条属于自己的生产线,它销售的是德国的产品,经营的是自己的品牌。圣象的策略就是现代企业经营的最高境界——虚拟经营模式。作为中国强化木地板业的领头羊,圣象把主要精力投入到品牌、营销网络、特许经营、知识产权等无形资产上,避免了大量投入有形资产的风险,通过整合社会资源,成为虚拟经营的成功典范。

圣象集团是一个盟主,它掌握营销的核心——品牌,德国艾格公司负责生产,国内各级经销商负责具体销售,它们是圣象旗下的盟员。圣象与它们之间没有直接的行政隶属关系,但互补和共同利益使它们连接起来。

选择德国艾格公司作为合作伙伴,是考虑到其生产的强化木地板的高品质。强化木地板是高科技产品,先进的科学技术是构造优质产品的根本;强化木地板是特色产品,具有质量特色的产品才能成为名牌产品。德国艾格公司是世界上第一个得到ISO9001质量认证的木材加工企业,产品符合DIN、ENC、EI标准。同时,艾格公司也希望打入中国市场,获取巨额利润。

营销网络是圣象虚拟运作的基础,圣象在全国各地设立代理商,发展经销渠道,建立经销代理制度,保护经销商权益,对经销商进行销售和安装培训,并提供各种配套材料和辅助器具等。

圣象把顾客作为外围经销人员,把顾客反馈的信息纳入公司的营销体系,成为下阶段营销的重要依据。通过对老客户的访问,及时确定自己的目标消费者,并对服务质量和产品样式做出改进。

国家统计局对1998年消费品市场的调查显示，圣象品牌在木地板类商品中销量第一，评估其品牌价值逾3亿元，成为强化木地板行业的“金字招牌”。

案例10　联华超市的连锁经营[65]

联华超市成立于1991年，是上海首家以发展连锁商业为目标的超市公司。1995年，联华超市网点数41家，销售额2亿元，利润7.6万元，是1991年以来的第一次盈利；1996年网点数108家，销售额8亿元，利润516万元；1997年网点数230家，销售额24亿元，利润3534万元；1998年网点数340家，销售额32亿元，利润2855万元。

联华超市经过多年的探索与发展，由初创时的粗放阶段向集约化和规模化发展，通过资本运作的多元化，采购、配送、销售的专业化，经营的个性化，服务的标准化，管理的科学化，创造了良好的经济效益和社会效益，确立了全国连锁超市的领头羊地位。

联华超市实现公司部门、地区、门店的大联网，实现办公自动化，构建“虚拟商店”，实现电子商务。

案例11　大连理工大学与Wales大学的虚拟研究联盟

大连理工大学工程力学研究所就计算力学若干问题与英国Wales大学Swansea学院（UWSC）和Cardiff学院（UWCC）组成校际联盟，彼此取长补短，发挥互补优势，收到较好效果。

大连理工大学工程力学研究所是由钱令希教授亲自创立的，在国内外享有较高声誉，该所钟万勰、程耿东教授曾为中国计算力学学会第一、二届主任委员。我国在计算力学研究领域的某些方面已达到国际前沿水平，但总体水平还相对落后。UWSC的土木工程系在计算力学领域处于国际先进水平，该系O. C. Zienkiewicz教授长期担任国际计算力学学会主席，是有限元方法的奠基人之一。UWCC的F. W. Williams教授享有较高的国际声誉，他在结构动力分析方面的重要成果在美英航空工程中被长期应用。该项校际合作研究的主要内容为：海洋工程中的力学问题，极限分析及计算土壤力学，自适应有限元网格划分，高等结构动力学与优化控制。

通过合作，双方在上述领域取得一批高水平研究成果，在国际刊物发表论文30余篇，在国际学术会议上作大会报告近10次，赢得了较高的国际声誉。UWCC土木工程系在全英高等学校水平评估中首次获得最高等级5A，F. W. Williams教授也成为该校成果最丰富的教授之一。

钟万勰教授提出计算结构力学与最优控制理论时，最初在国内反应平平，但英国的一些学者却作出迅速反映，特邀他在国际杂志《J. System Eng.》创刊号上发表文章。李锡夔教授与Zienkiewicz教授合作完成“变形多孔介质中的多相流

及其有限元分析”成果，达到国际前沿水平。通过学习对方的先进思想和方法，大连理工大学工程力学研究所完成的研究成果“结构优化设计的理论与方法”获国家自然科学二等奖。合作研究成果在国民经济和国防建设中得到了具体应用，解决了上海市人民广场地下工程的攻关问题。

14.4　国内失败案例

案例1　瀛海威公司的发展历程[66]

瀛海威信息通讯公司于1996年在北京中关村成立，同年9月，国家经贸委属下的中国兴发集团投资瀛海威公司，1997年瀛海威公司与微软结成战略合作伙伴，3个月内开设上海、北京、广州等8个中心城市网站。1997年6月，国家邮电部门投资70亿元启动169全国多媒体通讯网，全国范围入网价格大调整，瀛海威公司月收入严重下跌。1998年，瀛海威公司总裁辞职，同年管理团队集体出走，全能型、收费的瀛海威从第一梯队掉落下来，退出主流行列。

但与此不同的是，1996年，以“美国在线”为代表的全能型网站受到全面挑战，网民在浩瀚无涯的信息海洋中希望找到一盏指路的航灯，雅虎单股股价由13美元升至43美元，成为市值高达8.5亿美元的新巨人。瀛海威公司没有修正其运作模式，向雅虎式的门户类网站转型，使历史性的机遇擦肩而过。

瀛海威公司高层管理人员认为，从1996年开始，中国的Internet市场发生变化，瀛海威公司却没有进行战略上的调整，还是一味炒作，沉溺于品牌形象宣传，网站的技术结构、服务内容没有实质性调整，以至于在应该得到回报的时期停滞不前，给后来者以追赶的机会。

案例2　三株公司的兴败[66]

1994年，在山东济南，三株实业有限公司成立，注册资金30万元，1997年底公司净资产48亿元，1999年公司停业。

以30万元起家，在短短3年内开创资产48亿元的三株帝国，是因为其创造了中国第一营销网。三株公司把中国市场分割为四大区域：东北区、华北区、西北区、华东区，四个区设区经理，引进日本“贩卖、人事、总部、制造”四个轮子框架结构，成立制造中心、营销中心、财务中心和组织人事中心。最鼎盛时期，三株公司在全国所有大城市、省会城市和绝大部分地级城市注册600个子公司，在县、乡、镇有2000个办事处，各级行销人员超过15万。

1997年之后，三株公司便患“综合紊乱症”，表现为企业与政府、传媒、市场、内部管理的不协调。以所谓“利益共同体”构筑的企业与政府的链条是十分脆弱的，三株公司与部分传媒的关系是通过高额广告投放维持的，在市场发生波动时，一些传媒便“翻脸不认人”。在市场方面，由于十多万人、数千个指挥部在前线作战，总部疲于奔命而无可奈何。其独特的思想、结构和理念曾促成三株公司爆发式增长，最后却又给企业自身带来强烈的副作用。

案例 3　亚细亚的连锁经营[66]

1989 年 5 月，位于郑州的亚细亚商场开业，其服务理念“微笑服务”、“服务事故”、“顾客是上帝”闪现出智慧光芒，很多创意活动如“不满意退钱换货”、“设立营业员委屈奖”让众多商家一再效仿，它还在商界引入“商场 CI 形象策划”，第一个明确提出“目标市场”，第一个尝试“开架售货”，第一个在国内商场将妇女、儿童作为购物主流考虑，单设化妆品部、童装部、玩具部、时装部。1990 年，亚细亚的营业额达到 1.86 亿元，名列全国大型商场第 35 位，是上升速度最快的一家，此后 3 年，营业额以年均 30%以上速度递增，稳居河南第一，其广告词“中原之行哪里去——郑州亚细亚”为人们耳熟能详。

1993 年底，亚细亚踏上“连锁经营”的不归路，在制定的规划中明确表示，建立“亚细亚海运公司”，合作建立“亚细亚航运公司”，除莫斯科、悉尼外，在香港建立货源中转站，在巴拿马插上亚细亚旗帜，在美利坚合众国扎上一颗暗钉。但对什么是连锁商业，为什么要搞连锁商业，连锁百货与传统百货模式有什么质的区别和连锁百货有什么优势，亚细亚没有思考，也没能搞清楚。它缺乏起码的可行性论证的规划，只是全面出击和无度扩张，缺乏协调和控制。

1996 年 6 月，亚细亚集团董事会对各地连锁店经营情况通报，北京一天只卖七八十万，上海只有三四十万，省内几个店每月亏损 400 万，北京、上海、广州每月亏损 2000 万。1997 年始，各连锁店相继停业。被媒体称为“商界航母”的亚细亚总部——亚细亚五彩广场有限公司也于 1998 年关门停业，1999 年初“复业”仅一个月便又草草收场。

案例 4　爱多公司[66]

爱多公司于 1995 年在广东中山市成立，1997 年公司销售额为 16 亿元，名列中国电子 50 强。然而，到 1999 年，爱多公司固定资产 8000 万元，库存物料近 2 亿元，负债 4.15 亿元，公司资不抵债 1.35 亿元，最后进入破产程序。

在爱多本部，只有一栋办公楼，几条流水线，固定资产不超过 1000 万元。爱多公司靠契约关系组织一批加工厂制造部件，一批经销商销售商品，通过这两类商家融资，得到巨额流动资金，这在当时是天才的设想和先进高效的运作模式。但随着企业规模的膨胀，新的融资渠道始终没有打通，造成公司对其他商家资金的依赖性越来越大，致使爱多公司险象环生，最后进入破产程序。

参考文献

[1]Nagel R. N. etc. 21st *Century Manufacturing Enterprise Strategy*[R]. Iacocco Institute, Lehigh University, Bethehem, 1992

[2]徐晓飞.未来企业的组织形态——动态联盟[J].中国机械工程,1996,7(4):15～19

[3]陈禹六,赵虹.CIMS系统体系结构中的经济视图[J].计算机集成制造系统,1999,(1):39～45

[4]Flavio Bonfatti, Paola Daniela Monari, Paolo Paganelli. *A Rule-based Manufacturing Modelling System* [J]. *International Journal of Computer Applications in Technology*, 1997, 10(1－2):1～14

[5]顾冠群.CIMS在我国制造业的应用和发展[J].中国机电工业,2000,14(2):34～35

[6]赵春明.虚拟企业[M].杭州:浙江人民出版社,1999:135～289

[7][美]萨维奇.第五代管理[M].谢强华等译.珠海:珠海出版社,1998:287～349

[8][美]戈德曼.灵捷竞争者与虚拟组织[M],杨开峰译.沈阳:辽宁教育出版社,1998:245～248

[9]张曙.以独立制造岛为基础的虚拟制造[J].中国机械工程,1996,7(5):21～24

[10]谢友柏.分布式设计知识资源的建设和运用[J].中国机械工程,1998,9(5):16～18

[11]汪应洛.虚拟研究开发中心[J].中国机械工程,1998,9(1):28

[12]顾新建,祁连.面向21世纪的制造系统模式的比较研究[J].成组技术与生产现代化,1997,(4):18～23

[13]沈斌,张平慧,张曙.虚拟制造及其体系结构[J].成组技术与生产现代化,1997,(4):24～27

[14]王宏典,张友良,陆春进.面向先进制造技术的CSCW系统[J].机电一体化,1998,(2):16～18

[15][美]瑞克曼,合作竞争大未来.苏怡仲译.北京:经济管理出版社,1998

[16][英]戴维·福克纳.竞争战略.北京:中信出版社,1997

[17]王硕，费树岷，夏安邦. 应用与发展研究国际合作绩效评价系统[J]. 科研管理，2001，22(5)：45～48

[18]周荫清. 信息论基础[M]. 北京：北京航空航天大学出版社. 1993

[19]Gu Changyao，Qiu Wanhua. *Complex Entropy and Its Application. Chinese Journal of Aeronautic*[J]. 1992，5(3)：159～165

[20]曾勇，唐小我. 非负权重最优组合预测的计算方法研究[J]. 统计研究，1994，(4)：70～74

[21]王硕，唐小我. 组合预测软科学方法研究. 运筹与管理[J]，1999，8(1)：83～86

[22]王硕. 组合预测系统综合研究. 科学管理研究[J]，2000，18(4)：42～45

[23]唐小我. 组合预测与决策的新方法及其应用研究[J]. 成都：电子科技大学出版社，1997：5～10.

[24]席酉民，尚玉钒. 和谐管理理论[M]. 北京：中国人民大学出版社，2002

[25]Dover R. 敏捷企业(上)[J]. 中国机械工程，1996，7(3)：22～27

[26]Dover R. 敏捷企业(下)[J]. 中国机械工程，1996，7(4)：23～26

[27]魏一鸣，徐伟宣. 虚拟企业及其智能化管理[J]. 中国管理科学，1999，7(2)：30～36

[28]叶丹，战德臣，徐晓飞. 企业敏捷性及其度量体系[J]. 中国机械工程，1998，9(4)：21～23

[29]Satty TL. *The Analytic Hierarchy Process*[M]. New York：McGraw Hill，1980. 16～48

[30]贺仲雄. 软科学决策[M]. 沈阳：辽宁人民出版社，1988. 213～232

[31]吴俊卿. 绩效评价的理论与方法[M]. 北京：科学技术文献出版社，1992. 128～141

[32]张立明. 人工神经网络的模型及其应用[M]. 上海：复旦大学出版社，1993. 32～51

[33]陈守煜. 系统模糊决策理论与应用[M]. 大连：大连理工大学出版社，1994

[34]傅立. 灰色系统理论与应用[M]. 北京：科学技术文献出版社，1992：271～288

[35]徐维祥，张全寿. 一种基于灰色理论和模糊数学的综合集成算法[J]. 系统工程理论与实践，2001，22(4)：114～119

[36]刘思峰，党耀国，方志耕. 灰色系统理论及其应用(第三版)[M]. 北京：科学出版社，2004：96～125

[37]冯蔚东,陈剑.虚拟企业中伙伴收益分配比例的确定[J].系统工程理论与实践,2002,23(4):45～90

[38]郑文军,张旭梅,刘飞.敏捷虚拟企业利润分配机制研究[J].管理工程学报,2001,15(1):26～28

[39]陈菊红,汪应洛,孙林岩.虚拟企业收益分配问题博弈研究[J].运筹与管理,2002,11(1):11～16

[40]孙东川,叶飞.动态联盟利益分配的谈判模型研究[J].科研管理,2001,22(2):91～95

[41]叶飞,郭东风,孙东川.虚拟企业成员之间利益分配方法研究[J].统计与决策,2000,(7):11～12

[42]H. 哈肯.高等协同学[M].郭治安译.北京:科学出版社,1989

[43]李建勇,查建中,鄂明成.超循环理论与动态联盟的细胞化结构模型[J].中国机械工程,2000,11(12):1414～1417

[44]李莉,李伟平,薛劲松,朱云龙.基于多智能体的虚拟企业的构建及运行研究[J].中国机械工程,2002,13(6):477～480

[45]徐旭珊,覃蓉芳.基于Petri的虚拟企业建立过程模型[J].计算机应用研究,2001,(3):7～8

[46]冯蔚东,陈剑,冯铁军,赵纯均.虚拟企业组织设计过程模型与试应用[J].计算机集成制造系统CIMS,2000,6(3):17～24

[47]战德臣,叶丹,徐晓飞,李全龙.动态联盟企业模型[J].计算机集成制造系统CIMS,1999,5(3):11～15

[48]张大勇,徐晓飞,王刚.基于UML的动态联盟企业建模方法[J].计算机集成制造系统CIMS,2002,8(7):516～521

[49]Prahalad, C. K. , Hamel G. *The Core Competence of the Corporation*[J]. *Harvard Business Review*, 1990,May—June:79～91

[50]欧志明,张建华.企业网络组织的演进及类型研究[J].决策借鉴,2002,15(1):2～6

[51]互联网架起"虚拟企业"[N]. http://www.marketingman.net/news/991224-1.htm

[52][德]H. J. Bullinger.虚拟企业——概念、现状和展望[J].工业工程与管理,1997,(1):6～10

[53]李仕模.第五代管理[M].北京:中国物价出版社,2000:240

[54]黄志斌,吴椒军,张本照.当代产业的知识化与生态化.合肥:安徽人民出版社,2000:19

[55][美]大卫·辛奇－利维. 供应链设计与管理——概念、战略与案例研究[M]. 季建华译. 上海：上海远东出版社，2000：154～177

[56]戴雪梅，王浣尘. 虚拟企业实例比较[J]. 工业工程与管理，1999，(5)：11～15

[57]虚拟企业在无锡[N]. http://www.homeway.com.cn/lbi－html/news

[58]解树江. 虚拟企业——理论分析、运行机制与发展战略[M]. 北京：经济管理出版社，2002：158～159

[59]黄志斌. 安徽发展虚拟企业的实施策略与运作模式研究[R]. 合肥工业大学，2001

[60]何逸林. 小天鹅的结盟战略，构建虚拟企业形式[N]. http://www.slhea.com.cn，2001－1－1

[61]海韵. 海尔整合全球资源，创造世界名牌[N]. http://news.sohu.com/09/04/subject144374109.shtml

[62]马永军，张曙. 桌面视像会议系统在虚拟小组中的应用[J]. 中国机械工程，2000，11(4)：409～411

[63]林鸣，马士华. 动态联盟：项目管理新模式[M]. 北京：电子工业出版社，2003：37～38，233～235

[64]贺忙. 虚拟圣象：让生命与生命更近些[J]. 商界，2000，(s)：92～97

[65]张声雄. 学习型组织的创建[M]. 上海：上海科学普及出版社，2000：222～229

[66]吴晓波. 大败局[M]. 杭州：浙江人民出版社，2001：1～104，312～345

[67]王硕，唐小我，曾勇. 基于加速遗传算法的组合预测方法研究[J]. 科研管理，2002，23(3)：118～121

[68]王硕，唐小我，曾勇. 基于加速遗传算法的组合证券投资决策[J]. 中国工程科学，2002，4(9)：59～62

[69]Wang Shuo，Zhang Ben-zhao，Xu Ruo-mei，Zhou Wei-guang. *Research on Investment Decision of Portfolios at Given Risks*[A]. In：*Proceeding of '2004 International Conference on Management Science & Engineering*[C]，Harbin Institute of Technology Press，Harbin，2004，1927～1931

[70]王硕，刘云. 动态联盟组建与运作中的专家支持[J]. 中国管理科学，2002，10(1)：49～53

[71]王硕，唐小我. 虚拟企业敏捷性度量的 AFHW 方法[J]. 中国工程科学，2002，4(7)：41～44

[72]王硕,唐小我.论建立国际研究机构间动态联盟——跨国虚拟研究中心[J].科学管理研究,2002,20(6):57～60

[73]王硕,唐小我.虚拟企业多元化经营的风险与收益研究[J].运筹与管理,2002,11(4):1～4

[74]王硕,费树岷.虚拟企业产生与发展的动力机制分析[J].预测,2001,20(4):46～48

[75]王硕,费树岷.虚拟企业——改善企业绩效的最佳模式[J].中国管理科学,2001,9(s):588～593

[76]王硕,刘云.虚拟营销系统研究[J].预测,2001,20(6):24～26

[77]王硕,唐小我.基于广义熵的虚拟企业合作伙伴遴选综合评价系统[J].运筹与管理,2003, 12(2):73～76

[78]王硕,刘云,余宏.虚拟企业评价支持系统[J].中国管理科学,2003, 11(s):300～302

[79]王硕,唐小我.虚拟企业和谐机制研究[J].中国工程科学, 2004,6(4):82～85

[80]Wang Shuo,Tang Xiao-wo. *Research on Racing Evaluation System in Virtual Enterprise Based on Neural Network*[J]. *Engineering Sciences*,2004,2(2):70～75

[81]王硕.虚拟企业的跨文化管理[J].中国管理科学,2004, 12(s): 575～579

[82]王硕.协同理论在虚拟企业协调发展中的应用[J].合肥工业大学学报(社科版),2005,19(1):29～32

[83]周二华,陈荣秋.建立大学——企业间动态联盟[J].科研管理,1999,20(3):97～100

[84]汪应洛.虚拟研究开发中心[J].中国机械工程,1998,9(1):28

[85]方世健,郭志军.虚拟研发组织——高新技术 R&D 的新模式[J].中外科技信息,2000,(11):27～30

[86]王硕,杨善林,马溪骏.绿色虚拟企业虚拟化评价与排序[J].运筹与管理(待发表)